美国的东亚政策

UNITED STATES' POLICY TOWARD TO EAST ASIA

王 帆 著

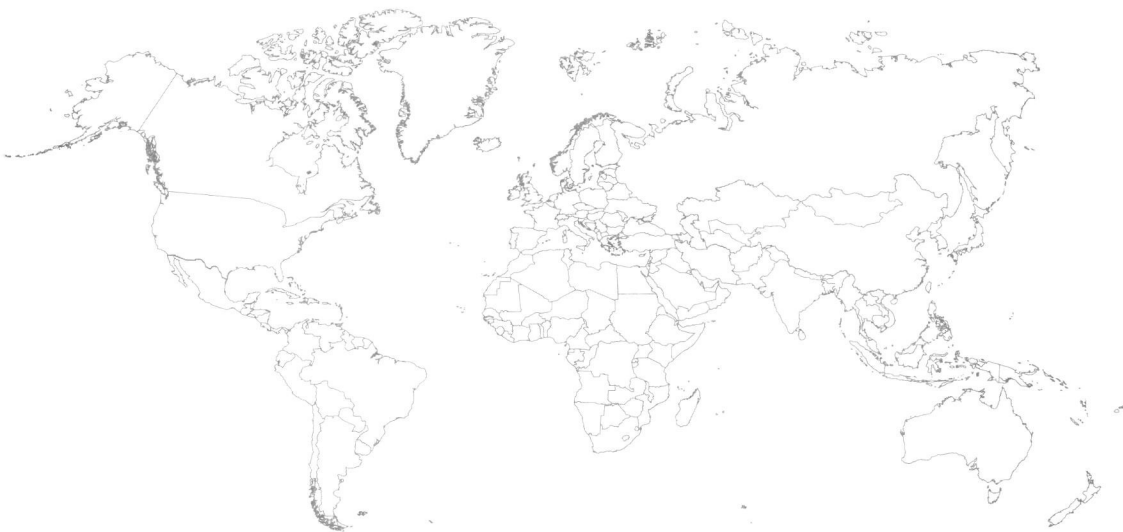

社会科学文献出版社
SOCIAL SCIENCES ACADEMIC PRESS (CHINA)

序

    本书为近年来笔者关于美国东亚政策研究成果的汇集，时间跨度约为二十载，其中多数论文在学术期刊上已发表，也有一些未公开发表的内容。有些文章虽然时效不那么明显，但也反映了笔者对中美关系、美国东亚安全政策的阶段性思考，故也放入本书之中。

    自美国推出"亚太再平衡战略"以来，人们对美国的亚洲战略和政策关注日益上升。美国"亚太再平衡战略"的推出首先反映了美国将非国别的反恐优先战略重新转为国别威胁优先战略，其次反映了美国全球战略重心的再调整。众所周知，自美国登上世界历史舞台伊始，一直采取"欧洲优先"战略，即使是遭受到日本对珍珠港袭击之后，美国仍然采取了"先欧后亚"的战略方针。整个冷战期间，美国在东亚打了两场局部战争——朝鲜战争和越南战争，但美国仍然没有将其全球战略重点转向亚洲，亚洲一直是美国全球战略的侧翼。因此，"亚太再平衡战略"对于美国全球战略而言是其战略重心的重大转移。美国亚洲战略的核心因素之一则是其东亚战略。东亚有美国的一系列盟国，也是美国所涉及的地区热点的多发地，更是中美关系所涉及的最为重要的区域之一。虽然从美国的安全利益而言，从北到南的朝核问题、中日东海问题和钓鱼岛争端、台湾问题还有南海问题均不属于美国的核心利益，但美国均将其视为美国的重大利益，甚至夸大这些热点对于美国的战略意义。美国将中国对于热点问题的参与和解决视为有可能影响甚至取代美国对热点问题的控制权。从笔者对美国在东亚热点问题深度介入的分析来看，美国对于东亚热点问题的控制体现在两个方面：其一是进程由美国最终主导。无论是解决热点还是维持热点，抑或是缓和紧张还是升级紧张都由美国决定。其二是程度可控。热点升温、危机加剧但不至于引发失控，也就是美国拥有危机爆发和升级的程度控制权。这样才可以使危机为美国所用，而又不致使美国承担过高的风险。中国对于涉及自身核心利益和重大热点问题的积极作为在美国看来，显然有可能影响到他们对危机进程和程度的控制权。

美国的东亚战略和政策仍是以传统的均势战略为核心。在美国确立亚太战略重心地位之后，如何实施其"亚太再平衡战略"就成为其重中之重。"亚太再平衡战略"有三大支柱：联盟战略、均势战略和经济战略。在三大战略中，均势战略是其核心理念。均势战略是以地区内国家的相互冲突，从而导致地区内国家的相互制衡为前提的。美国正是以地区威胁和地区危机升级为借口、以均势战略原则为核心来激活联盟，介入半岛、东海和南海事务，构建美国主导的多边经济合作框架。显然，美国在亚太地区一贯采取的地区均势战略是导致地区局势紧张的根本原因，而美国谋求利用这些均势战略引发的危机则是中美战略分歧加深的根源。

同时，美国作为均势战略的最大受益者，以离岸平衡者身份扮演了不恰当的角色，发挥了不合适的作用。在一系列领土领海争端中，美国标榜是中立者，而实则想充当仲裁者，采取了有意识的"选边站队"的做法。一些时候，美国的所作所为不仅无助于危机解决，反而导致危机解决更趋复杂化。

中美在东亚地区的合作与东亚热点问题密切相关。以往一直有一个说法，只要中美关系总体稳定，热点危机也乱不到哪里去。但我们也应该看到，由于中美在热点问题上的分歧甚至一定程度的对抗，中美关系严重受限而无法提升到新的高度。新老热点交织升温将严重冲击中美关系的稳定甚至引发中美战略误判。因此，中美必须在热点问题上面对严峻现实，就热点问题解决努力寻找新的突破，为中美关系的发展开辟新的道路。

中美关系作为世界上最复杂的双边关系之一，经历30多年的曲折变化，如今正面临新的机遇与挑战。两国关系的发展程度和总体规模前所未有，但困难和障碍也越来越多。其中的关键议题仍是如何处理好两国间的诸多分歧，两国关系已经超越了"求同存异"的阶段，必须面临新的"求同化异"的挑战。当然，在当前的形势下，中美两国都必须努力以战略稳定来促进战略信任。战略稳定与战略信任是一组互动关系。通过战略信任来促进战略稳定是一种方式，反过来，从宏观和总体上保证战略稳定也可以推动战略信任。换言之，即使还没有足够的战略互信，也要保障中美关系的总体稳定，而不可能等到所有分歧消除之后，才来谋求稳定。中美关系的发展历程表明，求同存异、聚同化异是中美战略稳定的重要原则。同时，战略性稳定能够抑制或缩小分歧。两国战略关系处于稳定期，分歧会被抑制。冷战时期，当中美就苏联威胁达成共识和默契后，中美之间的原有分歧被暂时搁置一边。冷战后，当中美就反恐达成重要共识后，中美关系保持了长达十余年的战略稳定。当然，必须防止通过制造分歧来破坏战略稳定。因此，对于当前的中美关系迫切的议题是：在完善的战略信任还不能够完全实现的情况下，如何保障总体上的战略稳定。加强危机管控和总体稳定的制度设计是当务之急。

中美关系和美国东亚安全政策涉及范围很广，包括政治、经济、安全等多个领域，本书显然集中于政治安全议题。既包括战略性的分析，也包含政策分析；既有对地区战略的总体概述，也有对具体问题相对微观的政策分析。为了便于读者阅读，笔者将全书分为四篇，分别为美国对华战略、中美战略关系、美国对台政策和地区安全问题。由于本人研究涉及所限，本书没有专门论述美国对日政策和美国的东南亚政策、美国的南海政策等，希望在以后的研究中弥补。

由于作者水平有限，不当之处，敬请同行专家批评指正。

王　帆

2015 年 9 月 17 日

目 录

第四篇　地区安全问题

第一篇

美国对华战略

美国的东亚战略与对华战略 [*]

2010 年以来，中美关系走低，中国周边风云四起。这一切与美国从伊拉克撤军、从阿富汗收缩、中东战略出现巨大调整几乎同步发生。与此同时，美国实力总体下降，影响力今不如昔。在新的形势下，作为美国亚太战略①重要组成部分的东亚战略如何转变？是进一步扩展还是收缩？是在长时段的总体收缩趋势下的局部扩展还是全球战略的根本性调整？这些都是值得深入探讨的问题。

美国的东亚战略与其对华战略密切相关。两者的关联性在于：（一）中美实力变化有可能影响美国东亚战略中对华战略的构成；（二）对中国的长期战略对手定位也会影响其亚洲战略的整体布局。美国东亚战略调整对中美战略合作关系的影响也是不容忽视的议题。

一　美国东亚战略的调整

美国东亚战略调整面临的基本问题在于：在新形势下如何保住美国在东亚的主导地位，在实力下降的情况下如何恢复其主导力？"9·11"事件后受挫的美国东亚战略如何弥补其损失，强化塑造能力？这些都是其调整东亚战略的重点。

在 21 世纪以来的美国东亚战略中，东亚的重要性始终得到强调，其一贯的思路在于美国虽然在亚洲短期内不会面对一个有可能挑战其领导地位的对手，但亚洲的力量构成将会出现变化，而这一切有可能带来地区的不确定性变化，美国必须进行预防性介入。从战略上而言，防范不断出现的

＊　本文发表于《外交评论》2010 年第 6 期。
①　笔者认为，美国的亚太战略由东亚、南亚和中亚三大板块构成，本文主要讨论其东亚战略。

挑战，保持美国的主导地位始终是美国东亚战略的主轴，而东亚的亚稳定状态尤其令美国担心。[①]

虽然防范潜在的战略对手在美国的东亚战略中从未被忽视，但由于"9·11"事件导致美国安全战略集中于更为紧迫的目标，此后其东亚战略还是出现了一定程度上的战略松散状态。而随着阶段性反恐从近十年的紧迫期转为常态化，后伊拉克战争与后阿富汗战争的美国外交战略重新成为美国战略界关注的焦点。就美国的全球霸权战略而言，传统安全与非传统安全的互动更为紧密也更为复杂，而东亚战略对于全球战略的重要性重新得到确认。调整不能适应形势变化的一部分东亚战略，扭转对其不利的形势，对东亚战略进行纠偏和重新聚焦是美国高调"重返"东亚的深层因素。

美国亚洲研究所将美国此次回归亚洲概括为五大原因：其一是亚洲经济强劲复苏；其二是中国崛起，亚洲格局改变；其三是亚洲地区组织得到发展；其四是亚洲存在诸多传统安全挑战；其五是非传统安全威胁。[②] 这些看法基本延续了以往的战略思路，仍然强调权力转移和权力变局对于美国的影响，但一个重要的变化在于重新将传统安全挑战置于非传统安全威胁之前。

从战略上看，美国的传统安全挑战始终指向中国等新兴大国，但由于中国的实力发展最为显著，中国便迅速成为首当其冲的目标。可以说，中国因素是美国调整其东亚战略的主要动因。作为一个大国，美国对其他大国的扩展历来十分警觉。美国一直有丢失亚洲之忧，丢失亚洲意味着美国退守为地区国家。随着中国崛起，这种担心呈几何级数上升。中国在亚洲的发展有可能出现的替代趋势，使得美国的竞争防范意识增强，促使其加快了强化美国影响的新布局。出于形势变化和战略疑虑，美国在东亚战略上进行了如下调整。

（一）利用亚洲国家或地区间存在的领土纷争制造有利于美国的地区

---

① 布什认为，几个亚洲国家日益上升的实力威胁着该地区的稳定，该地区处于亚稳定状态。参见〔美〕兹比格涅夫·布热津斯基《大抉择：美国站在十字路口》，王振西译，新华出版社，2005，第116页。

② Richard J. Ellings and Robert M. Hathaway, eds., "Roundtable: Are We Aedequately Training the Next Generation of Asia Experts?" *Asia Policy*, No. 9, Janaury 2010, p. 8, http://www.nbr.org/publications/asia_policy/Free/AP9_B_AsiaTrainRT.pdf, 2010-08-21.

力量制约和平衡。美国抓住东北亚的"天安舰事件",强化了与韩国的联盟关系,保住了在日本的普天间军事基础,又利用 2010 年 11 月 23 日出现的延坪岛炮击事件,调动航母驶入黄海海域;在南部,利用南海争端,强化与越南的安全联系,声明美国不再是南海争端的旁观者而是利益相关者,高调介入南海事务。

(二)以东南亚为突破口。鉴于东南亚在地缘战略和经济利益方面的重要性,美国重返亚洲的重点就是重返东南亚。对于美国而言,东盟是比拉美、俄罗斯、中东和非洲更为重要的贸易和投资伙伴。美国是东盟第二大贸易伙伴和最大的外来直接投资方。东盟是美国第五大贸易伙伴和第三大出口市场,东南亚进口美国商品是中国进口美国商品的两倍。超过 1/3 的全球贸易和 66% 的全球石油和天然气运输通过这一地区的海峡,马六甲海峡比苏伊士运河的运输量高 3 倍,比巴拿马运河高 15 倍。这也是中国、日本和韩国的能源生命线,三国超过 80% 的石油和天然气来自或经过东南亚。[①] 为此,美国采取了一系列意在深度介入的措施,如加强与东盟的经济贸易联系,决定恢复对印尼特种部队的军事支持。介入南海争端也是美国强化在东南亚存在的一部分。美国还于 2009 年 11 月奥巴马访日期间启动了"跨太平洋战略经济伙伴协定"(TPP),意图另起炉灶、重新搭台唱戏,达成适用范围更大、更能发挥重要影响的新平台、新机制。

(三)强化对中国的围堵施压,挤压中国的发展空间。美国试图构建全方位包围圈,从东北亚、东南亚到南亚加强对中国的战略遏制。军事仍然是美国占据压倒性优势的领域,维护美国在东亚地区的军事行动自由是其重点。美国意在通过精明的军事投入,威慑中国可能的军事进攻,弥补美国在中国不对称威胁下的弱点。[②]

(四)恢复在亚洲的影响力。通过巧实力的运用,在与中国对亚洲国家的影响力之争中保持优势。"9·11"事件以后,一些东南亚国家疏远了与美国的关系,出现了反美主义情绪,而中国在这一地区的综合影响力不

① The Asia Foundation, *America's Role in Asia-Asian and American Views: Recommendations for U. S. Policy from Both Sides of the Pacific*, San Francisco, CA: The Asia Foundation, pp. 38 – 40, http://asiafoundation.org/resources/pdfs/AmericasRoleinAsia2008.pdf.

② Nirav Patel, "Introduction: The Strategic Environment of U. S. -Sino Relations," in Abraham Denmark and Nirav Patel, eds., *China's Arrival: A Strategic Framework for a Global Relationship*, Pennsylvania, NW: Center for a New American Security, 2009, pp. 3 – 18, http://www.cnas.org/files/documents/publications/CNAS% 20China's% 20Arrival_ Final% 20Report.pdf.

断上升。因此，美国加大了对地区影响力的重塑，强调对亚洲的公众外交、① 民主价值和非强制性举措。②

（五）希望参与搭建新的长期性的地区性架构，以最有效地实现合作，建立互信，减少竞争摩擦。美国参与长期的机制塑造，是要谋求在这一地区的长期战略利益，而不是短期或暂时的利益。③ 正如美国国防部长罗伯特·盖茨声称的那样，美国在亚洲不是一个来去匆匆的大国，而是一个常驻大国。④ 美国希望给外界透露的信息在于作为地区重要一员参与地区事务，而不仅仅是外来者的介入。美国虽然实力下降，但仍会信守对东亚的承诺，保持其信誉。美国驻扎于此，不会离开。为了谋求主导地位，美国不仅不能缺位，而且必须参与机制塑造，发挥重要作用。

总之，美国对东亚的战略将会在适度超脱的前提下贯彻以下四个要点：一是继续保持主导地位；二是进一步向东亚多边组织渗透；三是弥补制度安排以及力量对比变化或权力转移带来的缺失；四是加大围堵中国的力度。

二 美国东亚战略调整的实质及可能走向

在美国一系列令世人眼花缭乱的调整措施出台之后，美国东亚战略显示出强烈的咄咄逼人的进攻性。那么，这一系列政策调整的实质究竟是什么？是其战略根本性转变的前奏，还是维持现状前提下的补救措施？这是我们认清当前东亚形势的一个重要前提和关键。

笔者认为，正如美国的全球战略没有出现根本性调整，美国的东亚战略也没有出现根本性的转变，但出现了政策上的调整。美国的东亚战略仍

---

① The Asia Foundation, *America's Role in Asia-Asian and American Views*: *Recommendations for U. S. Policy from Both Sides of the Pacific*, San Francisco, CA: The Asia Foundation, p. 9.

② Nirav Patel, "The Strategic Environment of U. S. -Sino Relations," in Abraham Denmark and Nirav Patel, eds., *China's Arrival*: *A Strategic Framework for a Global Relationship*, Pennsylvania, NW: Center for a New American Security, 2009.

③ Hillary Rodham Clinton, *Remarks on Regional Architecutre in Asia*: *Principles and Priorities*, U. S. Department of State, January 12, 2010, http://www.state.gov/secretary/rm/2010/01/135090.htm.

④ Hillary Rodham Clinton, *Remarks on Regional Architecutre in Asia*: *Principles and Priorities*, U. S. Department of State, January 12, 2010, http://www.state.gov/secretary/rm/2010/01/135090.htm.

然是预防、防范和弥补，是反应与回应，是"以进为退"而非谋求外科手术式的主动转变。从战略上看，虽然美国的东亚战略是继续扩展还是收缩是一个十分复杂的问题，但其战略实施很可能将是一个折中的产物。当作为美国战略对手的中国不断发展的时候，采取收缩战略显然不符合美国的战略思维。但在陷入国内经济问题或实力下降之际，采取收缩战略又符合美国战略的历史思维。美国如何在扩展与收缩之间寻找平衡？如何将两者有机地结合起来，显然是今后一个时期美国战略界的思考焦点。

虽然美国的大战略仍在"继续扩张"和"适度收缩"的世纪争论中举棋未定，但美国的亚洲战略出现一些局部调整的可能性很大。美国学者克里斯托弗·莱恩提出了离岸平衡大战略（off-shore balance grand strategy）。虽然这一概念与《大国政治的悲剧》中的"离岸平衡者"（offshore balancer）有相似之处，但仍有一些不同，对此莱恩作了具体的阐释："离岸平衡大战略具有四个关键目标：（1）将美国与未来可能在欧亚大陆发生的大国战争相隔离；（2）避免美国'为信誉而战'或为盟国的利益而从事不必要的战争；（3）降低美国本土易受恐怖主义袭击的脆弱性；（4）最大限度地提高美国在国际体系中的相对实力地位和战略上的行动自由度。与美国当前奉行的霸权大战略不同，离岸平衡战略是一个多极——不是单极——战略，因此它能够包容新兴大国的崛起，同时将欧亚大陆上主要大国自身防务的主要责任转交给它们自己，或者促使它们不断增强自身的防务能力。"莱恩认为离岸平衡战略之所以是取代当前美国大战略的最佳选择，其主要原因就在于该战略是维护美国利益的最有效手段，[①] 其最大的益处是避免直接冲突，降低成本，减少风险。[②]

另一位美国学者扎卡里亚认为，美国具备了离岸制衡的充分条件：其他力量的崛起是真实的，但同时也是一个长期而缓慢的过程。因此，美国的角色与以往不同，但仍至关重要。当中国、印度、巴西、俄罗斯、南非以及其他一些小国在未来的年代里崛起时，它们之间会出现新的冲突点……作为一个身处远方的大国，美国通常是那些担忧地区内出现霸权的

---

① 〔美〕克里斯托弗·莱恩：《和平的幻想：1940 年以来的美国大战略》，孙建中译，上海人民出版社，2009，第 299 页。

② 〔美〕克里斯托弗·莱恩：《和平的幻想：1940 年以来的美国大战略》，孙建中译，上海人民出版社，2009，第 311、334、336 页。

国家最易于求助的伙伴。[①] 实际上，正如学者威廉·沃尔福斯指出的那样，正是由于地区强国的成长，美国的影响才得以加强。[②]

地区强国发展的不平衡给美国提供了有利的介入时机，同时处理好与发展中地区大国的关系有利于美国更好地发挥领导作用。换句话说，如果美国能够处理好与新兴发展大国的关系，并且能够较好地驾驭或控制这些大国的发展轨迹，美国的影响力将会进一步增强而不是削弱。

同样值得注意的还有罗伯特·阿特的观点和看法。他强调，美国不能放弃选择性干预的战略，[③] 也即美国对其国家利益要有更为清晰的界定，将美国的政治注意力和物质资源优先集中于生死攸关利益和高度重要利益，继续保持一定程度上的主动态势，保持前沿存在，以现实主义手段追求民主、自由市场、人权和国际开放等自由主义目标。[④] 在谈到选择性干预战略的运用时，阿特特别指出，这一战略是塑造战略，是利用美国在欧洲、东亚和波斯湾的关键性联盟和前沿存在，塑造相应地区的政治、军事和经济格局，使其更符合美国的利益。[⑤] 除了军事力量，阿特还强调了美国保持竞争优势的重要性。[⑥] 因而，现在美国战略界的争论出现了一个重要转变，从冷战结束时的干预主义与孤立主义之争，变成了有效介入与有利规避之争。这一争论表明，美国意在形成主导性支配战略、离岸平衡战略与选择性干预战略等选项之间的相互补充与平衡。奥巴马政府提出的"巧实力"概念，从战略上显然也是为了更好地保持灵活性和综合性，有针对性和侧重地交叉使用不同选项，以期达到最佳战略效果。在涉及东亚战略转向的问题上，美国必须有所作为，但又面临选择困境，可以说其东亚战略调整的空间相对有限。

首先，从霸权护持的角度看，美国是一个总体上不断拓展的国家。美国不会全面收缩，而只是有选择地收缩。当其在某个地区处于停滞或目标告一阶段之后，必然会在其他地区扩大其影响力。当在中亚受到阻力，它

---

① 〔美〕法里德·扎卡利亚：《后美国世界》，赵广成、林民旺译，中信出版社，2009，第226页。

② 〔美〕法里德·扎卡利亚：《后美国世界》，赵广成、林民旺译，中信出版社，2009，第226页。

③ 〔美〕罗伯特·阿特：《美国大战略》，郭树勇译，北京大学出版社，2005，第158页。

④ 〔美〕罗伯特·阿特：《美国大战略》，郭树勇译，北京大学出版社，2005，第160页。

⑤ 〔美〕罗伯特·阿特：《美国大战略》，郭树勇译，北京大学出版社，2005，第285页。

⑥ 〔美〕罗伯特·阿特：《美国大战略》，郭树勇译，北京大学出版社，2005，第296页。

可能在南亚或亚洲其他地方扩展。一些被美国视为中间地带或新中间地带的区域，比如中国的台海问题、南海问题，还有太空领域、环保领域、网络领域等，都会成为美国挑起争端的由头。

其次，美国的全球大战略必然存在侧重点选择的困境，无法做到全面兼顾。鉴于其全球战略困境，当前美国在东亚总体上保持一个维持现状的政策显然是最为有利的。在东亚，如果实施推倒重构，美国并不一定获益很大，而成本却注定很高。同时，在东亚地区维持现状，美国在东亚的主导地位并未丧失，只不过可能受到一些影响。面对新兴的地区大国力量，美国只需适时进行预防性干预，而没有必要展开一个全面的重塑计划。从东北亚到东南亚甚至南太平洋，美国仍然拥有相对稳固的联盟体系，只要美国在亚洲的联盟体系没有瓦解，其在东亚的主导地位是难以动摇的。美国现在希望实现的是一个更为精致的以双边为基础、以多边为补充的严密安全网络，把这一地区的国家都纳入地区网络之中，而不至于自行其是。

同样出于维持有利于美国的东亚格局的考虑，美国不会支持东亚一体化。其具体做法就是以泛太平洋的一体化来覆盖或取代东亚的一体化趋势。美国在 APEC 的基础上推动包括美国在内的合作进程，实际上不过是干扰而不是真正推动太平洋地区的合作，牵制东亚一体化的进程。"从更大范围来看，美国在亚洲应该建立一个跨太平洋（trans-Pacific）而不是泛亚洲（pan-Asian）的地区秩序，在这个秩序中，美国才能发挥全面的作用。美日联盟仍是轴心，但美国应该致力于建立一个包括新兴力量在内的东亚安全机构。"① 美国不会支持东亚一体化，但会推动东盟一体化，无法反对东亚共同体，但会强调 APEC、东盟贸易一体化。东亚峰会和东盟地区论坛是其重要活动平台，并依据《增进美国－东盟伙伴关系计划》和《美国－东盟贸易与投资框架协议》来具体实施。分析其战略措施的运用，也可以佐证其谋求总体稳定、有限介入的思路。

首先，美国的东亚战略并不是挑起战争而是预防战争。在经历了伊拉克这一场成本巨大的局部战争之后，在金融危机元气大伤的国内经济困境之下，美国无力承担在东亚的战争风险，也无力卷入其他国家的战争危机

---

① G. John Ikenberry and Anne-Marie Slaughter, Co-Directors, *Forging a World of Liberty under Law*: *U. S. National Security in the 21st Century*, Final Report of the Princeton Project on National Security, Princeton, NJ: Princeton University, 2006, p. 9, http://www. princeton. edu/~ppns/report/FinalReport. pdf, 2010 - 08 - 20.

之中。美国东亚战略的核心也是预防大战的爆发，而不是相反。要达到这一目的，就必须防止对手实力扩大。因此，削弱潜在的对手至关重要。美国国防部长盖茨曾直言，虽然美国不担心像中国这样的国家会与美国叫板，但美国一定要"操心"像中国这样的国家会"破坏美国全球自由行动的能力"，"进而压缩美国的战略选项"。① 美国维护欧亚大陆的大国和平，其第一项高度重要的国家利益是维持欧亚大陆各大国间的深度和平。这既要求大国之间不发生大规模战争，又要求不出现激烈而持续的安全竞争。预防这两种情形都符合美国的利益。②

其次，地区制衡仍是美国东亚战略的规定性选项。诚然，美国对外战略的变化是与其总体实力变化密切相关的，金融危机后美国的东亚战略在维持现状的前提下也会有所变化，那就是美国将在适度超脱的情况下继续介入东亚事务，试图在成本和投入降低（至少不增加）的情况下保持对东亚事务原有的影响力，保持可持续的霸权地位。而为了减少成本付出，就必须借助于地区危机和地区争端，保持美国的特殊影响力和制衡能力。

无论是选择性介入还是离岸平衡，制衡都是美国亚太战略的核心。基辛格认为，亚洲是一个相互制衡的世界，亚洲的均势更细微，因而也更复杂。③ "在亚洲维持稳定的均势将是一件复杂的工作。该地区有可能会出现一个拥有惊人资源的军事竞争者。东亚沿岸（从孟加拉湾到日本海）是一个特别具有挑战性的区域。"④ 均势战略的一个策略实际上是分而治之。落实到东亚，就是不允许出现一个没有美国主导和参与的一体化的东亚。美国国务卿希拉里认为，均势并非历史遗物。亚洲的军备竞赛正在继续，虽然还不至于引发战争，但对均势的误判却在增加，而中国将会填补权力真空。⑤

也有学者认为，美国采取英国式的制衡并不可取，当中国尚未崛起之

---

① Robert Gates' speech in American navy colleage in April, 2009, 文中并没有直接提"中国"，而是用了"一些国家"这样的措辞，但暗指中国的意图明显。参见美国国防部 http://www.defense.gov/speeches/speech.aspx? speechid = 1346。
② 〔美〕罗伯特·阿特：《美国大战略》，郭树勇译，北京大学出版社，2005，第69页。
③ 〔美〕亨利·基辛格：《美国需要外交政策吗》，胡利平等译，中国友谊出版公司，2003，第121~124页。
④ 《2001年美国国防部四年防务评估报告》，转引自黄柏富主编《"9·11"事件后美国国家安全战略文件选编》，军事谊文出版社，2002，第31页。
⑤ Robert D. Kaplan, "The Geography of Chinese Power," *Foreign Affairs*, Vol. 89, No. 3, p. 38.

时而选择制衡中国，会导致自身的孤立处境。① 但适时采取有效的制衡，避免美国的盟国在与中国的实力对比中处于极大的劣势是美国东亚战略的均势法则之一。"应该关注中国拉大与邻国实力差距的趋势，而不是中美间实力差距是否在缩小。"② 对盟国或协作方进行限制也是必不可少的。盟国能够制衡中国的方法之一，是使它们拥有一定实力，承担更多责任，但又不至于脱离美国的主导而完全自主。换言之，美国若试图在东亚地区围堵中国，必须使其盟国相信，中国已经崛起，只有在美国的主导和策动下合纵连横才能保持一方平安。

在制衡的前提下，美国会选择介入式制衡还是离岸制衡？显然，美国可能会使用综合制衡的手段，连续交替加以应用。在一些问题上让盟国更多承担责任，比如朝核问题和东北亚多边安全机制建设，美国就并不打算大包大揽，而是以拖待变，将责任转给其盟国和中国等国，对东亚相关国家进行牵制；而在东南亚，美国则会用力更多一些，因为这一地区是中国影响力最有可能扩展的区域。无论介入程度深浅，美国都会采取借力打力、制造矛盾的方式，来避免美国介入成本和风险的增加。而介入程度是其战略实施的关键，介入程度与离岸平衡是相互配合和适应的。

美国在亚洲推动地区内相互制衡，是不是也会把美国自身卷入力量均势可能引发的竞争风险之中呢？显然，为了防止这一点，美国必须设法保持亚洲间的低水平均势，一是反对军备升级，二是尽量削弱这些国家的总体实力，让这些国家对抗而不至于引发危机，也就是适度紧张的政策。制造适度紧张是美国东亚制衡战略所需。

与此同时，在东亚，美国也是需要适度缓和的，这与保持适度紧张是一个道理。当危机有可能越过美国承受的红线而面临战争风险的时候，美国将会实施缓和式介入，以减少出现冲突危机或局部战争的风险。适度缓和与适度紧张是相对应的概念，是相互配合而进行的。缺少适度紧张，美国将会面临东亚自成一体而自身被边缘化的风险；而缺少适度缓和，美国又不得不应对局部战争甚至大国战争的巨大风险，这也是美国难以承受之

---

① 〔美〕法里德·扎卡利亚：《后美国世界》，赵广成、林民旺译，中信出版社，2009，第233页。

② Steve Chan，"Realism, Revisionism and Great Powers," *Issues and Studies*，Vol. 40，No. 1，2004，pp. 135－172，转引自张登及《理论改良还是理论缺口》，《世界经济与政治》2009年第3期。

重。所谓适度，取决于美国对自身利益的判断和把握，紧张与缓和的交替取决于美国全球战略的选择以及地区局势的不断变化。有时以进为退、以紧张求缓和也是美国的策略选择。

总而言之，美国的东亚战略和对华战略都是在松紧适度或有紧有松的战略运用中实现的。不能简单地将美国介入东亚事务理解为制造紧张，其初衷或目的就是在维护东亚现状的情况下保持或紧或松的状态。在亚洲保持"次冷战"状态对美国是最为有利的，这是美国传统霸权之道，也是西方霸权之道的要诀所在。因此，我们可以判断，美国的东亚战略也有其策略上的限度。

其一，美国不会因为亚洲的领土争端而卷入过深。亚洲的领土争端是美国所需要的。但美国不会公开选边，而是会根据美国的利益需要暗中制衡。其二，冷战时的对立阵营很难出现。东亚各国虽然与美国关系或近或疏，但多数都采取全方位外交战略。今天的现实是东盟不会一边倒向任何一个大国，东盟本身成了大国冲突的缓冲区，同时也给大国提供了与东盟发展关系的适度空间。其三，中美关系也不会上升为全面的对抗。中美之间的对抗，或许更多以间接对抗的形式展开：2010 年以来美国航母几次试图进入黄海海域，但虚虚实实，欲来又走，也是顾忌与中国关系的恶化。由盟国或准盟国与中国保持适度紧张的关系，防止或干扰东亚地区国家间任何一组关系过于紧密，仍是美国在这一地区最有可能的做法，以最大限度地维护有利于美国的局面。总之，当前的美国处于战略上的再一次选择性收缩，这是一个总体的趋势，而其东亚战略将在选择性收缩的总体态势下展开。

三 美国的对华战略及其困境

美国的东亚战略贯穿一个主要变量，就是对中国走向的判断与中美关系的变化。如果美国把中国作为地区体系的修正者，出于自身利益的需要，其东亚政策就会强化竞争；但是如果美国把中国作为地区体系的维护者，它就能够与中国达成更多共识。从目前来看，美国对中美关系和中国的走向判断仍处于摇摆之中，对中国的东亚战略存在诸多猜疑和担心。

当前的中美关系虽然有长足的进步，但其发展水平仍受限于特殊的初期阶段，① 目前中美之间的经济相互依存还没有高到双方必然加强安全合作的程度。贸易和平论在中美关系中仍需得到更多验证。② 经济利益与安全利益之间的短期分离与长期一致性还未取得平衡。

中美战略性紧张源于中美关系周期性变化。中美关系一直受制于合作与竞争这两大因素。当合作出现问题时，竞争就会迅速占据上风。在美国国内，首先是奥巴马面临选举期来临，需要一些可见的业绩。奥巴马已经从初期的理想主义转为现实主义。其次，其决策团队对其决策产生了新的影响。有资料显示，美国"战略派"或称"鹰派"开始掌控对华政策。③

尽管如此，美国对华战略仍是两面手法：一方面，面对中国的崛起与中国合作，在合作中塑造中国；另一方面，在有可能影响美国利益或易于发生利益冲突的领域，加大对华施压的力度。美国对华战略并没有出现重大调整，但祭出了所谓新策略，"新策略是与中国打交道的'外交杰作'，它继续保持威吓、以强凌弱、强烈不安全感和谨慎的奇妙结合。"④

显然，中美关系是亚洲稳定至关重要的因素之一，对东亚地区的影响极大。中美冲突加剧，其连锁反应会加大。当中美冲突占上风时，这个地区将丧失和削弱和平与稳定的一个关键前提。这就是中美合作的地区意义所在。然而，中美在东亚安全、多边安全机制建设上合作有限，美国的东亚策略还有抵消和渗透原有机制建设进程的意味。这表明中美对东亚这一区域层面的共同开发与治理，还存在突出的隐患与分歧，还不足以建立足够的信任。中美之间拥有一定程度的战略信任或战略默契，但这种信任并不牢固。由于缺乏牢靠的战略信任，每个国家都不得不考虑对方采取对抗选项的可能。美国已经表明，承认中国是一个世界大国，但中国的行为不能影响美国在世界范围内的关键利益。而中国认为，美国不断在中国周边敏感区域侵犯中国的核心利益。由此，中美之间已经进入了一个新的战略

---

① 笔者认为，中美关系应有发展的三段论，第一阶段为经济相互依存，第二阶段为安全与政治相互依存，第三阶段为综合相互依存阶段，现在正处于第一阶段向第二阶段的艰难过渡之中。

② 理查德·罗斯克兰斯在 1986 年由 Basic Books 出版的《贸易国家的兴起》一书中首先提出了"贸易和平论"。"贸易和平论"是自由主义的三个主要理论分支之一。参见 Richard N. Rosecrance, *The Rise of the Trading State: Commerce and Conquest in the Modern World*, New York: Basic books, 1986.

③ John Lee, "Obama Switching Sides Over China," *Hudson Institute*, July 30, 2010, http://www.hudson.org/index.cfm? fuseaction = publication_ details&id = 7214.

④ John Pomfret, "U. S. Takes a Tougher Tone with China," *Washington Post*, July 30, 2010.

磨合期，彼此的战略性试探将增加。

目前美国对华战略的重要目的在于将中国纳入美国希望的轨道。从权力政治的角度看，美国认为中国不甘于当前的地位，随着实力的增长，中国必然是一个希望改变现状的国家，也不满意美国在亚洲的地位，试图取而代之。于是美国试图从内部、外部多种因素多个维度，利用国际体制、经济杠杆以及其他软性因素向中国施压，将中国纳入相关多边机制来规制中国。所谓中国的不确定性，是针对美国而言的，也即中国的发展是否削弱甚至违背了美国的利益。在对中国进行遏制的同时，美国也面临其对华战略的困境。

（一）美国并不能轻易形成一个对华统一战线。对这种现象感到沮丧的温斯顿·洛德说："我们在中国碰到的最大的问题之一，就是在我们同中国人较量的时候，我们的欧洲和日本朋友袖手旁观，而且他们抓住机会同中国人签订了合同。"① 美国同时也意识到，中国并不是亚洲唯一的潜在的不稳定变化的来源。日本、印度以及美国自身的安全政策都可能影响到这一地区的稳定。②

（二）如何更加有效地规制中国也是美国的挑战之一。美国的对华战略其实面临深刻的战略悖论：美国希望中国稳定，一个不稳定的中国有可能会冒险，"一个不确定的中国比一个强大的中国给美国及其盟国构成的威胁更大"，③ 但一个稳定的中国的继续壮大恐怕也会令其担心。这一思路认为，对华的宽容与圆滑将会使中国更加老练成熟，谋取更大的活动空间。④

（三）中美之间已经或正在进入混合博弈：利益界限已经难以界定，不再是简单的敌友关系。是在对抗中谋取妥协之道，还是在合作中谋取妥协之道，是美国的两难选择。

---

① 转引自〔美〕理查德·伯恩斯坦、罗斯·芒罗《即将到来的美中冲突》，隋丽君译，新华出版社，1997，第 90 页。

② G. John Ikenberry and Anne-Marie Slaughter, Co-Directors, *Forging a World of Liberty under Law: U. S. National Security in the 21st Century*, Final Report of the Princeton Project on National Security, Princeton, NJ: Princeton University, 2006, p. 48.

③ Nirav Patel, "The Strategic Environment of U. S. -Sino Relations," in Abraham Denmark and Nirav Patel, eds., *China's Arrival: A Strategic Framework for a Global Relationship*, Pennsylvania, NW: Center for a New American Security, 2009, p. 10.

④ 〔美〕克里斯托弗·莱恩：《和平的幻想：1940 年以来的美国大战略》，孙建中译，上海人民出版社，2009，第 102 页。

结　语

当美国安全战略已经从反恐重心恢复到以传统安全为中心，在反恐常态化之后，美国意识到中国在东亚的影响已经出现可能替代美国影响的趋势，东亚遂成为美国战略关注的重点之一。在这一前提之下，美国的东亚战略增强了针对性和进攻性，以弥补其反恐战略的缺失，重新恢复其影响力和战略主导地位。而东南亚则由反恐第二战场重新成为美国东亚战略的前沿突破口。中美之间在东亚地区实力变化的一升一降，被美国置于权力转移的历史视野之下，使中美互为权力结构对手的论调上扬，中美战略性冲突有可能上升。构建和维护中美之间新的动态平衡任重道远。

目前美国的东亚战略正呈战略递进的态势，但会有一个限度。美国虽然可以在东亚策动一系列挑衅性军演，强化与日本、韩国和澳大利亚等国之间的传统同盟关系，加强对东南亚的护持和渗透，但美国并没有在东亚进行局部战争的意图。同时要看到，随着中国实力的上升，中国在东南亚和东亚的影响力都得到了迅速提升。这些都增强了美国的防范意识，但美国的做法仍是平衡、抵消和削弱中国的影响力，以确保其优势地位。其东亚战略的目的并非谋取战争胜利，而是维持对其有利的安全。对于美国以及其他地区大国而言，谋胜之道已不可取，协调谋取双赢才是明智之举。在未来，中美在东亚或亚太地区无法相互排斥，只能选择相互协调。大国的战略协调也能够避免地区内中小国家在安全战略上"选边站队"等恶化地区局势的战略困境。当然，防范和遏制大国崛起仍是美国不变的东亚战略的核心。

美国对华战略底线与中美
冲突的限度[*]

分析美国对华战略的走向，除了明确其方向性的趋势之外，还必须对其战略底线进行概括与界定，明晰那些有可能带来政策转向的政策性短板位居何处；同时对于 21 世纪以来的大国冲突有一个理性和深刻的认识：即中美关系不仅受限于国际环境因素、力量转换因素的影响，也受到战略实施能力和战略承受能力的影响。中美冲突也与其他大国冲突一样，难以随意而为，难以因某个突发事件而出现巨大改变，而是有其规律性和客观限度。中美关系不仅受限于核时代的恐怖平衡，也受限于相互制约与自我制约因素的影响。

一 美国对华战略底线

对美国的对华战略进行探讨显然涉及美国的战略底线问题，所谓战略底线是其战略的最低承受环节，也是其战略出现转变的关键节点。超越了这一环节，也就意味着美国的战略会出现根本性的转变。先看美国对中国崛起的战略关切。美国对中国的战略关切体现在以下几个方面：（1）中国在崛起过程中，会不会一步一步地把美国的势力排挤出周边地区和其他美国有重大战略意义的地区，如中亚、东亚、海湾地区和非洲？（2）中国在崛起过程中，会不会彻底扰乱和破坏以美国为主导的现存国际体系？（3）中国在崛起过程中，会不会承诺放弃武力，用和平方式解决台湾问题？^① 以上几点可以集中体现为中国的崛起是否会影响到或直接削弱美国

---

* 本文发表于《外交评论》2011 年第 6 期。
① 倪世雄：《一种既成熟又复杂的关系》，《美国问题研究》2009 年第 9 期。

的战略利益，在全球范围内涉及国际体系中美国的主导地位是否受到破坏，同时涉及与美国利益直接相关的中亚、中东、东亚和非洲地区。而东亚显然是中美利益的重要交汇点，美国关注的是美国是否被排挤在未来的东亚合作之外。当然，作为最有可能引发中美军事冲突的热点问题——台湾问题的解决方式也关乎美国在东亚的战略利益。

东亚存在着一系列牵动地区变局的重要因素，比如朝核问题、台湾问题以及南海问题等，这些因素均与中国和美国相关。如果说，美国的东亚战略是以对华战略为核心的话，那么其东亚战略的底线也就是对华战略的底线。虽然美国的对华战略底线也许在其官方文件中并未清晰地界定出来，但仍然可以找到一些政策依据。具体而言，为了保障美国在东亚的利益不受削弱甚至得以继续扩大，美国东亚战略的底线就是确保亚洲的力量对比不朝向有利于中国的方面变化。"华盛顿应不断地阐明，它不会让亚洲力量对比的变化朝有利于中国的方向发展。这需要不断提高美国亚太驻军的作战能力，加强与亚太盟友的军事关系。对美国来说，目前最重要的是应在亚洲部署导弹防御系统保护美国和亚太盟国。"[①]

显然，亚洲的力量对比如果出现了有利于中国的局面就是美国改变政策的前提，比如，在东亚的力量对比或影响力对比出现中强美弱的局面，中国在东亚地区安全秩序发挥着美国所无法控制的作用或主导作用；再比如，在东亚重大的热点问题中，中国替代美国成为主导力量。因此，阻止这一情况的出现也就成为美国的战略底线。

自20世纪90年代起，美国的一些重要高官即提醒美国战略界注意中国挑战美国成为霸主的危险，这事实上也构成了美国东亚战略和对华战略的战略底线。"我们的论点是，过去十来年中，中国为自己确定了与美国利益直接相悖的目标，其中最重要的一个目标是取代美国成为亚洲的首要大国，减少美国的影响，防止日美两国建立某种'遏制中国'阵线，并把自己的力量扩展到南中国海和东海，以便控制该地区重要的海运线。中国的目标是取得某种霸权。它的目标是确保它那个地区内所有的国家——不论是要在东海行使石油勘探权的日本，还是要就美国海军舰只访问它的港

---

① 〔美〕吉姆·赫尔姆斯、詹姆斯·普里斯特主编《外交与威慑：美国对华战略》，新华出版社，1998，第103页。

口一事作决定的泰国——都不会不首先考虑中国的利益而采取行动。"① 换言之，中国主导亚洲是美国不能接受的现实。美国以其自身短暂发展史的经验来判断中国可能的发展之路，认为中国将首先争取在亚洲的权势，实现中国式的"门罗主义"，并据此向全球主义改变。米尔斯海默写道：在这种"群雄乱战"的局面中，中美之争当然是焦点之一。"如果中国在未来数十年内仍然保持令人瞩目的经济增长，他也可能会建立起庞大的军事力量，像美国支配西半球一样支配亚洲。中国将会寻求地区霸权，因为优势地位是生存的最好保证。如果说美国的战略利益在于不让远处大国插手西半球的事务（这正是门罗主义所表明的），那么中国的利益所在无疑是将美国军队赶出亚洲。当然美国将竭力阻止中国获得地区霸权，因为美国不能容忍世界舞台上存在与之匹敌的竞争对手。其结果便是中美之间激烈而危险的安全竞争，这种竞争类似于美苏在冷战期间的那种对抗。"②

2005 年 9 月，美国常务副国务卿佐利克（Robert Zoellick）就在其对华政策演讲中公开阐明了这一立场："在亚洲，中国已经在发挥更大作用。美国尊重中国在该地区的利益，承认多边外交在亚洲的有益作用。然而，如果中国为寻求具有支配性的强权地位进行活动，对中国的担心就会上升。"③ 与主导者相关联的因素是影响力的变化。作为一个大国，美国对他国影响力的扩大历来十分警觉。如果中国的影响力不断上升，并超过美国，两国在东亚的主导者身份就会出现替代，这就意味着美国失去在亚洲的主导地位。美国一直有丢失亚洲之忧，随着中国崛起，这种担心呈几何级数增长。丢失亚洲意味着美国退守为地区国家，因此，防止美国丢失亚洲这应该说是美国的重要战略底线。

决定影响力的重要因素分为硬实力和软实力，软实力之外的硬实力历来是美国考量亚洲实力变化的关键所在。从军事战略上而言，美国具有压倒性的海上优势。美国更为担心在中国周边地区，美国有可能会逐渐陷入战略劣势。正如美国学者罗伯特·罗斯所言，美国将很可能把中国的第三

---

① 〔美〕理查德·伯恩斯坦、罗斯·芒罗：《即将到来的美中冲突》，隋丽君译，新华出版社，1997，序言，第 9 页。
② 〔美〕约翰·米尔斯海默：《大国政治悲剧》，王义桅、唐小松译，上海人民出版社，2003，第 34 页。
③ Robert B. Zoellick, "Whither China: From Membership to Responsibility?" Remarks to National Committee on U. S. -China Relations, New York City, September 21, 2005, http://www.state.gov/s/d/rem/53682.htm.

次崛起和中国不断发展更强大的海上力量看作对美国至关重要的安全利益的挑战。美国将很难接受中国对东亚海域战略性变革的期望。"中国的第一次和第二次崛起伴随着中国对修正东亚大陆的地区秩序的要求,这只是挑战了次要的美国地缘安全利益。与此不同的是,假如中国正在呈现的发展海上力量导致中国的第三次崛起,它将构成对中美合作的严重挑战。"①

因此,我们可以断定美中走向军事冲突有两个关键性的阶梯:第一个阶梯,中国在东亚的影响力大大提升,出现在亚洲与美国平起平坐的状况或者可能替代美国的地位,但即使迈过了这个阶梯,美国仍然不会与中国一战,因为美国在东亚的主导地位是依靠其保有的海上优势维持的。第二个阶梯才是危险的。也就是美国人讲的,当中国真正发展起远洋海军时,中美对决才有可能出现。显然,从军力上而言,中国发展起足以抗衡美国的远洋海军力量之时,将会被美国视为超越了美国东亚战略的最终军事底线。2011 年以来美国在东亚的军事布局尤其是南海问题上的突然和明确的介入,拉动中国周边尤其是东南亚国家与中国就南海问题进行"打破现状的"的较量,用意在于美国将中国包括航母在内的海上力量的发展视为陆权与海权争夺转变为 21 世纪两个大国海权争夺的序幕。

虽然在现在这个阶段,中美之间仍有巨大的避免冲突的回旋余地——尚未跨越第一个阶梯,但为了避免直接军事冲突的提前到来,美国将会竭力阻止中国在东亚占据主导地位,具体做法将是尽力谋求扎紧第一道防护网线。危机升级至失控或局部战争也是美国必须加以防范的事件之一。东亚出现任何有可能导致美国介入或被动卷入的局部战争也是美国试图防范的战略底线。在这一前提之下,美国维持其有利于美国的地区均势不被破坏将成为其战略底线。为实现这些目标,美国必须防止"亚洲出现可能导致战争的对抗、怀疑和不安全事态的扩大",避免触发地区和全球权力分配格局发生变化。② 同时,美国也相信对于亚洲事态的变化,美国在确定其战略底线时具有特殊的地缘政治优势。"虽然,对于防范战争而言,美国具有地缘上的安全保障这一点,对于美国确立战略底线是十分重要的。美国的战略是将战争推离美国本土的战略,远离本土的战略给美国提供了

---

① 〔美〕罗伯特·S. 罗斯:《中国崛起、地区权力转移与东亚安全:从 1949 年到 21 世纪》,《世界经济与政治》2009 年第 11 期。

② 〔美〕克里斯托弗·莱恩:《和平的幻想:1940 年以来的美国大国战略》,孙建中译,上海人民出版社,2009,第 303 页。

时间和空间上的战略缓冲，尽管远程打击能力也可能威胁到美国，但美国仍然在预警和阻击能力上占据上风。"①

也就是说，美国的担心与防范正在增加，但并没有面对迫在眉睫的危险。"所有这些情境（scenarios），无论基于历史事实还是理论假设，都存在着一个根本性的问题，即远处的强大竞争对手永远都不可能做到一件它必须做到的事情，那就是在美国的周边地区对美国发起挑战，因为它不可能自由自在地渡过宽阔的海洋而登陆美洲本土。"自20世纪初以来，美国一直保持着十二分的（more than enough）海军（和战略空军）力量，在海上足以阻止任何企图与美国在美洲较量的海外竞争对手。②

虽然美国必须防范来自崛起国的威胁，但美国仍具有地缘和战略上的先发优势，具有较大的缓冲余地。如果我们延伸开来，美国不会在外围地区诉诸战争，同样美国也不会因为别国的核心利益而与一个大国展开一场较量。正如罗伯特·杰维斯（Robert Jervis）所言，也许最重要的变化是"任何可以想象得到的争端都不可能触及美国的生死攸关利益"。受美国保护的核心价值、因威慑失败而走向战争所带来的风险与代价以及美国延伸威慑承诺的信誉三者之间具有一种非常重要的关联性。③

美国对中国挑战美国的时间临界点也有一个判断：即使中国能够提前10年或者20年在国内生产总值上达到与美国旗鼓相当的水平，然而，至少在2033年以前，中国将不能造就用于挑战美国全球军事主导地位的必要的军事力量和国家综合实力中的其他组成部分。当然，到2033年的时候，美国将会继续在军事上大量投入，特别是在对全球影响力至关重要的空军和海军力量方面继续确立优势地位，中国将很难快速地超越美国。如果中国是最有可能挑战美国军事主导地位的行为体，那么，即使在对中国最有利的条件下，在未来的30年里也不会出现这种挑战。④

① 〔美〕克里斯托弗·莱恩：《和平的幻想：1940年以来的美国大国战略》，孙建中译，上海人民出版社，2009，第307页。
② 〔美〕克里斯托弗·莱恩：《和平的幻想：1940年以来的美国大国战略》，孙建中译，上海人民出版社，2009，第333页。
③ 〔美〕克里斯托弗·莱恩：《和平的幻想：1940年以来的美国大国战略》，孙建中译，上海人民出版社，2009，第307页。
④ 〔美〕罗伯特·阿特：《美国大战略》，郭树勇译，北京大学出版社，2005，第312~313页。相似观点见 Stephen G. Brooks and William C. Wohlforth, "American Primacy in Perspec-tive," *Foreign Affairs*, Vol. 81. No. 4, July/August 2002, pp. 20–34。

美国比较乐观的另一基础在于：如果某一个最强大的国家集中了国际体系中的绝大部分权力，那么就会导致任何反制它的行为付出巨大代价。根据单极乐观主义流派的观点，美国的硬实力已经跨越了这一门槛，这意味着其他国家不可能反制美国，因为它们缺乏这样做的能力。简言之，单是美国自身的军事、技术和经济实力规模就成为一道强大的跨越门槛障碍（entry barrier），它迫使潜在的"对等竞争对手"望而却步，及早打消与美国进行地缘政治竞争的念头。①

美国相信，中短期内，美国力量能够阻止任何挑战美国战略利益底线的行为。这一点对于美国制定其战略具有重要意义，也就是说威胁美国本土的战争在可见的将来很难发生，而在其他地区所进行的战争或战争风险，只要不与美国本土安全这一核心利益发生直接联系，美国都可以从容应对。对于美国的地区战略底线而言，美国具有较大的战略伸缩度。美国需要做到的就是通过保证对于地区的承诺而避免引火烧身。因此，可以说美国的战略底线是分层和分级的。本土防御底线是核心层，而拉美层是相对外围，拉美之外的战略底线设计是第三层。尽管如此，美国作为全球霸权，核心层外围的战略底线也是重要的。由于前两层安全底线在未来较长的时间内都不存在遭受直接破坏的可能，核心层外围的战略底线就成为关键所在。因此，虽然美国具有战略上的缓冲设计，但如何规避哪怕是远离美国本土的战争风险尤其是东亚的战略风险就成为比较迫切的战略焦点。美国战略界现在强调的就是预防、预防再预防，预防越早越有效，美国未来所面临的风险就会越小。由此，美国战略的顶层设计与底层设计有效地连成一体。

在东亚这一地区，有可能成为引爆点的热点问题尤其值得关注。美国对于这些问题的关注、投入或介入意在防止别国误读美国实力而收缩美国的管理范围从而产生冒进行为。对此，战略家莱恩有一番比较深刻的认识，他认为在东亚的朝鲜半岛问题、台湾问题以及包括钓鱼岛、南海争端在内的一系列争端，对于美国虽然不具有内在的战略价值，这些争端的任何结果都不会增加美国安全"附加值"，但如果美国不承担相关责任，将会使美国丧失在盟国中的信誉，从而使战略态势朝向有利于中国方面发

---

① 〔美〕克里斯托弗·莱恩：《和平的幻想：1940年以来的美国大国战略》，孙建中译，上海人民出版社，2009，第255页。

展，将可能增加中国等国的战略冒险。①

美国不愿因为中国台湾或东亚其他的领土争端而卷入战争，但现实的情况是东亚的潜在热点地区又在增加冲突的风险。因此一方面美国会设法管控盟国可能的冒险行为，另一方面美国也不得不做好军事准备，以应对由于这些热点问题引发的纷争。对于美国的战略承诺而言，这就出现了"美国霸权大战略的反常逻辑（perverse logic），越是属于美国次要利益的地区，美国越是要坚定地加以保卫"②。

这就是美国实力下降却不得不表现出继续扩张的态势的深层原因，也是美国加大对东亚投入的无奈选择。然而，东亚作为次战略重心成为美国战略的焦点并不意味着美国国家安全战略的排序出现了转变或出现了混乱，而是进一步明确了将东亚作为美国战略核心利益服务的前沿这一战略考量。但是出于美国全球战略利益平衡的需要，美国又绝不可能顾此失彼或顾彼失此，对于东亚的战略投入仍是有限度的，仍需要考虑其他地区的安全需求。由此可以看出美国东亚战略的核心是以尽可能小的成本谋取最大的收益，只要别国不对美国霸权提出挑战，美国是可以与之共处的。强化盟国的责任分担就成为这种战略的首选，为了凝聚盟国的力量，就必须造势，夸大或渲染某一国家威胁的严重性。美国国务卿希拉里·克林顿几次东亚之行都可以视为美国串联盟国或准盟国形成对中国战略围堵的造势之行。希拉里在美巴关系出现忧患之后对印度的奖赏，希望印度发挥亚洲领导者的作用是别有用心，其意图也是显而易见的。需要特别指出的是，东亚的所有热点问题都是美国外围安全战略所涉及的问题，当美国的核心安全利益受到威胁时，其安全战略的侧重点必然会出现变化。

总之，维护美国在东亚的核心领导地位是美国对华战略的明确底线，与维护这一战略底线相关联的因素，比如核心外围区的防范、热点的控制和利用、联盟的管理、均势战略的灵活运用以及地区内领土和主权统一问题的介入与干预都成为维护美国战略底线的有机组成部分。

---

① 〔美〕克里斯托弗·莱恩：《和平的幻想：1940 年以来的美国大国战略》，孙建中译，上海人民出版社，2009，第 308 页。
② 〔美〕克里斯托弗·莱恩：《和平的幻想：1940 年以来的美国大国战略》，孙建中译，上海人民出版社，2009，第 308 页。

二 美国对华战略的战略限度

战略底线与战略限度仍有不同，战略底线强调的是美国的最终承受能力，超越这一底线，美国将可能不惜代价做出强烈反应。战略底线是美国战略作出重大转变的警示线。而战略限度是指美国的战略意图与实施能力之间的差距。它包括美国的战略抵达能力和解决能力、国内国际对其战略能力的制约，以及美国作为全球霸权国家所需要的全球战略目标与区域战略目标的平衡等。

从战略限度的角度看，美国学者承认美国影响国际体系中战争与和平的能力极为有限，美国的影响力现在都在被欧亚大陆悄然出现的多极格局所侵蚀。其次，美国进行安全环境塑造可能带来的益处（possible benefits）必须与美国卷入一场欧亚大国战争可能付出的代价（possible costs）相权衡。①

中美冲突具有战略上的限度主要依据三点：美国没有迫在眉睫的危险；中美相互依存程度加深，发生战争两败俱伤；存在着上升国与崛起国和平共处的新的可能途径。中美能否避免冲突的发生还取决于中美相互制约能力的变化。在未来一段时间内，中美之间冲突有其明确的限度：既要避免两国之间出现直接的军事冲突，同时也尽可能避免由于第三国引发两国的间接军事冲突。美国对华战略也有其底线。美国对华的对抗遏制正转向合作遏制，中美之间不会出现美苏式对抗或冷战的局面。

对于美国而言，即使实力第一，一国遏制其他国家也比用他国或联合他国一起遏制成本大，反之，对于中国而言，一国应对联合遏制的成本也是巨大的，并且也存在引发联合反遏制的可能性。因此，当遏制出现后，对于遏制与反遏制的国家而言，其遏制成本都会是巨大的，遏制与反遏制将会引发更大的战略对立和战略冲突，甚至引发战略格局的转变。中国与美国既是战略竞争者又是利益相关者，利益的协调与取舍就显得格外重要。当冲突升级之后，两国的安全成本都会上升，安全收益均会下降，因此，即使是仅仅出于安全成本的考虑，两国都应该试图将安全对抗尽可能降低到可以承受的程度。美国对华战略的战略限度具体表现为以下三个方面。

---

① 〔美〕克里斯托弗·莱恩：《和平的幻想：1940 年以来的美国大国战略》，孙建中译，上海人民出版社，2009，第 321 页。

（一）美国无法因为亚洲的领土争端而卷入过深。亚洲的领土争端和由此引发的危机是美国所需要的，但美国的做法仍是策动相关国家与中国争夺，美国发挥暗中制衡的作用。

（二）美国面临的威胁很多。在全球范围内，美国面临诸多威胁，这些威胁的迫切程度有所不同且经常变化，这些威胁中的一些威胁可能在不同时期交替成为美国安全面临的最为严峻的挑战，美国必须对这些威胁做出比较平衡的反应，很难全力集中于某个、某一地区或某一领域的威胁。

（三）美国难以形成冷战的联盟遏制局面。冷战时的联盟阵营很难实现，美国很难划定敌人的敌人是我们的朋友，对手的对手是我们的伙伴这样的结盟原则。世界上主要国家都推行全方位外交和"无敌外交"，美国很难建立起反华统一战线。

从未来看，美国的战略底线仍会得到维护，而美国的战略限度也决定了美国不可能对中国采取一种单一的对抗战略。"中美关系史是一部游离在有限合作和有限冲突之间的历史。两国之间的互动从来都是有限度的，虽然不同时期两国国内对对方的感受不时出现情绪化的冲动，但它们既没有在友好时期结成过正式的军事联盟，也从未在敌对时期进行过全面战争。两国之所以一直没有能够实现更高层次的合作，是因为它们之间存在太多的分歧；之所以没有进行过全面战争，是因为它们之间存在太多重要的而且必须维护的共同利益。"①

美国未来的战略走向还是一个核心利益的确定问题，也就是说美国是否会重新修订或改变其核心利益，是否会继续扩展或维持其核心利益的现状。如果美国的核心利益得以延伸或扩展，中国可能会在新领域与美国发生冲突，中国不会挑战美国的传统核心利益，但有可能会与美国战略的新关注点发生触碰，比如外层空间问题、极地问题、美国的海上航行问题，以及网络战争等可能影响到美国全球新利益的领域。

三　战略转换问题

诚然，我们必须看到美国的战略底线或中美冲突限度都是受实力变化、突发事件和国际环境的总体变化影响的，不同的条件下，美国的对外

---

① 牛军主编《战略的魔咒：冷战时期的美国大战略研究》，上海人民出版社，2009，第301页。

战略会出现新的战略调适和战略转换，比如战略递进、战略收缩与战略扩展、战略试探与战略调适，当然这里还包括战略误导与战略误判问题等等。

首先，必须特别重视美国的战略攻守变化。作为霸权国，美国具有一定程度战略变化的空间。美国的战略储备使其对外战略不仅仅受限于外依存度，无须只依赖于扩展一个选项。还有一点，美国需要应对的权力政治的变化带来的威胁目标呈分散化，在各大洲都有新兴国家崛起，美国对外战略很难聚焦于一两个国家，其全球战略的平衡性出现了难题。虽然美国试图将美国的主要对手进行分类，而形成有利于美国的平衡，但各大国和新兴国家均热衷于全方位外交，而不再是限制发展空间的结盟外交。即使是与美国结盟的国家，也试图超越联盟排斥性带来的困境。战略聚焦困境也在一定程度上影响到美国对华战略的实施。

中美关系应有超越于美苏关系的最低限度的共同利益和共同准则，两国的共同利益与共同准则要远远多于冷战时的美苏关系。美国对华战略中的进与退是关键，至少有四种组合：以进为退，以退为进，退中有进，进中有退。当前以及未来一段时期的美国对华战略将体现为以进为退，总体收缩、局部强化（比如在东亚的战略），攻守平衡，策略变化，战略微调。

随着实力的变化，美国对华战略并非采取全方位对称性战略，[①] 而是可能更多采取不对称战略。[②] 美国对华战略注重对称性战略的一面，即全球均势的一面，同时未来一段时间将可能更为重视非对称性的一面，即以主动的方式、以较低的成本，在合适的时机介入地区事务。在加迪斯看来，对称战略提供了抵抗"累积性威胁"的保护，它要求决策者做出要么升级、要么丢脸的简单选择。但是，它也涉及让对手挑选竞争的性质和场所。这对处于守势的国家来说，无疑要求无限的资源。因此，它要求"有

---

① 对称性战略是指面对全球均势受到威胁时，将受到威胁的同一时间、同一地点，采取与所受威胁等级级别相当的反应予以回击。而不对称战略是面对相同威胁时，并不一定作出和对方一致的反应，而是根据挑战的性质、地形等进行调整，在认为最有利的时候，最适合的地点用适切的手段作出反应。李柟：《现当代西方大战略理论探究》，世界知识出版社，2010，第190页。

② 1952年，杜勒斯提出"战略不对称"概念，以可承受的代价获得最大程度保护的现代方式。它的核心理念是不对称反应——用旨在"以己之长克敌之短"的方式回应敌手的挑战，其效应将是重获主动权，同时降低成本。不对称战略认识到资源有限这一现实，注重开拓和挑选自己的反应方式，它集中关注手段的差异性，强调通过谋算选择行动的环境、时间和方式。因而它保持了主动权，但代价是让出不易防守的阵地，或扩展对抗以开发利用能够守住的阵地。李柟：《现当代西方大战略理论探究》，世界知识出版社，2010，第190页。

坚毅的神经，必须理性地，甚至冷酷地区分边缘利益与紧要利益、可容忍的威胁与不可容忍的威胁、可行的反应与不可行的反应"。①

其次，关注战略递进与战略递减的转换。战略原则可能长时期持续，但战略目标从来都不是一成不变的。战略目标的改变常常取决于阶段性目标的成功与否，也取决于实力变化与国际环境的改变。从一个地区性国家发展为地区大国进而成为世界大国，美国的对外战略发生了很大变化，其战略目标始终处于战略递进的变化之中。建国之初，美国总统华盛顿警告说，美国人不要卷入任何联盟。杰斐逊更简洁地说，"要和各国进行贸易，不同任何国家结成联盟，这是我们的座右铭"。② 随后美国于 1823 年推出门罗主义。1904 年老罗斯福总统提出"罗斯福推论"，进一步发展了门罗主义。直到 1933 年，小罗斯福总统时期美国陷入经济危机，于是美国放弃干涉政策，推行睦邻政策，重回孤立主义。1947 年杜鲁门利用二战胜利之机，推出新的全球战略。

美国对华政策目标呈阶段性递进。美国的战略目标是不断递进的，在实现一个阶段性目标之前它是不会将这个目标之后的目标具体化的。20 世纪 50 年代朝鲜战争期间，虽然美国官方显示并无入侵中国的计划，但一旦在军事全面控制和占领朝鲜之后情况却难以预料。由此不能忽略中国军事介入的作用。若中国军队没有介入朝鲜战争，美军顺利推进至鸭绿江，美国军事战备会否出现顺应形势的战略递进是难以确认的事情。朝鲜战争之前，美国的东亚战略将韩国、中国台湾置于其防御圈之外，而朝战一爆发，美国迅速调整了这一战略，并进驻中国台湾海域。同时宣布台湾未来地位未定论，而中国入朝参战也正是基于美国可能出现的战略递进而实施的。③ 中

① 李枏：《现当代西方大战略理论探究》，世界知识出版社，2010，第 190 页。
② Robert Tucker and David Hendrickson, "Thomas Jefferson and American Foreign Policy," *Foreign Affairs*, Vol. 69, No. 2, 1990, p.138.
③ 美军仁川登陆之后，美国政府批准了美军在三八线以北的作战计划，美军占领汉城。美国开始背离原来介入朝鲜战争的初衷，把重点从"遏制苏联力量的扩张"转移到了"推回共产主义"，并宣称"平壤将成为第一个被解放的铁幕首都"。参见王玮主编《美国对亚太政策的演变（1776～1995）》，山东人民出版社，1995，第 274 页。中国终于做出在苏联的支持下出兵朝鲜的艰难决定。出兵理由归纳起来为：一、美国占领朝鲜，对整个东方不利。二、抗美援朝就是保家卫国。唇亡则齿寒，鸭绿江一千多里防线，需要大量部队，将使国内无法安心建设。三、对美国在东方的麦克阿瑟政策必须保持高度警惕，其政策实质就是继承当年日本军国主义衣钵，吞并东北。参见王帆《50 年代初中国出兵朝鲜的决策及外交影响》，《国际关系学院学报》2000 年第 2 期。

美建交后的美国对华战略确认了新的阶段性目标，其一是相互依存，同时保持有利于美国的不对称相互依存。其二是主导性融合，按美国的要求进行改变，对中国进行规制。阶段性目标相联系，每一阶段为下一阶段的基础和前提。

战略递进体现了其战略上的短期目标与长期目标的联系性。无论是战略递进或战略递减都反映了美国对华战略的不确定性和战略试探。2010 年美国介入南海争端，是一种典型的战略试探，试图以台海争端之外的南海争端来试探中国可能出现的战略反应。可见，战略递进与战略试探常常连在一起。所谓美国的战略递进就是随形势变化而及时作出调整。

此外，战略欺诈与战略误导也值得关注。美国对华战略中的战略欺诈的表现形式在于夸大对手的威胁，渲染对手的力量，模糊时空界限，把未来的潜在威胁视为当前威胁，把历史事件政治化、现实化。还表现为化虚为实、无中生有，声东击西，制造事端，为美国的战略部署寻找借口和合法性依据。对于美国而言，国家利益和国际利益具有整体上的一致性，美国不会破坏国际社会的整体稳定，但从美国战略史来看，美国善于用诈，通过制造局部危机来保持美国的整体控制力，而且总是通过迂回的方式达到目的。美国媒体和战略界有时会散发与实际意图明显相反的信息以误导中国。比如不断炒作"中国威胁论"，意在警示美国国内政界重视对华战略，或散布中国崩溃等信息以搅局或进行舆论施压。

总之，我们一方面必须明确美国现时和未来一段时间比较明确的战略底线和战略限度问题，另一方面我们也必须对可能出现的变数有所准备，任何战略防范的方案都不可能限定于单一选项。

美国对华战略的国际与
国家因素[*]

美国对华战略存在接触、遏制、融合、选择性干预、离岸平衡等多种选择。未来美国对华战略的制定受到国际、国家甚至国内多重因素的制约，既需要审视国际环境的深刻变革，也需要正视国家间实力的变化，同时也要注重中美两国战略互动进程所带来的相互塑造与相互融合。

一 国际因素

（一）国际环境的变化

国际环境变化的这一背景不能忽略。不同的事件置于不同的历史背景之下，其结果可能会截然不同。同理，对外战略在不同的环境背景下也会有所不同，环境与战略的互动关系也是不容忽略的。国际战略环境的变化影响中美关系显而易见。"20 世纪 80 年代中期，中美关系达到了最高点。然而在 80 年代后期，东欧和苏联的变化使中国再一次面对全球安全平衡的根本变化。中国将苏联的解体和华约的终结看作全球安全体系失去了平衡。没有了苏联的潜在威胁，中美结盟的战略价值也随之消解。"① 当前，国际格局出现了新的多极化趋势：新兴发展中国家群体性崛起，多极化趋势进一步发展，美国面前的力量格局的变化，不能仅仅以中国为转向。

除了战略力量对比的变化外，影响战略环境变化的全球化背景也不容忽视。全球化的进程与发展促进了全球范围内的相互依存，中美均处于全

---

* 本文发表于《国际关系学院学报》2012 年第 3 期。

① 〔美〕吉姆·赫尔姆斯、詹姆斯·普里斯特主编《外交与威慑：美国对华战略》，新华出版社，1998，第 24 页。

球生产链之中，缺一不可，完全回到冷战式的对抗局面的可能性极小，因为双方均不能承受其重。全球化时代的中美关系会持续受到全球化的影响。看待中美关系必须有全球化的视野。

在国际力量对比继续出现变化、全球化与反全球化因素持续较量的情况下，美国自身力量处于大调整的进程中，美国的对华战略处于转型期，这个转型期将经历一个较长的过程。正如美国学者米德所言："美国现在正面临历史上真正重要的转折点，所以它必须做出以前从未做过的事：为了美国在和平时期的世界领导地位，形成一贯的、在政治上能起支持作用的战略。从一战到现在，近一个世纪以来，虽然美国一直是世界上最强大的国家，但是它强大的目的是什么，应该如何运用这种强大的力量，在和平时期对这两个问题作出一致的回答，却是一个崭新的课题。从1919年到1941年，缺少共识；从1941年到1989年，没有和平；1989年以后，很显然，美国政治体制中没有有效的共识。"①

同时，新的国际安全形势也直接影响到美国对华战略的制定。必须特别提到的是非传统安全因素的影响，在反恐的问题上，美国必须同时面对有形对手与无形对手，有形对手是所谓邪恶国家之间的对抗，而无形对手则更为复杂危险一些，它并不是某个特定的国家，而是一些跨国的势力。无论是对付有形对手还是无形对手，美国对大国合作的需求都远胜于以往任何一个历史时期，很有可能出现的一个局面是恐怖活动的严峻性、破坏性和迫切性将使美国无法再像以往那样集中精力于某一个国家威胁。此外，国际气候变化及流行疾病、自然灾难应对等也需要加强大国合作。人类面临的灾难和威胁从未像今天这样频繁和艰巨，有些因素已经影响到人类自身的生死存亡，比如气候变化问题等。当大国之间面临的共同威胁不断上升的时候，国家之间的对抗则不得不下降。

从一定意义上看，中美关系的变化取决于共同威胁认知程度与相互威胁认知程度的变化。和平时期的美国对外战略难有共识，但美国对华和平战略将会成为关键性因素。对于中美关系的理解不能仅仅从双边的角度来看，它早已经超越了双边性质，而具有全球性。再有，中美关系的多边合作领域中协调也很重要，也协调良好。

---

① 〔美〕沃尔特·拉塞尔·米德：《美国外交政策及其如何影响了世界》，曹化银译，中信出版社，2003，第345页。

（二） 实力变化的视角

实力影响对外战略这一基本定律仍适用于分析美国对外战略和对华战略。我们判断一个国家的总体实力和地位，需要判断其影响力与其实力的关系。如果总体实力和地位基本未变，其影响力有无变化，其战略是总体收缩还是扩展，仍取决于其实力的变化。正如美国战略家罗伯特·阿特在倡导美国应该实施全球性干预战略时所言："国际环境中有一个特点会严重地影响到美国的大战略，这个特点就是，美国相对于其他大国的权力急剧下降。在下列几种情况下，会导致这样一种权力衰落：（1）出现一个全球挑战者或者势均力敌的竞争者；（2）美国的经济力量崩溃；（3）美国失去其技术竞争的优势地位；（4）出现全球范围内的反美大联盟或者几个地区范围内的反美同盟。第二和第三种情况会侵蚀美国维持强大军事力量的能力；第一和第四种会削减美国的影响力，尽管美国的军事力量依然强大。所有这四种可能性都没有成为现实，但是万一这些情况或者任何一种情况出现的话，要实施选择性干预战略就困难得多了。"①

看待实力变化不仅仅要看双边关系中的实力，也应该关注多边关系中的实力变化。随着多边外交的发展，各国的外交都受制于多边框架和多边规则的制约。任何一个单一国家影响他国的能力都在下降，同时美国影响他国的能力也在下降。G20 的出现意味着国际事务的决策者增加，利益多元化，相互制约更多。权力转移概念对于分析美国对华战略调整十分重要。美国对华战略调整的一个基本前提在于认为全球权力政治正处于权力转移之中。

白宫国家经济委员会主任拉里·萨默斯表示，"历史长河告诉我们，在快速转变的全球体系中，快速转变的经济体所创造的历史通常是不愉快的历史。我们的智慧、他们的智慧以及我们双方互动的方式将是极为重要的……中国正在崛起的经济和政治实力是世界面临的首要挑战。21 世纪初期的历史将是关于世界如何适应历史舞台向中国转移"。② 美国将中国的发展置于传统的大国兴衰的历史视角下，美国将中国 21 世纪的发展置于重要的历史性比照之下，因此美国的对华战略是基于霸权护持和防范中国的挑

---

① 〔美〕罗伯特·阿特：《美国大战略》，郭树勇译，北京大学出版社，2005，第 52 页。

② Jeffrey Sparshott, "China Is U.S.'s 'Central Challenge'," Nov. 15, 2010, http://online. wsj. com/article/SB10001424052748703326204576617290366290132. html? KEYWORDS = china.

战。基辛格等人将中国的发展以及与美国的关系比照，认为中国这个对手好比 100 年前德国在欧洲的崛起。由于那时占主导地位的英国未与德国实现紧密融合，最终导致了两场毁灭性的世界大战。[①]

2005 年美国国家情报委员会的一份报告就指出：中国在 21 世纪的崛起，正如德国在 19 世纪，美国在 20 世纪曾经给世界带来不断扩大的深远影响一样。从中美关系来看，中美之间当前力量对比的变化正在带来一系列关系的调整。全球力量对比出现一些变化，而地区力量对比的变化尤其明显。显然，从实力变化的视角看，美国已经将中国视为其对外战略重要的关注点和变量。美国将中国实力的快速提升置于现实主义权力政治转移的思维框架之中，这就强化了中国作为美国潜在对手的危险性和紧迫性。美国对中国战略定位的新认识可以归纳为：中国正在形成对美国的累积性威胁，这种威胁不是显见的，而是潜在的，不是眼前的，而是长远的，不是单一的，而是全方位的。

实力的变化使得美国的对华战略更多置于阻止和压制中国的发展，中国越强大，美国对中国的压制力也会更强，其战略核心仍在于阻止或延缓中国的发展。所使用的方法仍在于经济、政治和军事手段并用。美国无法阻止中国的崛起，将只能迫使中国按照对美国最有利的方式变革。美国的撒手锏首先是延缓中国的发展，尤其在亚太地区阻止中国影响扩大，因而才有重返亚洲，其次就是仍将促使中国按美国的要求改变，美国对中国内部事务的施压会加强。

与此同时，在对待中国崛起的问题上，美国一些战略家也有比较现实的认识。美国的战略基于美国很难阻止一个大国在正常状态下的崛起，虽然这种挑战者在未来几十年内不会出现。美国有能力采取一些措施推迟超级大国的崛起，但最终却不能防止它的崛起。超级大国力量的生成，有这样一些基本条件：熟练的劳动大军、经济增长、技术领先、资本投资、大量的人口以及丰富的自然资源。这些条件多数是潜在的超级大国内生的，不是外部派生的。采取一种积极的经济遏制政策，着眼于防止技术转移和外来投资，能够一定程度上减缓大国力量生成的步伐，但它必须得到其他国家在经济遏制上的合作。这样看来，不管是中国、俄罗斯，还是欧盟，

---

① Katrin Bennhold, "Mutual Trust Called Crucial to U. S. -China Relations," September 12, 2010, http://www. nytimes. com/2010/09/13/world/europe/13geneva. html？_r = 1&scp = 1&sq = mutual% 20trust% 20china% 20us&st = cse.

它们最终成为超级大国的前景，主要取决于自身的努力，而不取决于美国的作为。① 当前，美国实力在下降，但对中国的比较优势仍明显，在看待两国实力变化时，比较优势是一个重要概念。美国担心其实力下降后影响力下降，其他国家对其追随感变弱。

未来有两种可能的趋势值得关注：其一是美国摆脱金融危机，重振经济，在新能源等领域焕发活力，从而实力继续优先。在这种情况下，美国将会具有重塑国际政治的实力，冲突的可能性减少，合作与协调将会加强。当美国实力继续占优的时候，中美合作的模式将不会出现巨大变化，仍然是不对称的相互依存，合作占据主流；其二是美国实力进一步下滑。而当美国实力继续下滑，与其他国家的实力进一步缩小的时候，守成与上升之间的矛盾将会呈现尖锐的态势，这时候的美国将会处于一个在美国看来的实力危机节点上。这时的美国将会更多以冲突的方式重塑国际形势，重新洗牌的可能性反而加大，实力下降、能力不足反而会刺激其改变全局的意愿，这时候冲突的可能性会上升。中国维持稳定的政策将会经受巨大的考验。

显然，从战略的角度看，和平时期的美国对华战略难有共识，必然会有多种选项，而协调好这些选项是美国对华战略的核心，如果协调不好，战略因素之间的掣肘将会消耗或制约其目标的实现。当前的金融危机给美国的对华战略带来了一个新的课题，那就是不论美国是进攻还是收缩都必须进行一个新的战略调整和新的战略排序，在这个新的排序中中国可能首当其冲，被列为传统安全威胁领域的首要的威胁和潜在的对手。但非传统安全问题和美国所面临的全球威胁众多而庞杂，威胁源众多，美国又需要中国等大国的合作。既合作又防范的战略如何平衡与协调将是美国战略界的难题。

从当前和未来一段时间美国全球战略的大局出发，美国对华战略对于发展还是限制中美关系存在激烈分歧，维持缓和和稳定的局面可能成为一个中和妥协的产物，而缓和意味着维持现状，这个状态可能会维持一个较长时间。显然，美国的对华战略是以美国的当前与未来战略利益的协调为前提而调整的。美国对华战略在未来相当一段时间内，仍将采取"两面下注"的做法：通过合作获取最大收益，通过接触制约或改变中国，通过遏

---

① 〔美〕罗伯特·阿特：《美国大战略》，郭树勇译，北京大学出版社，2005，第52~53页。

制防范中国。合作与竞争相互交织，施压与妥协交替使用。

二　国家因素：相互塑造与相互融合

涉及未来美国对华战略的一个因素是相互融合与相互塑造的互动进程，因为未来的美国对华战略不仅仅取决于美国对中国走向的判断，也取决于中美之间的相互制约和相互影响。对外政策不仅仅是国内政策合成，也是国家间互动政策的合成。中美关系的变化取决于未来的相互融合进程。中美利益相互交织对两国相互融合产生了重大影响。要建构双边关系，中美之间一直存在彼此重新塑造的问题，彼此对对方的影响和塑造能力一直不对称，但中国能力在上升，在新的时代背景和相互依存加深的前提下，中国对美塑造能力也发生了变化。中美关系的变化取决于未来的相互融合进程。互利建立于合作的基础上，互利也建立于互限的基础上。中美相互塑造已经具有四个前提条件。

（一）混合博弈

中美之间已经或正在进入混合博弈。中美之间存在零和博弈及零和博弈的战略思维，但利益的不断交织和合作领域的拓展，使得中美双方均居于多边猎鹿博弈的团队之中。零和博弈不需要共识、默契与互谅互让，而混合博弈则不同，不仅需要双方的互动，还需要多方的互动。双方必须就相关问题进行沟通，至少取得某种共识。"通常情况下，双方之间需要某种行为活动，无论是潜意识的还是默认的。博弈双方能否取得满意结果取决于双方之间的社会认知和互动程度。两个完全隔离、无法进行言语沟通，甚至不知道彼此姓名和身份的选手也一定需要进行心理沟通。"[①]

基于混合博弈的现实，中美之间不仅建立了广泛而频繁的交流沟通机制，也形成了初具成效的合作模式和合作收益，在不断进行的战略对话和内容涉及诸多领域的合作进程之中，中美之间形成了一些战略共识和默契，推动了一些用于指导两国合作实践的合作规则和规范的形成，减少了误解，加深了了解，确立了初步的互信。

---

① 〔美〕托马斯·谢林：《冲突的战略》，赵华等译，华夏出版社，2006，第136页。

（二） 具有初步的共同体意识

近年来，中美关系中最大的变化在于两国关系的全球意义更为重大。2009 年奥巴马访华时中美将两国关系定位于"面对共同威胁的伙伴关系"，2011 年初胡锦涛主席访美又一次确定了中美关系是"21 世纪的积极全面的伙伴关系"。自中美建交以来，两国领导人不断强调中美两国的相互依存、一荣俱荣、一损俱损、和则两利、斗则两伤、同舟共济的意识和概念，在核不扩散、反恐、能源和气候变化等问题上面对越来越多的共同挑战，具有越来越多的共同利益。强调两国关系对于稳定双边、稳定地区和全球局势的重要意义。两国对于跨太平洋伙伴关系、亚太共同体也形成了一些基本共识。

（三） 相互依存程度加深

相互依存带来新的融合问题，相互依存的加深使双方的分离很难成形。这一点使得当今的中美关系与美苏关系形成了重要区别。二战结束之初的 1946 年美国驻苏联临时代办凯南在发给美国国务院的长电报中，提醒人们注意，美国之所以可以与苏联对抗、决裂没有什么风险，是因为同苏联的"利害关系微乎其微"，"在那里，我们没有投资需要保卫，没有确实存在的贸易机会的丧失"。① 而当今的中美关系却出现了巨大的不同。中国是美国最大的债权国，中美贸易依存度之高超过以往任何一个时期，中美之间在金融方面也合作密切，出现了约瑟夫·奈所描述的"恐怖的金融平衡"，中美相互依存创造了一种与冷战类似的"金融恐怖平衡"。② 从相互依存的影响上看，中美之间不仅在主观上需要相互协调，在客观上也不得不进行沟通与合作。

（四） 文化交往的相互融合可能

文化上的交流与融合是最为深刻也是最为长远的融合。中美之间在文化上的相互影响也在不断加深。随着信息化时代的到来，这种融合的波及

---

① George Kennan："the Long Telegram," Moscow, 22 February, 1946, http://www.trumanlibrary.org/whistlestop/study_collections/coldwar/documents/.
② 〔美〕约瑟夫·奈：《双方皆痛苦的威胁确定了中美关系的发展方向》，香港《南华早报》2010 年 7 月 14 日。

面和影响深度都有了前所未有的提高。美国文化早已为中国所熟知，中国的开放在一定程度上也是对美国文化的开放。中国的改革开放正是大量吸取包括美国在内的发达国家的先进文化和管理经验而获得的。近些年，随着中国经济实力的不断壮大、对外交往的不断发展，中国热、中国文化热也在美国引发对中国的关注与兴趣。中国的留学生、中国的艺术和体育明星都在不同程度上传播着悠久而灿烂的中华文明。正如法国《回声报》文章称，中国在西方化，美国则在东方化，早在一个多世纪前，尼采就宣布，可能出现中学西用的情况。在我们的眼中，相互的影响正在加速。这个"帝国的融合"不同于"文明的冲突"。因为它是要避免冲突，每一方都参照另一方来改变自己。它也不是以保持特性为前提的文明的结合。这个新的现象属于另一类型：转移、模拟、嫁接。人们很难知道从这个世界的重组中会有什么东西产生出来。出现方式和地位的改变是肯定的，化干戈为玉帛也是可能的。①

当然，文化间的碰撞与冲突也会增加，但这种碰撞与冲突仍是文化走向新的融合必不可少的一部分。从长远看，那些最终被双方共同认可的文化将会内化到各国的政策之中，美中各自战略的变化也为相互融合和塑造提供了可能性。

从美国的角度看，现在的美国对华战略有一点是可以肯定的：那就是美国无法全面有效地遏制中国发展，接下来的选项就是接触与融合。显然，接触与融合仍有区别：接触是界限分明的，你是你，我是我。合作而有限度，有条件的合作。而融合则将超越界限，出现你中有我、我中有你的局面。这种融合又分为彼此改变的融合和主导性融合。彼此改变的融合是对称性融合。美国谋求主导性融合，却难以一方主导，又对彼此改变式的融合没有把握。应该说美国正在力图实现主导式融合，或变相互融合为不对称融合，保持不对称融合是美国对华战略的方向性目标。这一目标因合作危机而迟滞，但会很快推上历史舞台。显然，美国能否实现其目的，取决于中国的反应和应对。中国对于积极的正面的融合持乐观态度。中国始终遵循中美关系将在利益共享、利益交织、利益交融下发展的思路。未来的大势是中美必然由相互塑造实现融合，实现新的东西方交融，现在的你中有我、我中有你将会形成新的合作类型。

----

① 〔法〕罗歇波尔·德鲁瓦：《一种美式佛教》，法国《回声报》2010 年 2 月 10 日。

以中美相互塑造为例，在这个塑造过程中，中美两国是共同改变，彼此适应，以自身的发展和进步来促进和推动新层次合作的展开。按照秦亚青教授的观点，关系本身是不可能单独由一方构建的。对于中国而言，在相互塑造、碰撞和互动的过程中，可以减少美国对中国的负面影响。这一认识可以改变中美关系中一贯的应对和应付、被动反弹，而转变为积极的主动运行。如果我们把中美关系中的更多行为体都包容进来加以考虑，那么中美相互塑造的过程虽然更为复杂，但也是更为丰富和有趣的。从长远看，这种互相影响的意义也是十分重大的，我们的相互塑造将可能带来更多的共同观念。"过程孕育规范"，"规范孕育和形成，有着两个方面的动力。一方面来自规范的倡导者，另一方面来自过程本身"。中美相互塑造的过程可以孕育和发展有利于两国关系良性互动的规范，形成有力的规避风险的机制，其意义将是历史性的。这一过程本身就会产生新的规范，甚至是基于共识的规范。"这种实践过程使得规范得以塑造实践者，也被实践者所塑造——共同利益被不断地生产和再生产。"①

中美相互建构的过程应该是十分有意思的，互动会促进行为体出现改变或适应，改变了的行为体又会使得互动出现新的变化、形成新的深度和力度，行为体在新的关系层面又产生新的动力关系，从而使得互动与塑造持续不断地发展变化。值得关注的，双方相互建构的过程无经验可循，而是探索性的，其结果也存在不确定性。美国没有与一个越来越强大的中国打交道的经验，中国也没有在实力上升后与美国打交道的经验，同时中美关系中由于发展差距带来的问题仍很严重。作为战略竞争者又是利益相关者的双边关系通过战略对话来实现相互塑造的议题、影响及作用都有待于评估。在相互塑造的过程中，双方的利益协调如何更好地发挥作用，双方是否会进一步确定更加明确的战略底线也是影响相互影响进程的关键。虽然存在诸多不确定的因素，有一点是可以肯定的：双方都会进一步强化相互塑造的进程。

---

① 秦亚青：《关系本位与过程建构：将中国理念植入国际关系理论》，《中国社会科学》2009年第3期。

美国对华战略的关系定位和
战略选择

影响美国对华战略选择的因素很多，但其中最为重要的因素之一是美国对于中美关系的认知与定位。美国对华战略选择与其对中美关系定位密切相关。中美关系的定位决定了美国对华的角色认知，进而也影响了美国对华的威胁认知和战略选择。相对而言，美国对中美关系的定位主要存在敌手关系、对手关系和朋友关系三种，在不同的关系定位中，美国对中国的角色定位也存在敌手、对手、朋友三种，这将深刻地影响美国对华战略选择。

一 美国对华战略的三种关系定位

无论是两面下注，还是相互依存或更进一步相互塑造，美国对华战略的底线设计和临界点分析，都服务于美国的对华战略目标。美国对华战略取决于美国对中国的三种不同定位，或者说美国对中美关系的认知定位决定了美国对华战略的不同选项。三种不同的关系定位分别为：敌手关系、对手关系和朋友关系。建构主义代表人物将这三种关系从文化的角度加以界定，分别为霍布斯文化、洛克文化和康德文化。

霍布斯文化是由敌人的角色结构确立的，其核心内容是敌意。在霍布斯文化中，国家相互之间视为敌人，行为原则是不承认其作为独立的行为体存在的权利，并且可以无限制地对其使用暴力。如果国家之间角色是敌人，它们往往表现出以下的行为取向：第一，试图摧毁或征服敌人；第二，决策往往需要在很大程度上不考虑未来前景，往最坏处做准备；第三，相对军事力量被视为至关重要，军事方式被认为是唯一可以具有最终决定权的手段；第四，如果真正爆发了战争，国家就会以（自己认为的）

敌人的方式来进行战争，直至消灭对方或被对方所消灭。[1] 霍布斯无政府文化的逻辑是"所有人反对所有人"的战争状态——美朝关系是这种关系，而中美关系显然不是这种关系。

洛克文化是由竞争对手的角色结构建构的，它的核心内容是竞争。竞争和敌意有着本质的不同，竞争的双方互相承认生存和财产权利，这种承认由主权制度表现出来。竞争对手不像敌人那样具有生死攸关的威胁，不会试图统治或征服对方。竞争对国家对外政策至少有着四种意义：第一，国家对相互主权持维护现状态度；第二，国家不必从高风险规避、时间紧迫和相对权力等角度制定政策；第三，相对军事实力仍然重要，但已不具备头等重要地位；第四，如果争端导致战争，竞争对手会限制自己的暴力行为。[2] 洛克无政府文化的逻辑是"生存和允许生存"，所以国家之间的关系不是相互杀戮。

康德文化是由朋友的角色结构确立的，核心内容是友谊。在康德文化中，国家之间相互再现为朋友，并为之遵循两条基本规则，即非暴力规则和互助规则。这两条规则界定了康德文化中国家的基本行为取向：非暴力规则意味着不使用战争和战争威胁方式解决争端，互助规则意味着如果任何一方受到第三方威胁时，双方将共同作战。[3] 温特同时指出，这两条规则是独立存在同样必要的，友谊只涉及国家安全，不必外溢到其他领域，友谊在时间上是无限制的。康德无政府文化逻辑体现的是个体对集体利益的高度认同，个体利益体现在集体利益之中，助人和自助融为一体。

中美关系现处于洛克文化阶段，这一阶段将会持续很长时间。在这个阶段，有两个摆点，一个是重回霍布斯，另一个是走向康德文化。当今的中美关系中夹杂着复杂的多元文化特征：既可以看到霍布斯文化的特征，也有康德文化的影子。

如果说美国对华战略是钟摆，其中间点就是改变中国。其政策总是在遏制与接触之间摆动。中美关系钟摆的图示，或可称为敌手、对手、朋

---

[1] 〔美〕亚历山大·温特：《国际政治的社会理论》，秦亚青译，上海人民出版社，2000，第257~258页。

[2] 〔美〕亚历山大·温特：《国际政治的社会理论》，秦亚青译，上海人民出版社，2000，第275~276页。

[3] 〔美〕亚历山大·温特：《国际政治的社会理论》，秦亚青译，上海人民出版社，2000，第289~290页。

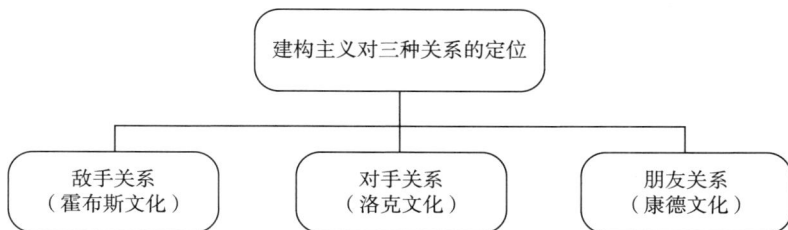

图1　建构主义的三种关系

友。于是就有了美国对华战略两面下注的特性。而两面下注在不同的选择下又有多种可能的组合。战略中均涵盖多个组合因素。比如接触战略有更为具体明确的指向，在接触战略中既有合作因素也有竞争因素，既有互利共赢的一面，也有对华施压谋取多赢的一面。而遏制战略中的军事对抗中也有谋求相互交流、避免误判、增强互信的合作因素。

无论是接触、遏制还是塑造合作，无论是两面下注、利益相关者还是战略利益再保障，未来的美国对华战略中将中国作为对手的定位应该是美国战略界多数人的共识，对手的定位是敌手与朋友之间的中间项，作为对手比作为敌手更有利于进行合作，作为对手并不影响在面对共同威胁时成为战略合作伙伴，也不影响经济领域、贸易领域甚至军事领域的竞争。对手定位使美国对华战略有更大的调适空间和政策灵活性，可以针对形势的变化进行及时有效的转变。随着中国实力的不断增强，美国在全球和亚太地区的对华对手论意识也在增强。21世纪初中国对美一系列收购失败，表明美国对中国可能造成的对称性依存十分警惕。但与此同时，中美两国的相互依存无论在广度、深度上都在发展，又在相当程度上限制了中美由对手向敌手关系的转变。

当前与未来一段时间存在的问题是：现在无论是美国还是中国都存在分割中美合作与联系的力量，军事领域尤其如此，军事上彼此的指向性很强。但是合作与联系的力量也很强。我们需要分析在什么界限上分割中美合作的力量会大于中美合作的力量。中美之间能够分享的合作的历史记忆越来越多，但是还不够完整，还是断断续续的，毕竟中美建交只有30年，以往的历史记忆均是争斗与对抗。当那些战争的历史记忆已经远去的时候，中美之间将面临一个什么样的状况呢，也许会有新战争的念头启动，也许有合作的跃进发生，当人们因为合作而分享了充分的互益，从而不再去设想破坏合作的念头。

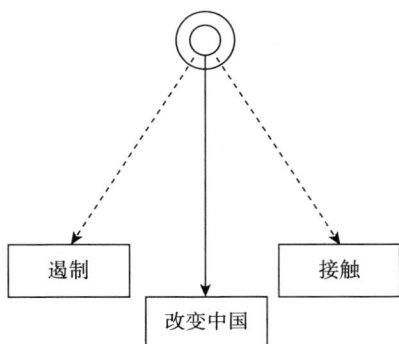

图 2　美国对华战略钟摆图

二　美国对华战略的发展趋势

在未来 8～10 年里，我们可以判定，无论是合作还是竞争、接触还是遏制，美国对华战略的首要目标都是基于对中国的塑造与改造。把中国变成一个美国可以接受的国家，把中国变成一个服务于美国总体战略的国家，把中国变成美国总体上可以掌控的国家，将是美国中长期对华战略的主线。

基于按美国意图改变或塑造中国的原则目标，其战略又分为两条路径，但殊途同归，都是为美国改变中国的原则目标服务。图 3 是基于对手论的美国对华战略目标分层图。

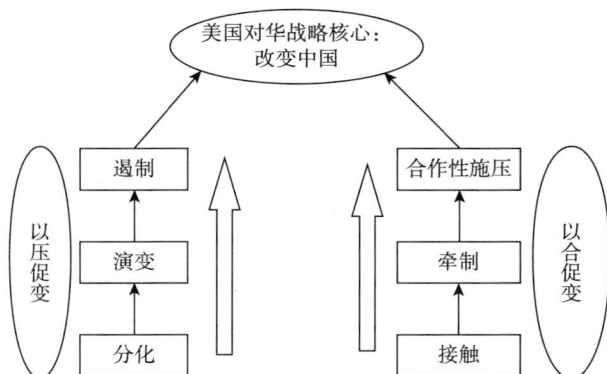

图 3　美国对华演变战略

两种战略思路的分层目标如下。

在"以压促变"的过程中，强调对手论，强调防范、牵制、威慑。

第一战略：分化中国，以削弱这个潜在的敌国。

第二战略：演变中国，使中国的发展可为西方势力所掌控。演变的目的还是为了分化中国。

第三战略：遏制战略，演变无效则进行遏制，挤压中国的生存空间，限制中国的国际影响力，同时以遏制促演变和分化。

在"以合促变"的过程中，强调塑造与施压。

第一战略：接触中国，也是与演变与分化相关联的。

第二战略：在一定程度上牵制中国。美国正在试图设计一个战略，让中国承揽更多责任，并以此削弱和牵制中国。但美国的担忧在于一旦让中国承揽更多责任，会使中国的权力地位得以提升，让中国揽责、又限制中国的权益将成为美国未来对华政策的关键。

第三战略：合作性施压。在接触与牵制中，通过利益诱导的方式促使中国转变将成为一种新的方式，也就是合作性施压的方式。

显然，把中国变成第二个苏联一直是美国一部分保守战略家的最大战略目标，但是这不是冷战，这一目标的实现很难，因此必须耐心等待时机。美国战略家一刻不忘分化中国，也时刻关注中国与他国的组合与结盟。霸权战略是以压制或打压所谓的挑战者而设计的，因为霸权是排他的，不能分享，只能独占。分化对手是美国冷战战略的实质，遏制战略也是分化战略。比如美国成功地分化了中国与苏联，同时分化了苏联与东欧国家的关系，最后将苏联分化为十几个国家。[①] 应该看到，对于中国这样一个大国，压制是美国战略的主导。

美国对华战略有直接目标也有间接目标。2010年以来，美国已将全球战略的重点领域非传统安全回归到传统安全对手上，中国仍是美国的目标。美国的一种选择是与俄联手，就像当年与中国联手对俄一样。未来针对美国对华战略实施过程中的美俄关系也值得关注。

然后是剥离、分化和弱化中国。就像当年美国对苏联一样进行全面的、持续的遏制，寻找时机施压和瓦解中国社会内部，促进中国出现转变。冷战

---

① 分化战略是楔子战略的一种，关于楔子战略的研究可参见凌胜利《分而制胜：冷战时期美国楔子战略研究》，世界知识出版社，2015。

的成功使美国一些战略界人士自信，西方和平演变战略仍然适用于中国，"不战而胜"是美国谋求的战略境界，化敌为友是他们谋求的目标。①

　　当然，美国的对华战略具有很大的复杂性，其中重要原因之一便是中美两国利益交织与高度相互依存。在美国对华战略目标的设计中，有几个因素特别值得关注。一是国际体系是否处于转型期。2008年金融危机后，美国实力相对下降，新兴国家群体性崛起，美国认为国际体系处于转型期美国的走向也是一个问题，中美之间的竞争将更加复杂。二是中国未来的不确定性，存在巨大变化的可能性。中国并不像欧洲一些国家那样已经成为一个相对成熟和完善的国家。中国的经济在高速发展，刚刚经过起飞阶段的发展，但中国的管理体制仍面临巨大的调整空间。美国也在不断尝试如何通过渐进的方式影响中国体制调整的可能性。除此之外，美国对华战略面临的一个新的因素是不断发展变化的中国能否被完全纳入美国主导的国际秩序当中？中国会否以单边或多边方式挑战美国的主导秩序？因而美国的接触战略旨在促进中国国际参与进程的作用与未来的对华战略实施密切相关。由此，我们可以对美国对华中长期目标有一个比较清晰的界定。

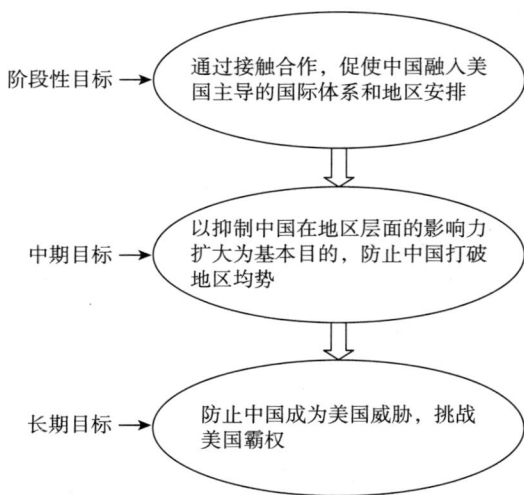

阶段性目标 → 通过接触合作，促使中国融入美国主导的国际体系和地区安排

中期目标 → 以抑制中国在地区层面的影响力扩大为基本目的，防止中国打破地区均势

长期目标 → 防止中国成为美国威胁，挑战美国霸权

图4　美国对华战略的阶段性、中期、长期目标

---

① 在冷战中，乔治·凯南提出和平演变的构想，肯尼迪时期形成了比较完整的战略思想。里根发动和平演变攻势，而布什抓住历史性机遇，收获和平演变之果。

阶段性目标：通过接触合作的方式改变中国、演化中国、分化中国，让中国进入美国铺设的轨道。促使中国融入美国主导的国际体系和地区安排。从美国全球战略的发展趋势看，该意见可能成为政府中的主流。① 把中国拉入体系后，利用体系化解中国的影响。传统联盟围堵方式和新型接触方式相结合。沙特施奈德的论证认为，"扩大政治共同体……一直是美国政治的大战略"。②

中期目标：抑制中国在地区层面影响力扩大是其基本目的。中国在地区做大突破了美国的地区均势，地区均势是美国霸权的重要基础，任何有可能有破坏均势的努力，比如结盟、扩展实力、军事力量改变（向空中和海洋发展）都有可能引起美国的警觉。美国学者认为，中国海军走向远海是中美真正对抗的到来。"9·11"事件后，美国打压其他国家，扫清外围，同时打压、分化、弱化中国。

长期目标：美国对华战略的核心还是防止中国成为美国的威胁，挑战美国的霸权。这是长远目标。三个阶段的目标紧密相连，持续实施，其中短期目标直接为中长期目标服务。

三　美国对华战略是多项选择

美国对华战略存在多项选择。从"中国威胁论"后的非敌非友到利益相关者、两面下注再到战略再保障，其中一个思路就是谋求确定性的战略，从多重性到双重性，再到尽可能的确定性。然而，美对华战略取决于多重因素互动的结果，有多种可能性。我们只能说哪些因素更可能带来哪些结果，无法给出确切的答案。因此，形势变化的多样化要求美国不可能选择单一方案的对华战略。和平时期的对华战略不可能只有一种选择。

美国对华战略取决于三种战略的综合程度：一是冷战战略，以遏制分化演变为主；二是冷战后战略，接触加遏制，两面下注，寻找时机；三是后冷战战略，或称新对华战略，美国放弃其超霸地位，与中国和其他大国强化战略互信，在更大范围内实现与中国的合作，探索新型非联盟合作

---

① 王缉思：《从中日美力量对比看三边关系的发展趋势》，《国际政治研究》2008年第3期。

② 〔美〕罗伯特·杰维斯：《系统效应：政治与社会生活中的复杂性》，李少军、杨少华等译，上海人民出版社，2008，第324页。

关系。

现在的中美关系有合作，但合作有限度，同时也有更大的伸缩性。中美之间具有一定程度的战略默契，但战略共识有限。中美之间的相互依存度较高，但同时战略对抗的可能性也没有消除。战略合作动力有限度，局限于非传统安全领域，应对共同挑战的伙伴，而在传统安全领域中美并不是伙伴。中美之间缺乏共同的传统安全威胁国家，只是在一些传统安全目标上有共识，比如共同反对核扩散。这些共识仍无法改变中美之间潜在的对抗态势。中美之间的合作与互信是有限的。一个好的趋势是，冲突依旧，但合作面在扩大，合作程度在上升。当然在合作的过程中也产生了新的冲突，但这些新的冲突暂时还不至于影响双方的合作。

国家在多大程度上具有冲突性质，又在多大程度上可能合作是我们必须深入考虑的问题。可以看到，中美之间的冲突基本上还是停留在原有领域和原来程度，当然经济争夺也上升，但不至于引发政治争夺。不过也不可小视。合作的方式方法越来越多，包括军事上的合作，但在短期内也不可能引发中美关系更上一个台阶。中美之间不是敌手，不是朋友，而是对手。中美之间由对手转为朋友或战略合作伙伴的可能性不大。

和平发展需要中国有一个新型的中美关系，而种种现实性制约使中美关系难以发展到新高度，相互依存有风险，对双方都是如此。相互依存具有客观性，本身并不能带来新的关系模式。目前中美之间在经济上依存，在政治与安全上却不那么依存。相互依存本身也有相对性，所能达到的程度和范围是有限的，而其影响也有相对性。

展望未来30年，中美关系拥有过去30年的成就和坚实基础，两国领导层和民众的高度重视和珍惜，中美关系发展的良好势头不会轻易改变和逆转，会朝着更加健康、理性和务实的方向发展，这也是世界各国的期待。但两国关系到中存在的问题和挑战也是不容忽视的。中美关系之间的一些问题是结构性的、客观的、不容回避的，必须找到一些切实可行的办法，趋利避害。美国是世界上最大的发达国家，享一超之尊，中国是世界上最大的发展中国家，居多极一席。中国认为两国关系不是从属关系，而应是平等的合作关系。而美国在这个问题上的看法则要复杂得多。

中美关系如何发展取决于竞争与合作这两大因素的互动和协调，如何促进和平与合作是中美关系发展的关键。从内政与外交相互影响的角度看，国际体系对中国的影响比对美国的影响更大一些，由于发展阶段和国际地位不同，中国的自律能力也远比美国要强。因此，中国作为和平使者的身份更为明确，而美国则仍处于战略规划的巨大悖论之中：一超地位使美国可以无视国际上任何制约因素而自行其是，强调战略机遇期而继续扩展，同时，这亦已经或将引发国际和国内社会的更大反弹，其中国内因素的影响将会继续加大。扩张会导致成本上升，短期收益大幅下降，而内敛与节制，关注内部，强化与国外的伙伴关系，又使美国一些人士唯恐战略机遇丧失。扩展与力量有限性，维霸与维稳的矛盾一直使美国难以协调，无法自控而陷于战略困境。核心仍是美国的霸权情结，这个症结不除，其战略悖论就难以超越。而这恰恰是美国的世纪难题之一。

中国正在试想四个办法来改变权力政治观之下的中美合作：（1）加强相互依存；（2）强调共同威胁的严峻性；（3）加强在国际制度层面的合作，这一合作发展空间很大；（4）制度共存而不是相互取代；（5）大国之间新型的非联盟合作。由于中美之间的制度差异，在相当长时间内，中美之间不可能也不会联盟。因为这并不符合中美关系的现实，也不符合中国的不结盟政策。所以这是一个新的课题。

总之，美国需要避免两面下注，中国不是美国的赌注，而是美国可以合作的、坚定的伙伴。美国需要避免走传统西方式霸权统治的老路，尊重世界"非西方化进程"。中国要更开放，更加深入地改革，改革那些与现代化发展不相适应的成分。中美两国应主张未来的国际秩序是制度主导而不是国家主导，通过建设和完善国际制度来管理国际社会。中美关系中充斥着许多新的议题：能源、环境、反核扩散等等，这些都成为中美关系中新的增长点。中美之间需要确立新型非联盟合作型关系，也即战略协作伙伴关系，这种战略关系必须有共同或相互认同的权利和义务，也需要承担彼此认为对方必须承担的责任。同时需要进一步明确和研究中美关系中共同的行为规范和准则。

我们应该坚持合作竞争对手关系，推动中美关系向前发展。笔者以为中美关系发展可以用三阶段论来分析和展望，也就是三阶段阶梯递进关系。以现有中美关系为起点，中美关系分为三个阶段：第一阶段为经济相互依存，目前的中美关系仍处于第一阶段，也就是初级阶段。第二阶段为安全与政治相互依存。意味着中美之间在政治安全上能够达到更多共识，战略互信明显增强，不视对方为战略对手。第三阶段为政治经济综合相互依存阶段，形成非传统的、非联盟的大国关系。现在正处于第一阶段向第二阶段的艰难过渡之中。

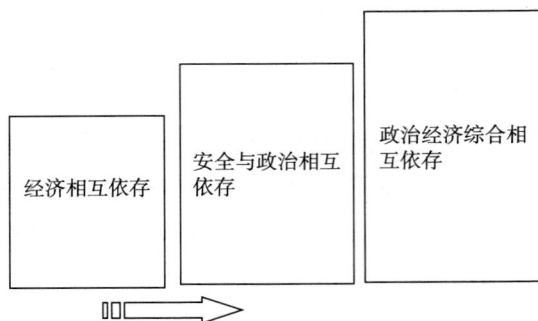

图 5　中美关系三阶段论

不对称相互依存与合作型施压

——美国对华战略的策略调整[*]

奥巴马上台之初中美关系的高开之势，带给人们一些错觉：似乎中美关系可能出现以往没有的新局面。但随着后面"低走"的现实，人们终于放弃中美关系出现实质突破的幻想，而相信在应对双方冲突和摩擦的时候手段上出现了一些调整。中美关系在短时期内还是难以超越阶段性限制：中美目前的合作还不足以消除双方的战略误解和战略担忧。

从奥巴马来华对于中美关系的艰难定位可以看出，美国也担心与中国的进一步融合会导致美国控制力的下降。当一国实力飞速上升，而另一国实力相对下降之时，美国对融合这一进程的影响力会减弱，这正是美国对中国保持若即若离的原因，同时也增强了美国对华施压的企图。

"中美关系在不久的将来，不会像有些人所希望的那样较容易地处理。考虑到华盛顿和北京之间在做事风格和打算方式方面的不同，意外和挫折肯定会很多。因此，良好的、长期的美中关系的前景依赖各方能适应对方固有的处事倾向。"① 美国与中国友好合作的限定性条件之一就是中国不会以任何方式削弱和破坏美国的整体地位和整体利益。

一　美国对华战略的两面性和不对称性

美国对华战略有两个特性十分突出：一个是两面性，另一个是不对称性。

---

* 本文发表于《世界经济与政治》2010 年第 12 期。

① 〔美〕吉姆·赫尔姆斯、詹姆斯·普里斯特主编《外交与威慑：美国对华战略》，新华出版社，1998，第 179 页。

（一） 两面性

竞争与合作相交织，持续性与调整性相结合。我们从美国对华战略可以看出，对另一个国家的定性决定了美国的对外政策和对外战略。美国对苏的冷战战略是因为克利福德等报告认为苏联是一个追求世界霸权且掠夺成性的国家。对朝鲜也是如此，而对中国却无法给出简单明确的定位，既是合作关系也是竞争关系决定了美国对华战略的两种选项，孰轻孰重，根据利益需要而定。

从冷战以来的美国对华战略历史可以看到，美国的对华战略中既有连贯一致、持续性的一面，也有根据形势不断调整的一面。

美对华战略持续性的一面，即是将对苏战略移植到对华战略之中，对华遏制，遏制加接触，演化与分化，地缘上的围堵，诱引中国——利用中国国力上升期的民族主义以及涉及中国周边安全的地区热点问题迫使中国参与军备竞赛、放缓经济发展的速度与规模、干扰中国的战略结构调整、使中国偏离正常的发展轨道。尼克松讲，美国的军事集结和强硬外交促成了苏联的崩溃。[1] 这一思路认为，对华的宽容与圆滑将会使中国更加老练成熟，谋取更大的活动空间。[2]

另一项政策为调整性战略，那就是不断加强的接触与合作。中美面临越来越多的共同威胁，既有传统威胁也有非传统威胁，而以非传统威胁为主。这些威胁促进了中美之间的战略合作，但当美国基于权力政治学说认为中国作为对手的传统威胁大于中美共同认知的威胁时，中美之间的合作基础就会动摇。随着中美力量的变化，美国许多战略界人士相信中美在冷战中的合作、针对共同对手的合作结束后已经出现了自然的替代关系，成为天然的对手。未来的中美关系稳定与否关键在于中美在新领域的战略合作价值能否大于传统领域的战略冲突。

对于中国而言，合作与接触绝非等同于积极有利的影响。合作与接触所隐含的负面因素必须加以考虑，也更值得关注。美国对华合作与接触的目的重点不在于阻止中国国力的发展，而是重在参与性介入中国的发展，

---

① 〔美〕理查德·M. 尼克松：《超越和平》，范建民等译，世界知识出版社，1995，第3页。

② 显然，强硬派遏制战略在对苏与对华战略中有相似之处。凯南认为，宽容的防御性遏制战略将最终导致苏联更加圆滑老成。转引自〔美〕克里斯托弗·莱恩《和平的幻想：1940 年以来的美国大战略》，孙建中译，上海人民出版社，2009，第102页。

使得中国的发展符合美国的整体利益，使得美国能够在中国的经济发展中获得巨大收益，利用美国与中国的发展时差，继续谋取对中国的主导性优势。美国前国防部长佩里指出：奉行接触政策既不是基于信念，也不是基于理想主义，而是确确实实出于实际和自我利益。①

调整性战略强调合作，但并非无条件的全方位合作，而是有条件有限度的合作。表现为合作型接触、合作性介入、合作型施压。G2 概念的出台就是将中国拉入美国的战略轨道的意图体现。与中国接触是为了更好地影响中国，改变中国，使中国符合美国的战略需要，以达到拴住中国，像美国对苏联那样"钙化"中国的目的。这一直是美国对华战略的根本所在。

合作可以使美国获取利益，而单纯的合作又使美国担心中国出现"非美国意愿性"增长。因此，合作与施压是不可能分离的。"对于美国来说，好像一直存在着"两个中国"：一个是比较友好、坦诚、温和、务实、不强调意识形态的中国，它不仅把美国看作战略伙伴，而且把它看作经济技术方面的帮手；另一个则是故意采取仇外态度、总是抱有防范心理、封闭、易怒、比较注重意识形态的中国，它既把美国看作道义上与文化上的危险，又把它视为实现其国家雄心的最终障碍。对美国采取的这两种态度中，有时是这一种占上风，有时是另一种占上风。"② 诚然，中美之间战略上的调适与不断试探是不可避免的。不断解释自己的意图也将成为常态。对于美国而言，保持自身而削弱对方是潜在的动机。

（二）不对称性

具体体现为不对称相互依存。③ 有关中美相互依存对中美关系影响的说法众说纷纭，有些说法认为中美相互依存主要限于经济领域，对政治安全因素影响不大。政治与经济是两条平行线。一些说法则认为中美已经形

---

① 转引自洪兵《剖析美国利益》，世界知识出版社，1999，第 30 页。
② 〔美〕理查德·伯恩斯坦、罗斯·芒罗：《即将到来的美中冲突》，隋丽君译，新华出版社，1997，第 20 页。
③ 唐小松等认为中美经济已经出现共生关系，并趋于对称性，参见唐小松、邓凤娟《中美经济共生关系趋向对称性》，《国际问题研究》2010 年第 2 期，第 39~43 页。但笔者还是相信中美之间的不对称依然存在，这种不对称是一种综合的不对称，包括经济与安全等方面，尤其在安全领域，由于美国仍是世界超强，这种不对称在中美关系中的体现也是明显的。

成利益共生关系，经济相互依存必然外溢为安全上的相互依存，肯定贸易和平论的主张。笔者认为相互依存与竞争存在微妙的互动关系，呈现为此起彼伏的周期性变化特点。两大因素将会长期共存，但会出现阶段性的一个因素占主导的状态。因而英国学者将中美相互依存称之为"谨慎的相互依存"。[①]

对于美国对华战略而言，如何利用相互依存因素为美国的利益服务显然是其关注的重点。就美国而言，即使是相互依存，也要保持对美有利的不对称，因为这是有效行使权力的基础之一。对于这种不对称相互依存关系，关键看彼此依存度的大小，如果美国对中国的依存度小于中国对美国的依存度，美国对与中国分离的承受能力就大于中国对美国的承受能力。这显然是对中国不利的。美国在中美相互依存关系中显然力求始终保持一种中国对美依赖大于美国对中国依赖的局面，这也是美国对华不对称相互依存的战略含义。只要美国维持中国对美的不对称相互依存，就能保持对中国的高压态势。显然，美国将会继续利用这种不对称相互依存，保持中国对美需求大于美国对中国需求的态势，而中国必然会寻求改变，从保护中国核心利益入手。

由于实力和相互依存上的不对称，靠与对手的冲突谋取利益成为美国对外政策中的一贯做法。不对称相互依存的要诀是维护美国的领先地位，保持和充分利用发展差。美国所以成功实施霸权，是因为美国始终能够拥有独立生存能力，这是美国战略储备的关键，也就是美国有实力保持不对称相互依存，保持其他国家对美国的依赖，而可以独立于美国对其他国家的依赖。这是美国敢于实施强硬政策的关键所在，也是其战略底线之一。没有别国的帮助，美国能够保持比别国更长的战略生存期，而别国不行。这也就是不对称相互依存的战略深义，这是不会被破坏的。因此，不对称相互依存是美国的战略底线之一。

这里还要注意区别相互依存与相互需求的关系，依存是需求的制度化和长期化表现，相互需求则有暂时性，依存在层次上更高一些。中美关系

①　英国华威大学政治与国际关系学教授肖恩·布雷斯林认为如果要用一个简单的词组描述两国关系，"谨慎的相互依存"可能比较恰当。两国都有潜在动力来解决问题，都意识到如果一方对另一方采取咄咄逼人的行动，将严重损害自己的利益。参见张旭东主编《2010年第二轮中美战略与经济对话专题》，清华大学中美关系研究中心：《中美关系简报》第25期，http://www.chinausa.org.cn/uploadfiles/201006191276946897.pdf。

的性质是不对称相互依存。美国坚持对华两手政策，美国要求中国的改变大于自身的改变，在中美关系中美国总是事端的发起者和制造者，而中国则是被动应对或防守一方。美国总是通过制造中美冲突获益，比如对台军售。中国不能也无意从中美冲突中获益。美国向中国施压的手段和措施多于中国反制的措施。不对称相互依存虽然使中美关系出现了一定程度的相互影响和互动，但总体上仍未改变中美关系中的不平等与不对等。美国在中美依存中仍是主导一方。美国具有对中国的相对优势，"美国的防务预算比中国多9倍，美国经济规模比中国大3倍，而且美国在世界上拥有一个盟友和伙伴的网络，包括在亚太地区"。①

综上所述，相互依存构成了合作形式和合作手段的新基础，而不对称相互依存又使得美国在处理与中国的关系问题上总是试图谋取优势。于是不对称相互依存导致了合作型施压的政策。由此可以看出，由竞争性相互依存和不对称相互依存到合作型施压是一脉相承的。

二　合作型施压

虽然美国官方至今从未公开提出过这一概念，在政策和策略文件上也未提及这一做法，但从美国对华施压的案例分析和实施过程来看，美国确实在运用这一方式向中国施压。

合作型施压不同于遏制型施压、接触型施压，而是充分利用合作的契机，以合作领域、合作规则、合作概念或合作方式来影响对方。利用对方对于合作的迫切需求，以合作为条件迫使对方做出让步。这种施压方式是基本上不破坏合作大局条件下的施压，是在合作框架下的施压。合作型施压与其他施压方式的最大不同在于其不仅仅通过外部环境的外部压力来影响对方，而是近距离甚至是零距离地影响或改变对方，这种方式更符合中美关系相互交织的现实，影响也更为有效、显见。合作型施压更能够发挥其软实力的影响。

合作型施压也不能简单地等同于演变，可以说是演变的具体实施手段

① Abraham Denmark, "Chapter Ⅷ: China's Arrival: A Framework for a Global Relationship," in Abraham Denmark and Nirav Patel, eds. *China's Arrival: A Strategic Framework for a Global Relationship*, Pennsylvania, NW: Center for a New American Security, 2009, pp. 157 – 179, http://www.cnas.org/files/documents/publications/CNAS%20China's%20Arrival_Final%20Report.pdf.

之一，是更为细致的政策，是利用合作之机，利用不对称的合作需求，施加压力。施压的前提是明确的，政策是具体的，效果是显见的，以合作条件或合作收益为交换目的，互为因果、互为手段，立足于中短期的显见目标，但也有长远的隐见的效果。影响中国甚至改变中国在美国对华战略中从来不是一种短期行为，而是一种长期的渐进的过程。这种合作型施压的方式符合美国对华渐进政策的要求。

由于相互关系的加深，美国对华施加影响的触角很多且广泛，影响比较深入。在经历过遏制加接触，接触加遏制，以及两面下注的战略思量之后，针对合作与竞争并存的局面，合作型施压的做法可能成为美国两面下注中接触与合作政策的深化。在美国接触与遏制战略的有效结合就是合作型施压，原本对立的两个政策接触与遏制被统一在一起，是和合作与竞争交织的现实相吻合的。竞争与合作相关性很大，呈现正相关，冲突多合作也多，一些冲突是合作中的冲突，是由合作导致的冲突。而一些冲突也并非一定合作带来负面影响。一些由合作引发的冲突带来彼此的重新认识和利益的重新协调，导致合作的进一步发展。

合作型施压也可以理解为美国对华新型塑造的一种新方式。遏制与接触合作的综合性产物就是合作型施压。合作型施压，仍是中美竞争与合作并存与交织这一现实的政策反应，体现为合作中的竞争，而合作型施压就是合作中的竞争的体现。中美共赢需要合作，而中美之间的竞争态势又使美国渴望更多确定性保障，于是在合作中施压；同时，在合作中施压还有谋取或保持合作中更多收益的考虑。合作型施压反映了美国对中国的影响更加细微和深入。

对于美国而言，单纯使用隔断式的遏制政策已经不符合中美关系现实，因为中美利益交织的现实早已使美国无法采用物理隔绝的方式划清两国关系的利益边疆，而必须采取跨越地理界线的接触方式实施影响，这是美国合作型施压的一个前提。遏制也并不能封闭中国的对外交流和海外利益拓展。目前来看，美国的战略利益未变，战略目标也没有位移，但在策略上改变了立竿见影的心理预期，而采用渐进的方式。这是合作型施压的战略思路之一。对于美国决策者而言，合作型施压既可以更好地对中国发挥影响，又可以将直接冲撞转为间接冲撞，更加符合美国的利益。

（一）合作型施压的政策实施背景分析

首先，美国无法阻止中国的发展，而是侧重于影响中国的发展，于是加强了对中国内部事务的施压。

美国已经将中国的发展放在大国兴衰的历史视角下，美国无法阻止中国的崛起，将只能迫使中国按照对美国最有利的方式变革。美国的撒手锏一个是延缓中国的发展，尤其在亚太地区阻止中国影响扩大；另一个就是仍将促使中国按美国的要求改变，随着中国 GDP 总值的增大，美国对中国内部事务的施压还会加强。一些美国人士认为简单的接触加合作战略已经不能有效地影响中国，美国必须在合作中不断对中国保持高压态势，才能促使中国向美国期待的方向转变，"美国越来越多的官员、学者开始对中国战略发展方向以及'接触'战略的作用提出质疑。美国战略界不少人感到，中国经济上虽然融入世界经济，但是政治、社会形态可能不会发生美国所期待的变化。中国通过与美国'接触'拿到了好处，美国的最终期待却无法实现。"[1]当然，美国对华施压的一个直接动机还在于中美贸易长期以来的不平衡状况。近些年贸易总额在增长，但中美贸易顺差也在加大。[2]

其次，中美关系处于新的转型期，相互依存在加深，官方和非官方的联系渠道在拓展，为合作型施压提供了更多可能和条件。中美之间的接触频度有了明显增加，每年各级别接触渠道达 60 多个，民间交往更多，为合作型施压提供了更多可能；相互依存继续保持对美有利的不对称态势，中美之间有发展差距，还有相互依存程度的不对称差异，为合作型施压提供了条件。美国对华战略将会利用相互依存，继续保持对华战略性的不对称相互依存态势，保持其对华施压的落差。合作型施压的关键在于不对称相互依存的变化，美国必须尽全力保持对其有利的不对称相互依存，这是保持美国对华施压的关键所在，也是保持美国权力优势的关键所在。只有在相互依存上保持对美有利的不对称，才能减少对华的依存度和外界对美国政策的牵制力和影响力，而强化别国对其依赖性，使得美国始终能够保持一个权力影响落差。

相互依存是中美关系中最重要的变量，改变了美国以往单纯实施硬对

---

① 达巍：《对近期中美关系波折的几点反思》，《外交评论》2010 年第 2 期。

② 由于中美双方的统计方式存在很大差别，所以美方关于中国对美贸易顺差的统计较大，本文采用中国商务部的商务统计，参见http://zhs.mofcom.gov.cn/tongji.shtml。

抗和硬实力施压的做法。中美相互依存或相互融合改变了冷战时那种泾渭分明的制度之争或意识形态之争的内涵。利益的交织也避免了敌友分明的对立。于是对华战略中的两面下注成为政策主流，接触政策占据上风。美国不可能以战胜中国而实现其利益最大化，而只能以改变中国实现其利益优化。这就使得战略竞争的性质出现了变化：立足于改变而不是击败对手。这种改变也不是激变对方，而只能是渐变对方。这也是合作型施压的前提之一。中国虽然成为美国最大的债权国，但对中国的压力在于中国希望维持美国经济稳定和保持两国关系稳定，这也成了美国利用的因素之一。

最后，奥巴马的新战略表明美国决心放弃布什年代实行的单边主义，重申美国全球影响力是多边主义规则最主要和最强有力的保障。寻求全面接触，"接触意味着美国对对外事务的积极参与。简单地说，接触是自我孤立的对立面，而后者会剥夺我们塑造结果的能力……通过接触，我们可以创造机会以解决分歧、增强国际社会对我们行动的支持、了解封闭政权的企图和特性……"[①]

然而奥巴马的政策未能形成全面性突破，例如在他们寄希望的全球气候变化、核不扩散、中东安全问题上。在中美关系方面则更少斩获。"现在，奥巴马政府似乎接受了较低预期的世界，争取实现以牺牲中国利益发展美国实力这一较为可实现的目标。与中国的摩擦成了美国外交的常态。"[②] 在伊朗制裁、谷歌和击沉韩国军舰问题之后，中美关系被冻结。

奥巴马上任一年多以来，美国认为美国对华影响力呈现下滑的趋势，而中国的影响力尤其是对于地区的影响力正在上升，两国之间的影响力之争正在加剧。

因此，一方面，美国基于接触原则之上的对外战略的渗透性将会加强，美国对华政策的思路很明确，将中国纳入美国希望的轨道。从内外部多种因素、多个角度、国际体制、经济杠杆还有其他软性因素来向中国施压，并将中国纳入相关多边体制中来规制中国，美国对华战略不仅是简单接触那么简单，为了保证竞争与合作并存的局面朝着有利于美国的方向发展，美国更可能将接触推进到融合的阶段。这就为美国的合作型施压手段

---

① The White House, *National Security Strategy*, May 2010, p. 46, http://www.whitehouse.gov/sites/default/files/rss_viewer/national_security_strategy.pdf.

② Peter Lee, "A New Face to US-China Ties," *The Asia Times*, July 22nd, 2010, http://www.atimes.com/atimes/China/LG22Ad02.html.

的实施提供了新的方向。另一方面，我们看到，中美合作领域增多，合作领域的冲突也在增加，这也是美国合作型施压的一个前提。

竞争性相互依存和不对称相互依存是合作性施压的关键，美国对华战略的关键是按美国的要求改变中国，以应对中国的"不确定性"和"复杂性"。[①] 当美国认为难以遏制中国时，对中国的发展具有更大的影响力就成为其战略选项之一。合作型施压则有助于美国延缓中国的发展，达到一种软遏制的作用，在美国实力下滑时，迟滞中国的发展对于美国的对华战略而言就显得更为重要。

合作型施压利用中国需要合作的时机可以更好地达到发挥美国作用的目的，也更好地推动其软实力。从 20 世纪 90 年代起，美国即相信美国面临来自中国方面的一系列挑战，应对这些挑战，美国不可能达成"大的妥协"，"要抑制中国的武断和鼓励中国按照国际上通行的规则办事，就需要在最高层对这些挑战给予持续的关注，以求逐个加以解决。然而，要实现自己的目标，美国领导人必须做得更多，而不是仅仅依赖政策，也就是要通过使中国适应和更大程度地融入世界事务，软化中国的武断性。遏制甚至施压仍必须是美对华政策的中心因素"。[②]

（二）对华施压的目的

对华施压的目的之一在于促使中国在美国关心的全球议题中承担更多责任，尤其在能源安全、气候变化以及裁军与军控的问题上。合作型施压既可以总体上稳定住中国，不使中美冲突出现无力应对或承受之"重"，又可以通过合作的诱引促使中国按照美国的意愿进行改变。"国际压力已迫使中国改变对达尔富尔和伊朗问题的态度。这些压力也可能对直接影响中国的全球问题产生作用，例如气候变化和经济危机等问题。"[③]

---

① Nirav Patel, "The Strategic Environment of U. S. -Sino Relations," in Abraham Denmark and Nirav Patel, eds. *China's Arrival: A Strategic Framework for a Global Relationship*, Pennsylvania, NW: Center for a New American Security, 2009, pp. 3 – 18, http://www. cnas. org/files/documents/publications/CNAS% 20China's% 20Arrival_ Final% 20Report. pdf.

② 〔美〕吉姆·赫尔姆斯、詹姆斯·普里斯特主编《外交与威慑：美国对华战略》，新华出版社，1998，第 1~2 页。

③ Nirav Patel, "The Strategic Environment of U. S. -Sino Relations," in Abraham Denmark and Nirav Patel, eds. *China's Arrival: A Strategic Framework for a Global Relationship*, Pennsylvania, NW: Center for a New American Security, 2009, pp. 3 – 18, http://www. cnas. org/files/documents/publications/CNAS% 20China's% 20Arrival_ Final% 20Report. pdf.

推行普适价值观仍是对华施压重要的长远目标。"美国对该地区的政策应该体现民主价值，让非强制性举措充分发挥作用。……美国可以使用人权、法治、民主等普世价值作为权术的工具。""达到这一目标的最好办法就是使用综合性手段。美国和亚太国家与中国接触能使自由主义的普世价值发挥。"① 涉及中国内部的对华施压的目标可以概括为：中国的进一步公开化、透明化；中国政治体制变革；引导中国的社会变革方向；网络舆论的影响。在外部事务中，挤压和塑造中国的发展空间，影响中国决策者的战略思维。美国仍会以对中国内政施加压力的方式来限制中国的对外扩展和国际影响力。卡拉贝尔（Zachary Karabell）于 2009 年出版的《超融合》一书中认为中美两国可能会涉及更多"超主权事务"的对话与磋商。②

合作型施压有利于美国保持对华政策的连续性，避免大的方向性改变。合作的目标是谋取利益，奥巴马已将中美关系界定为竞争与合作的关系，与中国合作是为了更好地增强美国的竞争能力。而合作型施压的具体目标有两个：其中之一在于维护和扩大美国利益，其中之二在于要求中国承担更多责任，同时限制中国获取更多权益。

总之，通过接触与合作向中国施压，而不是通过对抗向中国施压，通过合作型施压获得收益是对华合作型施压的主要目的。美中不仅存在竞争与对抗的关系，而且也存在像债务问题和朝核问题那样需要表面上进行"合作与协商"的问题。③ 美国在总体上对华奉行接触政策的同时，也在设法控制中国所谓的军事威胁和不确定因素。④ 合作型施压就是牵制，就是试图更为有效地达到影响中国的目的。对抗性施压已经不符合中美关系发

① Nirav Patel, "The Strategic Environment of U. S. -Sino Relations," in Abraham Denmark and Nirav Patel, eds. *China's Arrival*: *A Strategic Framework for a Global Relationship*, Pennsylvania, NW: Center for a New American Security, 2009, pp. 3 – 18, http://www. cnas. org/files/documents/publications/CNAS% 20China's% 20Arrival_ Final% 20Report. pdf.

② 转引自南方朔《过去的英德，今天的中美?》，《天大报告》2010 年 3 月总第 36 期。

③ Abraham Denmark, "Chapter Ⅷ: China's Arrival: A Framework for a Global Relationship," in Abraham Denmark and Nirav Patel, eds. *China's Arrival*: *A Strategic Framework for a Global Relationship*, Pennsylvania, NW: Center for a New American Security, 2009, p. 158.

④ Abraham Denmark, "Chapter Ⅷ: China's Arrival: A Framework for a Global Relationship," in Abraham Denmark and Nirav Patel, eds. *China's Arrival*: *A Strategic Framework for a Global Relationship*, Pennsylvania, NW: Center for a New American Security, 2009, p. 180.

展的现实，其效果已经大打折扣，而合作型施压却有利于美国发挥其影响。利用中国对中美合作的看重和依赖，迫使中国作出符合美国利益和融入国际体系的转变。

（三）施压的类型与方式

美国的对华战略通过两种方式从中国获益，一是制造紧张或冲突并从中获益，在这一方面美国通常是施压在前，妥协在后；实质让步很少，形式妥协较多；明知顾犯，屡错屡犯；犯错在前，认错在后。

中美之间除了相互依存的不对称之外，还有一个安全能力上的不对称：美国可以不断利用冲突和危机获益，中国却没有利用中美冲突获利的意图和能力。中国不曾也没有从中美冲突中获益，而美国却能从中获益，美国需要冲突和对手。无论在亚洲或其他地区，美国都是通过地区冲突获益程度最高的国家。而中国在地区热点中维持稳定比通过冲突获益更为有利。

二是通过接触与合作施压从中国获益，也就是利用中美不对称相互依存，利用中国不希望破坏合作大局，中国有求于美国的局面对中国提要求、讲条件并从中获益。中美之间的合作与竞争相交织，合作有时成为缓和竞争的手段，为竞争服务。因此，合作型施压对合作进行了严格限定，限制了合作的全面拓展。在中美冷和平的状态下出现了冷合作。

简而言之，合作型施压分为直接施压或领域内施压，比如经济领域内的施压；又有间接施压或领域间施压，比如政治上的施压通过经济事务或军事事务来进行。一般而言，经济上直接施压多，政治上直接施压的做法在减少，而通过连环方式以利益交换为条件的施压多。有时候是指东打西，占据主动，进两步，退一步。政治与经济的结合使美国更易实施合作型施压，如果中美缺乏经济上的相互依存，美国对华施压的直接效果是不大的。

利益诱导是美国对外战略的重要原则。美国认为仅将中国纳入美国主导的体系，还是远远不够的，为了达到美国希望的目的，必须以利益诱导为条件，给中国套上责任大国的标签，才能避免单纯让中国获益而较小成本付出，反而增强与西方对抗的筹码。因此通过合作来施加压力。

中美两国首次面临发展议题相似性，更有利于合作。比如汇率、能源、环保、国内医疗保健，这些议题在冷战时期，根本就不可能是两国的共同话题，而现在这些议题成了中美关系中的新增长点。但也为美国对华施压提供了范围更为宽广的施压面。美国对华施压更关注中国国内，显然，合作型施压是美国在对华关系中保持自身利益的关键所在。

合作型施压并不意味着直接在合作的领域施压，而是很有可能通过在合作中的不对称依存向其他领域施压，通过制造一个问题来解决另一个问题。比如通过经济上的依存关系，而在国际防扩散问题上要求中国与美国协调一致。或者通过对台军售等议题压中国在人民币问题上让步，或者是利用中国与周边国家的领海争端，挑拨中国与他国的纷争，从而以仲裁者的身份与中国讨价还价。如果影响不成则以制造地区紧张局势、通过遏制或介入来施压影响，比如2010年8月美国与东亚一些国家举行的黄海与南海军演。也可能通过施压促进中国在一些问题上与美国合作，比如在中国周边地区强化军事遏制态势或在台海制造两岸新的不和，以此要求中国在伊核问题与朝核问题上与美国合作或采取更有利于美国的行动。而相互分离的伊核与朝核问题也被连在一起用作相互影响的条件。

深度接触并没有放弃外部遏制，而是接触与遏制相交替，两面下注，两面用强以增加实施效益；接触是为了影响和促变，遏制是为了施加压力促进这种改变。美国对华政策的竞争与合作的两手形成美国对华政策的交替施压模式。

美国学者丹马克提出美国应提出接触、融合及平衡相结合的整体战略，结合并平衡国家权力的所有要素。"国务卿希拉里和国防部长盖茨已经呼吁美国外交政策运用我们可支配的所有手段——外交、经济、军事、政治、法律以及文化。美中关系的'规模'需要美国政府运用所有方面的国家实力要素，甚至动用那些传统上与外交政策无关的领域，如农业、医疗保健服务业和社会安全行业。"丹马克还提醒美国注意其力量的局限性："美国并非决定性因素……尽管美国有机会影响中国领导层的政策制定，但中国的未来主要由北京控制。采取所有措施和政策之前，应首先理解美国的实力和局限性。美国的政治、经济和军事实力无法控制中国的选择，但如果美国能正确理解驱动北京所做决定的利益和动机，就可影响中国的行为。""这种接触、融合与平衡所要达到的目的就是鼓励中国以一种和平以及建设性的方式对待世界。要达到这一点，就要对好的行为进行积极的引导，而当中国发展有害于美国及盟国利益的目标和能力时，则要力争减少其能够从中获得的好处。"①

在中美战略经济对话中，对话成为探讨合作条件的平台，同时也成为美国对华施压的机会。在中美战略经济对话中，除了共同关心的多边国际议题外，双边的经贸议题占有很大比重。同时，涉及中国进一步开放的社会服务性议题不断增多。比如2006年第一次中美战略经济对话，对话分为5个专题、11个分议题。其中，第三项议题涉及财政、货币、卫生与医疗、社会保障等问题；第四项议题涉及跨省资本流动、服务业和旅游业、市场开放等问题；第五项议题是关于能源、环境与气候变化问题合作和提高能源利用效率。从这些议题设置就可以看出，美国希望通过首轮对话就取得实质性的效果，引导中国金融、服务、财政等领域的改革方向，影响中国的经济社会转型，确保美国在中国市场的商业利益及竞争优势。

合作型施压的领域主要仍是中国的核心利益，也就是通过不断地触及中国的核心利益来达到向中国施压的目的，当然并非无节制地破坏，而是有条件有步骤、有节制地适度触及，而不使中美关系出现巨大反弹。"美国历任总统，几乎没有不依据《与台湾关系法》卖武器给台湾的，几乎没有不会见达赖的。实际上，只要他们答应推迟向台湾出售武器的日期或非正式会见达赖，就能得到中方丰厚的利益回报。他们把这一套玩得'炉火纯青'。此次奥巴马总统故技重演，一方面是提醒中国，你们的'死穴'捏在我手里，另一方面不排除他声东击西，迫使中方在其他领域让步，如默许人民币升值。"② 中国不愿破坏中美关系稳定大局，也正成为美国所利用的得寸进尺的谈判筹码。

除了"双边"施压外，美国仍会联合一些对中国进行外部施压的力量，比如提出过G2的伯格斯腾指出，随着中美摩擦增多，美中实力变化，"中国变得越来越不合作"，美国则应认真考虑组建不仅要有欧美日韩，而

---

① Abraham Denmark, "Chapter Ⅷ: China's Arrival: A Framework for a Global Relationship," in Abraham Denmark and Nirav Patel, eds. China's Arrival: A Strategic Framework for a Global Relationship, Pennsylvania, NW: Center for a New American Security, 2009, pp. 169 – 170, http:// www. cnas. org/files/documents/publications/CNAS% 20China's% 20Arrival _ Final% 20Report. pdf.

② 陈如为:《"同舟共济"还是"过河拆桥"?——美国学者谈奥巴马政府对华战略》,《参考消息》2010 年 6 月 17 日。

且最好包括其他亚洲国家的"反中国阵营"。① 当中国崛起时，美国可能通过促进印度等国提高发展速度来分化中国的影响力，对中国采取邻国紧缩或施压政策，其实还是均势政策的翻版。

在美国的对华战略中，从未放弃对华的防范与牵制。美国近年来试图操控中国经贸政策的事例很多，其中汇率政策是其最大的目标。尤其是在金融危机爆发之后，美国经济形势恶化，失业率大增，保护主义声势大振，使得美国操控中国经贸政策的需求和迫切感都在增强。② 其对华经贸施压主要有四种类型：一是国内施压。通过美国国内的立法程序和行政命令来抑制中国产品的进口。例如，奥巴马总统连续几次发布行政命令，对中国数种产品征收高额反倾销税等。二是远程施压。试图遥控中国的金融和贸易政策，借此扭转长期蒙受贸易逆差的状况。例如，对中国施压欲迫使人民币升值。三是借题施压。把应对气候变化当作借口，提出要对中国某些产品征收"碳关税"，削弱中国产品的竞争力，增加中国责任负担。其四是政商联手。谷歌退出事件是典型案例。以维护信息自由流通为名义，以谷歌退出中国市场为要挟，试图在政治效应和商业利益上双双获利。这是美国政治和资本彼此呼应、相互支持的最新事例。"美国一直鼓吹要尊重市场的力量，提倡自由和公平贸易。可是，一旦市场力量和自由贸易变得对自己不利时，政治干预就会随之而来，并且都以正义的面目出现。当然，资本的运作离不开政府的支持，市场的背后难免有非经济杠杆在起作用。但美国用政治力量来干预国际贸易，用商业手段来压迫他国内政，其能力和技巧是其他国家望尘莫及的。"③ 无论是否达到目的，不断地、连续地向中国施压也会形成一种压力，也能够使得美国在未来的谈判中拥有更多筹码。让中国承担还不能承担的责任，也是施压的方式之一，中国领导责任论和大国责任论会成为西方大国向中国施压的手段。在合作

---

① 《G2 论创始人主张用多国框架结构消解美中摩擦》，《日本经济新闻》新华社东京 2010 年 6 月 6 日日文电。

② 杜平：《中美之间的操控与反操控》，《联合早报》2010 年 1 月 22 日，转自中国评论新闻，http:// gb. chinareviewnews. com/doc/1012/0/8/0/101208045. html? coluid = 7&kindid = 0&docid = 101208045。

③ 杜平：《中美之间的操控与反操控》，《联合早报》2010 年 1 月 22 日，转自中国评论新闻，http:// gb. chinareviewnews. com/doc/1012/0/8/0/101208045. html? coluid = 7&kindid = 0&docid = 101208045。

问题上向别国施压，将合作收益减少的责任完全推给对方是美国的一贯做法。

（四）美国对华施压议题总体分析

美国对华施压的议题既有传统议题，也有新议题。其中传统议题六项，新议题三项。所有这些议题均已成为国际化或跨国性议题。而台湾问题、涉藏问题在美国的议题中已经国际化，所有这些议题均与中国政治经济制度密切相关，但同时也涉及与美国的关系，反映了国内问题国际化、国际问题国内化的典型特点。

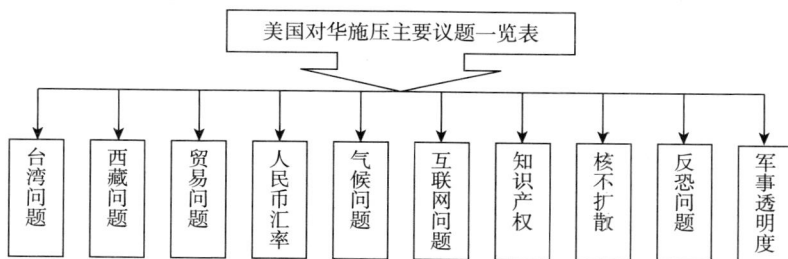

美国对华施压主要议题一览表

| 台湾问题 | 西藏问题 | 贸易问题 | 人民币汇率 | 气候问题 | 互联网问题 | 知识产权 | 核不扩散 | 反恐问题 | 军事透明度 |

图 1　美国对华施压的主要议题

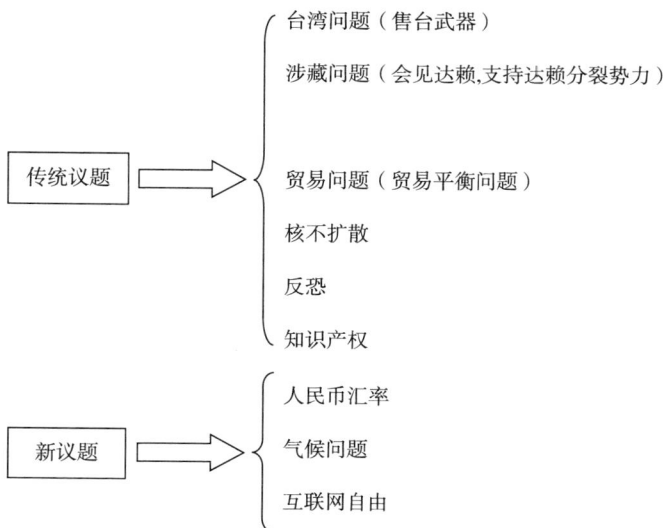

传统议题 ⟹
- 台湾问题（售台武器）
- 涉藏问题（会见达赖,支持达赖分裂势力）
- 贸易问题（贸易平衡问题）
- 核不扩散
- 反恐
- 知识产权

新议题 ⟹
- 人民币汇率
- 气候问题
- 互联网自由

图 2　传统议题与新议题

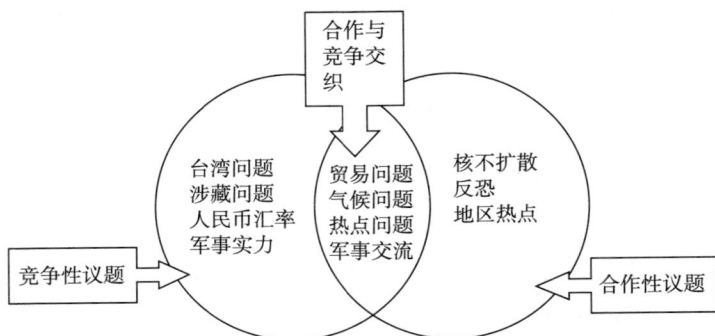

图 3　竞争性议题与合作性议题以及合作与竞争交织的议题

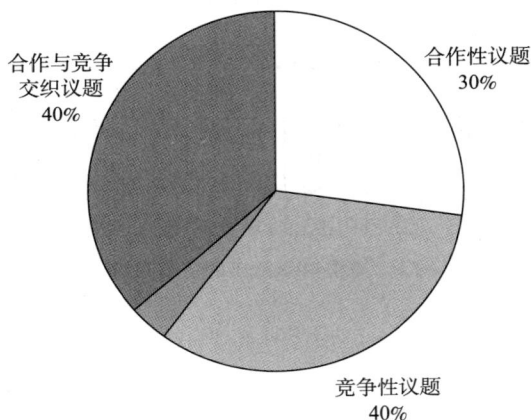

图 4　合作与竞争议题所占比例

竞争性议题所占比例虽然高于合作性议题，但合作与竞争交织的议题与竞争性议题持平，均为 40%。这反映了中美关系的特殊性。当然，我们只是就议题数量进行的简单分类。若考虑议题的深度、广度、受重视程度以及双方投入资源的数量，百分比显然会有变化。

表 1　美国主要涉华议题实施效果

对台军售	基本达到预期/微小妥协
会见达赖	基本达到预期/微小妥协
气候变化	未达目的
谷歌事件	未达目的/微小预期实现
人民币汇率	未达目的/微小预期实现

美国对台军售得以实现，但未能销售进攻性的 F16 战机等；奥巴马总统会见了达赖，但行事十分低调，接待规格较低；气候问题捆绑中国的目的未实现，中国继续坚持共同而有区别的责任；谷歌事件美国政府高调介入，互联网问题引发中国社会内部反响，但最终谷歌接受中国年审制度，并未退出中国；人民币汇率开始微调，但未达到美国要求的人民币升值预期。

合作型施压显然不像单纯的对抗型施压那样强硬，而是具有灵活性、渗透性和渐进性。我们看到美国对华施压议题都有或多或少的妥协，但总体上说是进三退一或进二退一，以一定的妥协来换取实质进展。同时，由于中国的据理力争和外交努力，在所有议题中美国均有不同程度让步，但妥协让步程度不同。美国试图以这些微小的形式上的妥协换取中美在一些重大问题上的合作进程不被破坏。所有这些问题均未从根本上破坏中美关系大局，仍有较大调适空间。

（五）奥巴马政府合作型施压案例分析

我们以奥巴马上任以来美国对华施压三大议题：谷歌事件、哥本哈根气候问题和人民币汇率问题为例来进行分析。

1. 谷歌事件

商业事务变为政府利用的政治事务，商业行为与人权挂钩。从 2010 年 1 月开始，国务卿希拉里·克林顿在互联网自由问题上五次批评中国。[①] 希拉里曾表示，她不会让人权等问题阻挠中美在气候变化和核不扩散问题上的合作，她明确将两者脱钩。[②] 但随后却竭力支持谷歌公司对华施压。

2010 年 1 月 13 日，即谷歌宣布拟关闭谷歌中国网站的翌日，正在南太平洋访问的美国国务卿希拉里罕见地就谷歌事件发表声明称，已听取谷歌对相关事态的简报。针对谷歌扬言退出中国一事，美国官方高层接连强

---

① John Pomfret, "U. S. Continues Effort to Counter China's Influence in Asia," *Washington Post*, July 23rd, 2010, http://www.washingtonpost.com/wp-dyn/content/article/2010/07/22/AR2010 072206037. html.

② Michael Green and Daniel Twining, "Power and Norms in U. S. Asia Strategy: Constructing an Ideational Architecture to Encourage China's Peaceful Rise," in Abraham Denmark and Nirav Patel, eds. *China's Arrival: A Strategic Framework for a Global Relationship*, Pennsylvania, NW: Center for a New American Security, 2009, p. 111, http://www.cnas.org/files/documents/publications/CNAS% 20China's% 20Arrival_ Final% 20Report. pdf.

硬表态，不满中国政府推行的过滤和屏蔽部分网站的政策，直指中国的网络自由和安全状况，并向中国发出外交照会，正式要求中国政府对网络攻击一事作出解释。

1月13日，美军太平洋司令部司令罗伯特·威拉德上将、美国防部亚太助理部长葛瑞格森及美国务院主管亚太事务的副助理国务卿戴维·希尔等数名美国政要均出席了听证会。美参院军委会主席斯凯尔顿在会上表示对谷歌事件的"高度关注"，美国国务院亚太副助理国务卿戴维·希尔也在开场白后特别针对谷歌事件提出说明，希望中国政府就此提出解释。1月14日美国国务院主管公共事务的助理国务卿飞利浦·克劳利（Philip Crowley）强调，谷歌曾经向国务院反映过相关案情，而美国也不断要求中国重视网络自由、资讯安全。

1月21日，美国国务卿希拉里·克林顿在华盛顿新闻博物馆发表关于互联网自由问题的讲话，要求中国对谷歌及其他美国公司最近遭遇的网络攻击进行彻底、透明的调查。并表示要将"不受限制的互联网访问作为外交政策的首要任务"。至此，"互联网外交"（E-diplomacy）成为热议。①

当中国外交部官员还在就此事发表"不应过度解读谷歌事件""不应与两国政府和两国关系挂钩"的呼吁时，美国总统奥巴马也站出来，要求中国解释。美国众院议长佩洛西也声明"赞赏"谷歌的做法，1月28日，美国商务部长骆家辉在美国华盛顿出席美中贸易全国委员会会议时呼吁中国政府致力做到"更加透明和更可预见"。美国官方的高调介入并直指中国政府，已经将谷歌事件政治化，一个跨国公司在东道国的经营问题在美国官员的话语下演变成中美双边的"网络自由与管制"议题。②

希拉里宣言以及美国政府高官纷纷表态直指中国制度管理，并将其与中国民主问题连在一起，显然谷歌事件是美国政府利用私人企业事件向中国施压的典型案例之一。随后美国政府又将这一事件进一步扩大引向国家安全领域。2月2日，美国家情报总监布莱尔在向美国会提交的书面证词中声称，中国军方具有"侵略性的网络活动"对邻国有挑衅意味。2月10日，美国众议院外交委员会举行题为"谷歌的遭遇：为民主、安全和贸易

① Hillary Rodham Clinton："Remarks on Internet Freedom," January 21st, 2010, http://www.state.gov/secretary/rm/2010/01/135519.htm.

② 《谷歌风波：中美关系年初动荡"第二波"》，清华大学中美关系研究中心：《中美关系简报》第19期。

改变美国的网络政策"的听证会。3 月 25 日，美国会及行政当局中国委员会也针对中国网络审查举行听证会。与此同时，由美参议院民主、共和两党 10 名议员组成的"全球互联网自由核心小组"宣布正式成立。一经成立，该小组就表示"数码暴政"对全球所有自由国家构成了威胁，并扬言要与中国等"数码暴政"国家对抗。

从上述过程来看，虽然谷歌做出"退出决定"看上去是一个商业举动，但很快外溢为涉及中国人权、网络自由等问题的政治事件。从美国政界、舆论以及谷歌公司的反应也可以看到，"谷歌事件"已被扩大到全球互联网自由、网络黑客攻击、贸易壁垒、民主人权和意识形态等诸多范围和议题。"这反映出全球信息化进程中'信息'已开始全面渗透到国际关系的政治、经济、军事、外交和意识形态等方方面面，使复杂的国际政治角力呈现出新的焦点和新的态势。由此，维护信息领域的国家主权和国家安全也变得更加紧迫和重要起来。"① 而网络所具有的一定程度上的"跨国性"特征成了美国等国向中国进行渗透性施压的重要手段。

谷歌声称要设立"全球统一的网络自由标准"，无非是要按美国的自由、民主、人权"价值观"来影响和控制互联网。显然，谷歌事件引发的美国政府对华施压已经触及中国信息安全和信息主权问题。利用优势向别国施压的特点十分明显，利用别国有求于美国技术优势而以退为进的目的也十分清楚。谷歌事件，实际上反映了美国的互联网战略。美国互联网战略的实质，就是美国利用其目前在互联网技术、资金、市场的巨大优势，向别国进行政治推销、商业推销、文化推销，来谋取美国的政治利益、商业利益、文化利益。不仅是推销，而且是在冠冕堂皇的"普世价值"理由下的强买强卖。② 在谷歌事件中美国政府借题发挥，小题大做的意图十分突出，这场由一家跨国公司引爆中美摩擦的角力中，由本身就带有政治色彩的一起商业纠纷最终上升到美国总统、国务卿、议长等高层集体发力"围剿"，演变成国际政治的又一新的课题，本身就值得深思。③

① 俞晓秋：《"谷歌事件"再敲国家信息主权与安全警钟》，《中国国防报》2010 年 4 月 8 日，http://www.chinamil.com.cn/gfbmap/content/21/2010-04/08/03/2010040803_pdf.pdf。

② 文光：《谷歌事件与美国互联网战》，环球网，http://opinion.huanqiu.com/roll/2010-01/697246.html。

③ 陆桢：《谷歌事件的反思》，2010 年 1 月 28 日，http://www.zaobao.com/forum/pages2/forum_us100128.shtml。

2. 哥本哈根气候问题

以让中国承担更多责任的方式向中国施压，合作型施压中的责任施压，气候变化问题最为典型。2009 年底哥本哈根峰会对华气候问题施压主要集中于责任施压。谷歌事件主要是意识形态和制度施压，一个集中于中国内部政策，另一个集中于中国国际责任。美国在这个问题上根本不考虑中国内部的现实发展情况和社会经济困难，而只考虑中国的国际责任。通过让中国承担责任、责任分担、责任捆绑的方式，以减少自身对气候问题的责任压力，以分解中国的"区别责任论"。

国际气候变化谈判被认为是冷战之后最重要的多边谈判之一。美国在气候问题上对华施压由来已久，2001 年，小布什政府退出《京都议定书》，其中一条重要理由就是中国、印度等发展中大国没有承担量化减排义务。美国那时候即提出了捆绑和并轨的思路。美国认为，发展中大国能源消耗巨大，温室气体排放逐年增加，不对这些国家的温室气体排放加以限制，西方国家在减排问题上所做的任何努力都毫无意义。退出《京都议定书》的做法表明了美国排斥"共同但有区别的责任"原则的立场，试图要把国际气候谈判的两个轨道合并在一起，将减排的压力转向中国、印度等碳排放量大的发展中国家。①

美国在气候问题上对华施压的更深层面的用意在于通过向发展中国家在减排问题上施压，推销美国的清洁能源技术。要求发展中国家实施与美国同等的减排标准，而中国等国并不具备与美国工业部门同等的减排技术，如果要达到与美国同样的减排程度，就需要进口国际先进清洁能源技术，这就为美国的清洁能源技术打开了国际市场。或许这正是该政策的实际目的。这也代表了美国一批新能源利益集团的利益诉求。这就是自小布什以来在国际气候谈判中对中国采取"糖果加大棒"政策的深刻内涵。

在哥本哈根气候会议之前，2009 年 11 月 25 日，奥巴马政府公布未来 10 年的温室气体减排目标：到 2020 年，美国温室气体排放量在 2005 年基础上减少 17%，2050 年减排 83%。不过据专家推算，这一目标仅相当于

---

① 国际气候谈判一直存在两个轨道：其一，《京都议定书》主要是针对发达国家的，议定书对发达国家在 2010 年以前的减排任务做了量化规定，但并没有具体规定发展中国家的减排任务；其二，《联合国气候变化框架公约》范围内，缔约国会议将同时讨论发展中国家和发达国家的减排任务。

在 1990 年的基础上减少 4%，与发展中国家对发达国家的要求相距甚远。①
在此之前，美国是唯一一个没有明确减排目标的工业大国。美国拒绝在
《京都议定书》上签字，使得美国在环境保护方面形象不佳。美国原本在
这个问题上没有任何道德和形象优势，公布未经参院批准的减排目标意在
显示其在减排方面的影响有着重要的政治意义。奥巴马希望此举和亲自出
席哥本哈根峰会帮助重塑美国在气候问题上的大国形象，改变布什政府 8
年的气候冷淡形象。但在涉及大国责任时，美国采取了不仅推卸责任，而
且转移责任的做法，将矛头直指中国。非常清楚，一个"承诺"外加一个
"亲自"，华盛顿是想借此占领哥本哈根气候变化大会的"道德制高点"，
企图联手在减排问题上"别有用心"从而"极其高调"的欧洲，将矛头直
指"代表自己、更代表第三世界国家根本利益说话"的中国。②

奥巴马政府不仅要对世界承诺，而且还要找另一个"垫背者"，既要
在减排上获得利益，又要安抚国内的保守势力，一箭双雕。中国作为一个
发展中的大国和排放大国，自然成为其首选对象。③

美国气候变化特使一下飞机即向中国施压，指出中国未来的排放量将
占世界发展中国家新增排放量的 50%，同时指出中国应该没有条件获得来
自发达国家的减排援助。④ 美国外交关系协会（Council on Foreign Rela-
tions）主要从事气候外交的高级研究员列维（Michael Levi）说，斯特恩的
讲话让中国处于左右为难的境地。他说，如果它们想从 100 亿美元中获得
部分资金，就要以抢占最贫穷国家的资金为代价。这是任何一个希望宣称
自己属于贫穷阵营中的国家都不想看到的局面。⑤ 显然，这是明显的分化
中国与其他发展中国家关系的做法。气候峰会刚刚开始，在美国等国家的
运作下，哥本哈根峰会迅速分为两个阵营：一方是美国和欧盟，另一方是
中国和印度为首的 77 国集团。美国明显地在拉帮结派。

---

① 经龙：《奥巴马将出席哥本哈根峰会　美媒称白宫在下赌注》，中国网，2009 年 11 月 26
日，http://www.china.com.cn/news/txt/2009 - 11/26/content_18956805.htm。
② 《哥本哈根峰会：各国都在想什么？》，《华尔街日报》2009 年 12 月 9 日，http://cn.wsj.
com/gb/20091209/env092956.asp。
③ 《哥本哈根，中美针锋相对》，《羊城晚报》2009 年 12 月 17 日，http://news.ycwb.com/
2009 - 12/17/content_2369612.htm。
④ 黄山：《美国气候变化特使下机即施压中国》，凤凰网，2009 年 12 月 10 日，http://news.
ifeng.com/world/special/gebenhagenqihou/zuixin/detail_2009_12/10/1102485_0.shtml。
⑤ Alessandro Torello，《美谈判代表：不会向中国提供减排资金》，《华尔街日报》2009 年 12
月 10 日，http://cn.wsj.com/gb/20091210/bus110939.asp? source = MoreInSec。

总之，在哥本哈根气候变化问题上，美国通过拒绝援助—要求中国减排透明—然后捆绑中国等方式转移矛盾、推脱责任，同时给中国加压，要求中国承担更多责任。在这个过程中，美国紧紧拉住发达国家，同时分化发展中国家，孤立中国，从而嫁祸于中国。而中国政府以坦率而严谨的态度，据理力争，赢得了国际社会的好评。

关于气候政策，美国国内有争议和分歧，这也是美国转嫁矛盾于中国的原因之一。周世俭认为，美国 2005 年以来是靠人民币升值打压中国发展，以后美国可能用减排问题再打压中国发展。因为中国现在进入了工业化的中期，正好是二氧化碳排放增加的时候。美国逼中国减排，会给中国现代化套上枷锁，会让中国的发展大大放缓。[①] 由此可见，气候问题政治化、利益化和国际化的趋势十分明显。

3. 人民币汇率问题

美国最早于 2003 年提出人民币汇率问题，[②] 当时主要是限于贸易和货币技术问题，2010 年由于美国的金融危机导致失业率居高不下，这一问题再一次被提出，并有愈演愈烈之势。虽然中国未被官方正式指认为汇率操作国，但非正式场合，美国始终以此要挟中国。在中美首脑会晤和战略经济对话等一系列场合，人民币汇率问题始终是一个重要议题。虽然在 2010 年中美战略经济对话上，双方没有公开讨论这一问题，但美国在相关问题上的施压从来没有停止。美国避免在战略对话问题上公开讨论人民币汇率问题说明美国在一定程度上顾及中美战略合作大局，但仍然存在把人民币汇率问题政治化、借口汇率问题对中国搞贸易保护主义的可能。2010 年 6 月 9 日，美国资深参议员，被视为民主党三号人物的人民币汇率提案"急先锋"查尔斯·舒默，在国会"美中经济与安全评估委员会"举行的听证会上表示，部分国会议员将在近两周时间内就人民币汇率问题采取行动，包括向中国产品征收反补贴和反倾销税。2010 年 7 月中国贸易顺差又给了

---

①　张旭东：《如何应对温室气体减排的国际压力》，清华大学中美研究中心：《中美关系简报》第 15 期。

②　Grant D. Aldonas, "China's Exchange Rate Regime and Its Effects on the U. S. Economy," Testimony before the House Committee on Financial Services Subcommittee on Domestic and International Monetary Policy, Trade and Technology, October 1st, 2003, http://financialservices. house. gov/media/pdf/100103ga. pdf.

西方一些反华派抨击中国的借口。查尔斯·舒默威胁说，这表明中国停止操纵汇率的意愿很小，必须用外力驱动。西方媒体分析说，由于美国国内失业率居高不下和临近中期选举，关于中国汇率的批评声可能进一步高涨。美国制造业联盟执行董事斯考特·保罗也对中国提出批评："中国贸易顺差扩大告诉我们两件事：第一，中国又玩起老一套重商主义花招；第二，中国宣布汇率同美元脱钩是个骗局。"美国商务部可根据国内贸易法对中国汇率政策采取措施。①

美国不断就此问题与中方交涉并向中方施压，按照市场竞争公平原则进行的两国贸易被美国扭曲为不公平的汇率问题。然而，从实际的汇率走势来看，国际清算银行6月15日公布的数据显示，5月，人民币实际有效汇率指数为119.99，环比大幅升值3.37%。人民币实际有效汇率已连升3个月。新华社对此抨击了美国议员们的行为："这些国会议员们把自己说成保护美国人民利益的白衣骑士，但事实上，他们只不过是一帮哗众取宠的政客，通过操控（人民币汇率）辩论来笼络选民。"②众所周知，人民币升值问题事关中国经济发展与社会稳定，必须与中国的实际发展状况相结合。中国商务部研究员梅新育从中国自身的利益出发，表明了中国近期与远期汇率改革的策略，他称，"长期内人民币汇率将走强，中国将完善人民币汇率机制并逐步采取有管理的浮动汇率机制，这一点不可否认；然而，大幅重估人民币币值将给中国造成灾难性恶果，因为这将给中国的出口商造成沉重打击，并阻碍中国工业基础设施的必要升级"。③

美国经济学家和政府官员心里都清楚：人民币几乎没有继续升值的空间，特别是自2008年世界金融危机波及中国后，中国许多中小企业倒闭，失业率增加，外贸出口也出现大滑坡。但是，美国国内认为，来自中国的贸易顺差导致美国制造业的流失，也导致美国高失业率。而导致中美贸易不平衡的关键原因就在于不合理的人民币汇率。于是无论社会舆论和政界都支持向中国施压，政客们甚至以此取悦选民。这也说明美国的内政已经直接外溢到中美经贸领域。

---

① 管克江：《美国议员要逼中国"停止操纵汇率"》，《环球时报》2010年8月12日。
② 张旭东：《本末之争：汇率争吵与增长方式改革》，清华大学中美关系研究中心：《中美关系简报》第26期。
③ 转引自张旭东《本末之争：汇率争吵与增长方式改革》，清华大学中美关系研究中心：《中美关系简报》第26期。

美国执意在此问题上向中国施压，全然不考虑中国企业的生存问题。从短期看，美国是迫于国内就业压力，而从长远看，则仍是试图减缓中国的发展速度和竞争收益。

（六） 施压案例的总体评价

显然，谷歌这一商业事件被政治化和夸大。高官密集，施压频度最高。哥本哈根气候问题上对华施压出人意料，策略灵活。人民币汇率从对美国重要性而言可能是最高的，作为一个关键性而且是隐性的议题也是难度最大的，持续周期最长的施压。从短期来看，合作型施压的效果并不明显，但从长期来看，积累效果可能会大。这里值得关注的一个现象是，合作利益受阻，比如在伊核、朝核以及东亚区域合作问题上，美国认为中美合作没有达到美国的期望值，其对华施压就会增强。

卡内基国际和平基金会的裴敏欣在 2010 年 2 月 17 日《纽约时报》上发表的一篇《紧张关系被夸大了》的文章中指出：应该对中美关系持乐观态度。因为两国在经济上紧密交织在一起，政治关系的严重破裂可能给它们各自的经济利益造成巨大损失，而这是两个国家都不愿付出的代价。[1]"不过，与昔日帝国维持地缘优势和实力平衡相比，美国要在国际经贸事务中长期维持主导地位，不再那么容易。尤其是在中美之间剪不断、理还乱的利益纠葛，使美国越来越难以随心所欲。至今为止，美国之所以无法成功迫使中国改变汇率政策，无法通过限制中国产品进口来扭转贸易逆差的局面，原因就在于此。"[2]

近来美国对华施压涉及几个议题，如互联网自由、气候变化、人民币汇率、新闻自由、核透明度等议题。这些议题很多本身不是政治议题，但是美国方面竭力把它们政治化，向中国施加新的压力。"此轮中美关系的波折，从中国的视角看，完全有理由被解释成美国对华'连番出手''集中发难'。流行的看法是：涉台、涉藏问题事关中国主权和领土，谷歌事件以及希拉里国务卿互联网自由讲话再次彰显意识形态斗争，这些问题都

---

① Minxin Pei, "The Tension Is Overstated," http://www.nytimes.com/2010/02/17/opinion/17iht-edpei.html? _r=1&scp=1&sq=minxin%20pei&st=cse.

② 杜平：《中美之间的操控与反操控》，《联合早报》2010 年 1 月 22 日，转自中国评论新闻，http://gb.chinareviewnews.com/doc/1012/0/8/0/101208045.html? coluid=7&kindid=0&docid=101208045。

涉及上述第一种疑虑：哥本哈根会议强压中国接受与发展中国家地位不符的国际责任，人民币汇率问题可能使中国陷入日本式的停滞，这些问题都涉及遏制中国经济发展空间问题。因此，在本轮中美关系波折当中，中国对美国战略意图的两类疑虑都有所上升。"[①]

这些新议题无非都涉及美国优势产业或行业（除气候变化外），将这些问题政治化可以增加美国政治交换的筹码，迫使受压方考虑美国要求或接受美国建议，进而为其拓展其国际影响力开辟新的领域。美国在这些新提出并政治化的问题上做出一定妥协，或许意在换取受施方在同一问题或其他问题上对美国的让步。还有一个特点，就是以普世价值为标杆，比如把推进互联网自由作为美国倡导的普世价值和基本人权的一部分。气候变化问题上对华施压，也具有共同责任论的要素。换句话，这样的施压，不是美国要求中国做什么，而是国际社会、普遍价值追求要求中国怎么做。这样，美国对华施压实际上被导向为国际社会对华施压的问题。当然，汇率问题上的施压与上述问题略有不同。

这些施压行为还有一个特点是，美国不想过分政治化，即把这些单个议题绑定到整个中美关系的大局上来，在这一点上，中美双方仍有一定共识，但中国的克制更多。那就是议题归议题，不想让它们影响到中美关系的大局。也就是说，这些新的施压议题，其分量仍是有限的，不如对台军售这样的传统议题那样具有战略意义。也就是说这些议题具有一定的偶然性，同时也是可变的。换句话说，谷歌事件只是给美国对华打压派提供了由头或者口实。当然，这些议题多具有妥协的余地。但是网络自由有可能在对华施压中从一个新议题变为传统议题。在后金融危机时代，美国在多个问题领域需要中国支持的情况下，有可能不会把这些问题扩大化，而是作为中美关系中一个不时可用的谈判筹码保留下来。

结　语

合作型施压只是美国对华战略中的策略手段之一，其效用有待观察，其作用也有限度，且不会立竿见影，但其长远影响值得关注。毕竟这是中美相互依存加深的副产品。合作型施压不像遏制政策那样可以单向度发挥

① 达巍：《对近期中美关系波折的几点反思》，《外交评论》2010 年第 2 期。

影响，合作型施压是近距离互动，其影响效用受到对方影响的程度也在提升，被抵消或对冲的可能较大，实际效用的评估有难度，再有合作型施压更受制于合作深度、合作收益等因素的影响，难以一厢情愿地发挥作用。要想达到分化、演化的效果并非易事。因此，美国对华合作型施压只能是对华政策选项中的一种，必然与其他对华政策相呼应。美国也注意到合作型施压的特殊性，比如注意到中国的承受能力和文化社会背景，比如在人民币汇率问题上采取更为含蓄而不是公开的施压与指责，同时也没有把中国公开定位为汇率操纵国。

合作型施压的本质仍是两面下注的政策体现，它既非单纯合作也非单纯遏制，而是这两者的结合。当施压能够达到效果时，合作会进一步向前推进，反之，合作就会停滞或受阻。这对双方的利益协调提出了更高的要求。如果美国一味在共赢的前提下强调多赢，那么这种合作仍是不公平、不合理的。当我们把中美关系中的共赢具体化的时候，就会发现这一概念在政策执行过程中仍有进一步设计与协调的余地。

中国的实力已与以前大不相同，中国的反施压措施也在加强，作为美国最大的债权国，中国的反制作用也不容忽视。谷歌事件的结果表明美国很难达到单纯符合美国意愿的结果，中国不会按照美国的指挥棒转。在更为敏感的黄海美韩军演问题上，美国更不可能无视中国捍卫核心利益和安全的意志和能力。事实上，中美关系有合有离的状态将是一个长期过程。我们无法也不必奢望中美之间的关系会有一个根本性的改变，即变成亲密的盟友。如果中美之间的若即若离是一个转型期的现实，这个过程在短期内是难以改变的。虽然我们可以不断强调我们之间的密切联系，但我们必须适应这种热接触冷合作、合作与摩擦频发、战略上相对稳定策略上变化不定的状态。中美均需增强对对方政策的适应力和调适力。美国对华施压已经不断挤压中国发展空间，限制和减少中国的战略选项，从长远看，对美国自身也是不利的。为了两国关系的健康与稳定发展，美国必须改变锱铢必较或钻空子的做法，对中国给予更多理解与尊重，改变按美国要求改变中国的做法，寻求更为务实的彼此相互适应与协调的路径。

第二篇

中美战略关系

中美之间的认识差异

——美国视角分析*

影响中美关系的因素很多，但观念的差异也是其中之一。对国情、历史、文化背景和对外政策上存在的巨大差异甚至误解，在相当程度上制约了两国的交往，使两国关系的发展波折起伏，双方关系赖以发展的信任基础遭到削弱。而且由于媒体等舆论的误导，镜像论（Mirror image）的负面影响，[1] 有时还会导致狂热的民族情绪上升，阻碍两国合作向前发展。按照建构主义理论的看法，观念的差异或认同甚至可能影响国家关系的性质。[2] 一般而言，美国对中国所形成的不实印象或妖魔化程度远远高于中国对美国的客观评价。

一 中美认知差异的体现

从双方认识的差异来看，有些是原则问题和根本问题的差异，比如主权、人权和全球合作问题，有些则是技术环节或一般问题的差异，比如一些地区问题的解决模式和一些非传统安全问题的看法。在一些重大问题上，中美双方有共识，也有分歧。总体来看，从中美关系稳定和发展的需要出发，双方战略共识仍显缺乏，而分歧和差异却相当严重。

一是自由、民主、人权价值观的分歧。美国认为美国有权以人权、民

---

* 本文发表于《外交评论》2005 年第 6 期。

[1] 该理论认为两个国家长期处于敌对状况，就会逐渐形成固定的和歪曲的观念。James E. Dougherty and Robert L. Pfaltzgraff, Jr. , *Contending Theories of International Relations* , New York：Addision Wesley Longman, Inc. Fifth Edition, 2001, p. 245。

[2] 〔美〕亚历山大·温特：《国际政治的社会理论》，秦亚青译，上海世纪出版集团，2000，第 39 ~ 40 页。

主或自由的名义指责或改变别国的内政，而包括中国在内的多数国家认为美国干涉别国内政是违背主权国家基本原则的，美国的目标并非真正为了这些国家的民主自由，而是为了美国的自身利益。民主价值观只是借口，是意识形态对立的产物。美国强调，所谓人权民主自由是普适的，应该适用于所有国家，而且它推行的时候也没有特定的选择，即使是它的盟友，它也要求实行美国的要求，否则就促使其更改，比如作为美国盟国的菲律宾、韩国，美国也要求其实现政权的转变。这是美国神圣的天赋使命，也是和平的基础。中国等多数发展中国家认为，美国在人权问题上有双重标准，律己宽，责人严。美国应该首先管好自己国家的问题。美国则始终相信美国是人权自由的保障，别国的人权问题十分严重，已经严重到美国不能无视的程度。美国在多种国际场合指责中国有人权问题，而中国正当的抗议和据理力争被美国视为无理、过激的自我维护，反而加深了美国对中国人权问题的认知。美国认为中国缺乏民主，这方面的差异不在于对于民主的认同，而在于美式民主对现阶段中国的适用能力，事实证明许多国家都无法复制美式民主，美式民主不仅在许多国家并不适用，而且在美国也问题重重，比如选举的技巧化、政治化或金钱化，百姓参与率低等。对于中国正在谋求的党内民主和政治改革，由于不符合美国的利益要求而仍被美方认为是不民主或反民主的。

二是对世界事务认知的分歧。在对待世界事务的问题上，中国主张世界政治民主化、多极化，美国则认为中国的主张是反美、实质是争霸的开始。而中国明确表明中国反霸并不特指某个国家，谁搞霸权就反谁，中国搞霸权，世界人民也要反对。[①] 中国是大国中第一个也是唯一一个公开声明永不称霸的国家。在一些重大国际问题上，比如核不扩散问题和朝核问题，美国承认中国发挥了积极的建设性作用，但却认为中国还做得不够，期待中国做得更多。而事实是，中国已经并且仍在尽其所能。这方面的差异在于对问题核心的认识存在差异，这一问题的解决关键在于美国改变其敌视干涉政策和韩国、朝鲜当事双方的共同努力。美国在国际事务中对中国有着不切实际的要求，即要求中国在各个方面承担一个发达国家而不是一个发展中国家的责任，却由于对中国的怀疑而把中国排斥于"和平红利"的分享之外。不允许中国拥有权利与义务的平衡，这不仅仅是认识差

---

① 邓小平思想写作组编《邓小平外交思想学习提纲》，世界知识出版社，2000，第76页。

异的问题，而且是对中国的不公正待遇。

三是对中美战略关系的认知分歧。在中美战略关系问题上，中国认为中美之间是一种战略协作伙伴关系，而多数美国人强调中美之间关系的定位不清。"我们的关系是如此复杂，充满着诸多不同的因素。因而，我们最好不要简单地给它起一个名字或贴一个标签。"① 另一些美国人士认为，中美之间没有战略关系，只有策略关系。中国发展、强调中美关系只是权宜之计，中国因为有求于美国才希望与美国合作，中国因为弱才不得不避免与美国迎头相撞。随着中美之间力量对比的变化，中美之间的冲突必然到来。② 而中国则是真正从大国关系稳定、世界和平与稳定的战略高度来看待中美关系的。中国人比美国人更加相信和平与合作的可能性与前景，更勇于探索新的合作与发展模式，美国人在这个问题上反而显得固执己见和因循守旧，同时又妄自尊大地相信美国具有超强的可以绕开国际组织而管理世界事务的能力。这里面观念上的巨大差异在于，中国致力于一种新的和平发展的探索，相信新的合作模式有可能避免大国在发展过程中的冲突，外交的方式、和平的方式有可能取代武力方式解决重大的分歧与纷争。而美国居主流的观点仍然是强权政治、笃信权力决定一切，合作的方式、多边外交的机制只是传统方式的补充和点缀。这就涉及美国对中国和平发展战略的认识。美国强硬派人士认为这只是一个幻想，国际政治的历史上从未出现过和平崛起的先例。③

四是中美在台湾问题上存在巨大分歧。台湾问题仍然是中美之间的重大分歧所在，这涉及中国的核心利益和主权的维护。美国大多数政治精英、媒体人士和专家学者都承认，美国和中国之间的所有问题之中，最具爆炸性的问题就是台湾问题。

目前中美双方在台湾问题上达成了重要共识，但却是一个低水平的共识，即只是在维持台海现状和东亚稳定方面能够达成某种默契，在台湾问题的最终解决问题上，比如对于统一本身和统一的途径等方面均存在巨大差异。美国阻止台湾"独立"势头的努力得到了中方的赞赏，但美国阻独

---

① 〔美〕戴维·兰普顿：《美中关系中的循环、进程、约束与机遇》，《世界经济与政治》2002 年第 4 期。

② 〔美〕理查德·伯恩斯坦、罗斯·芒罗：《即将到来的美中冲突》，隋丽君等译，新华出版社，1997，第 18 页。

③ Robert Kagan, "The Illusion of 'managing' China," *Washington post*, May 15, 2005.

与中国反"台独"的战略存在着性质上的不同，美国阻独是担心台湾在现阶段引发台海危机，破坏东亚地区现有的有利于美国的战略秩序，而不是反对"台独"本身。因此，美国阻独是策略性的措施，而中国反"台独"是坚定的战略意志。双方在这个问题上的认识有着性质上的不同。另外，美国仍然保持与台湾的不正当的军事合作关系。美国有人认为中国制定国际战略时是围绕着台湾问题而展开，中国应该把台湾问题从中国的核心问题中移开。① 显然，中美之间在这个问题上的分歧是根本性的。1996 年台海危机期间，中华人民共和国在中国自己的海域进行军事演习，美国人认为这一举措显示出中国已经成为威胁其邻国的力量。美国人的逻辑是，中国无论说什么、做什么都只能证明中国的侵略性，北京如果要得到美国的接受，就必须遵循美国的原则。而如果要满足美国的要求，中国就必须改变自己的社会制度，并把本国的利益和美国的利益协调起来。②

通过以上综述可以看出，中美之间在一些重大原则问题上分歧是巨大而显著的，甚至存在一些认识鸿沟，有些分歧是难以迅速解决的，有些分歧只有留待历史的检验。

二　中美认知分歧的原因

总体而言，中美之间的差异可以归纳为以下四个方面。

一、价值观的差异。这主要体现在美国认为其价值观是普世的、而且是唯一的，不承认或轻视其他价值观的合理性和历史继承性，不承认多种价值观共存的可能性，更不承认其他价值观可能会优于美国。文明是多样的，价值观也有其特定的生存土壤，美国在这一方面似乎既没有保持探索创新的意识也没有体现民主自由的精神；价值观的差异还表现在美国认为双方价值观的共通性极少，"简言之，给美国同欧洲或者美国同其他亚洲国家之间带来共同性的那种共同利益或共同价值观，在美国和中国之间是

---

① Evan A. Feigenbaum, "China's Challenge to Pax Americana," *Washington quarterly*, Summer 2001.

② 〔美〕托马斯·博克、丁伯成：《大洋彼岸的中国幻梦——美国"精英"的中国观》，外文出版社，2000，第 215 页。

少之又少"。①

二、对外战略指导原则不同。美国谋求主宰世界、实现单极霸权，仍然相信武力和武力威慑是最有效的维持霸权的方式，对于不同的意识形态、不同的文明的国家，美国认为消除对立的最初的方式是武力，而最后的方式可能也是武力，合作的作用是有限的。美国的国家利益是可以以任何方式来加以维护的，甚至不惜以牺牲其他国家的利益为代价。现实主义强权政治、谋取绝对利益的理论和思想是美国对外战略指导原则的核心。

三、历史观不同。美国的历史观缘于美国独特的发展道路，它的历史积淀、文明传承的方式与其他国家是不同的。作为一个后起的大国，美国是通过强权暴力的方式在强手如林的世界中实现崛起的。强权与扩张是美国的立国之本。美国历史学家特纳（Frederick Jackson Turner）早在 1893年就发表《边疆在美国历史上的重要性》一文，他认为美国社会将继续并信赖美国的边疆扩张。他的结论是，如果美国停止了海外扩张，就将面临政治、经济和社会的崩溃。"边疆理论"与"天定命运"说一起最终成为美国全球干预的实践基础和精神支柱。②

美国人"习惯于听人家讲美国人的特点在于他们对世界秩序所承担的责任，如果转向谨慎、克制的政策，他们便会感到自己降低了身份。他们也许不希望被告知他们应该放弃神气十足的抱负而像其他国家那样过平常的生活"。③ "美国人倾向于把世界看成一个简单的、柔顺的世界。"④ 这就形成了具有强烈的种族优势论色彩的"美国使命"（American Mission）。美国坚信世界的发展注定要选择美国的道路，用一切手段扩张他们的文化和利益，以美国理想改造世界应该成为这个民族神圣的使命。美国人对中国的认识也缘于美国这种唯我独尊的历史传统。"美国和中国的交往历史，很好地说明了美国人是如何因其自身独特的历史经验和视角而去忽视世界的多样性的，他们还狂热地试图改变那些和我们不同的文化，以便为我们

---

① 〔美〕理查德·伯恩斯坦、罗斯·芒罗：《即将到来的美中冲突》，潘忠岐译，新华出版社，1997，第 17 页。

② 杨铮主编《美国大词典》，中国广播电视出版社，1994，第 545 页。

③ 〔美〕迈克尔·H. 亨特：《意识形态与美国外交政策》，褚律元译，世界知识出版社，1999，第 3 页。

④ 〔美〕迈克尔·H. 亨特：《意识形态与美国外交政策》，褚律元译，世界知识出版社，1999，第 189 页。

所熟悉和控制。"①

中美之间在国家发展问题上的差异反映了两国历史观的不同。美国人不大相信以往历史中西方大国崛起过程中所没有被证明过的东西，这一方面说明东西方文明的根基的不同；另一方面也说明美国人"历史先验论"的色彩很浓，但这里的悖论在于，美国从建国到发展的历史很短暂，它看待世界的历史纵深感受到很大局限。用现有的西方历史观的确很难解释"没有殖民与掠夺的崛起"。②

四、不同发展阶段的差异。中美之间的经济发展水平、现代化程度不同，生活方式也不同，因而对于一些问题的看法必然会有不同，从根本上说这是一个发达国家不切实际地要求发展中国家采取与发达国家一样的标准。由于身份不同，这就造成了角度不同的差异。中国对于超越历史阶段性有过深刻的教训，这是"理性"的西方国家所无法感受和体会的。

同时，由于美国对中国的曲折发展道路缺乏了解，也就对中国对和平稳定的渴望理解不足，反而相信中国具有的"受害者心态"决定了中国对国际社会和发达国家的"报复动机"。而中国文化传统中的精髓恰恰不是"以怨报德"或"冤冤相报"，而是"以德报怨"，在和平发展的问题上，中国渴望避免的不仅仅是自身的灾害，还有"两败俱伤"。当然，一方面我们看到美国与中国存在着不同发展阶段的差异，另一方面也会发现美国对中国的认识也存在着不同的阶段性。关键的问题在于，美国对中国的发展阶段论与中国的实现发展状况也存在着差异。这可能是更为严重的问题。

三　中美认知差异的美国因素

更进一步了解美国对中国认识的误解与差异，还需要从美国的国内政治和社会环境来探讨深层原因。

第一，霸权主义心态成为美国政治信仰的一部分。美国人的霸气和自负影响了美国人看待国际事务时的态度，这是轻率与主观臆断，有时也会以想象代替现实。美国一部分媒体妖魔化中国的倾向十分严重，中国的

---

① 〔美〕迈克尔·H.亨特：《意识形态与美国外交政策》，褚律元译，世界知识出版社，1999，第 27 页。

② 丁刚：《两种历史观的较量》，《环球时报》2005 年 6 月 22 日。

"负面"消息才是新闻，这已经在一些媒体和社会心理中形成了一种"新闻惯性"，因而美国的民众并无多少可靠的渠道了解中国的真实状况。"总体说来，美国对中国的看法一直是不准确的，甚至可以说是根本错误的，这其中充满了谎言；即便是在能够轻易获得事实的情况下，美国人也不愿意去稍稍花点精力搞清楚客观的事实，却听任错误传言的流行；美国人还故意忽略中国的社会条件来解释中国人的行为。"①

一切可能妨碍美国实现全球霸权或对世界事务持有不同看法的国家、制度或者思想都会遭到美国的抵制和排斥，在冷战后的美国社会中弥漫着一种"输出"与"扩展"的心态，而不是"自我完善"或"吸纳"的精神。对于中国式社会主义道路的探索，美国有一种本能的反感或敌视，只是由于经济利益和现实安全利益的考虑才不得不做出一种"礼貌"的"沉默"。从更深层面来看，美国对于中国探索符合自身发展的新型道路充满质疑，或许不是因为担心中国的军事实力，而是担心这种制度的成功有可能对其他国家带来的影响力和示范作用，对美国意识形态和外交事务形成新的挑战，从而影响到美式霸权在文化制度等方面的扩展，最终妨碍美国制度霸权的建立。

第二，冷战思维作祟。冷战思维有几大特性：首先是排斥性，针对不同意识形态和社会制度表现得尤其明显；其次是狭隘性，只要是与美国意识形态不同的国家就是与美国相对立的国家，就只能形成彼得己失的关系，就无法进行实质合作，也无法实现双赢；最后是互动性。冷战思维的影响是双向的，当一个国家对另一个国家持冷战思维时，另一个国家往往会做出类似的反应，这种反应又会加深第一个国家的冷战意识，从而形成一种恶性循环的过程。在 20 世纪 50 年代，美国曾一度将中国视为主要威胁，中国的任何行为都被简单地指责为侵略或共产主义扩张，中美之间是敌对关系，缺乏最基本的互信，因而正常的国家关系无从谈起。冷战结束后，美国又一次炮制极具冷战思维色彩的"中国威胁论"，与之相适应的一些论调可以概括为中国崩溃论、军力扩展论、武器扩散论、排美控亚论、中国国际威胁论等，这实际上反映了美国对于中国的认识从来就没有从冷战思维的框架中摆脱出来，只不过有些时候暂时隐晦一些而已。

---

① 〔美〕托马斯·博克、丁伯成：《大洋彼岸的中国幻梦——美国"精英"的中国观》，外文出版社，2000，第 3 页。

　　寻找敌手是冷战思维的一个重要的战略体现。在苏联解体之后，确立潜在或明确的战略对手是美国决策者的当务之急。对于美国决策者而言，没有对手国就意味着失去了安全战略和军事战略设计的依据。"我们的风格是要有一个敌人。中国是巨大的，它的版图辽阔，它的皮肤是黄色的；于是就存在着一种潜在的种族主义因素，而它正好与某种成见一拍即合。"① 在亚太地区原有的平衡打破之后，中国理所当然成为美国亚太安全战略防范的主要战略威胁之一。在亚太安全区域内，美国仍然固执地认为中国所得即为美国所失，中美之间在朝鲜半岛问题上有合作，但美国的合作前提是，中国不可能主宰朝鲜半岛事务。

　　值得注意的是，当今的美国政要仍然没有放弃对中国的冷战思维。美国国务卿赖斯也十分隐晦地表示希望中国的崛起成为一个积极的力量，似乎是说中国不是世界的一股"积极力量"，甚至有"消极力量"的意味在内，美国朝野一些人以固执的既有心态看中国的发展，那是仍摆脱不了霸权与冷战思维所致。② 冷战不仅仅是实力之战，也是观念之战。有的人甚至认为冷战的结束是观念改变的结果。③ 由此可以看出，偏见与成见如何影响到国家关系。

　　第三，美国的功利需要，反映在美国对中国的看法上常常表现出矛盾的心态。中国既是美国利益的源泉，也是美国安全的巨大威胁。"美国人塑造了两种截然不同的东方人形象，一种是肯定的，适合于美国心怀慈爱去慷慨施恩的'愉快'时期；另一种是否定的，适合于美国恶语相加或扩张权力成为时代主调的'紧张'时期。"④ 从美国国内政治的需要出发，美国政客经常说一套做一套，从美国国内刺激经济增长的重要因素之一——国防经济出发，寻找海外的动机和借口常常是其主要手段之一，"当中国和美国之间的敌意和对抗在不断地增加时，美国公司的利润由于政府开支和政策刺激也在同步地增加。防卫开支成为美国刺激经济增长和保卫全球

---

① 〔美〕丹尼尔·伯斯坦、阿恩德凯基泽：《巨龙》，孙英春等译，东方出版社，1998，第10页。

② 《星岛日报社论：美国仍以冷战思维看待中国崛起》，http://news.tom.com，2005年4月19日。

③ 冷战结束后十分流行的建构主义学派强调戈尔巴乔夫观念的变化，是导致冷战结束的根本原因。参见张小明《国际关系理论与冷战史研究》，《史学月刊》2005年第6期。

④ 〔美〕迈克尔·H.亨特：《意识形态与美国外交政策》，褚律元译，世界知识出版社，1999，第69页。

秩序的一个有效手段。如此看来，过去甚至今天，一些政客把中国视为新的敌人也应毫不为怪了"。①

需要指出的是，美国对中国的认识可能存在偏差，但美国对华政策却已经表现出很强的务实和功利的一面。从另一方面讲，中国庞大的市场正成为中美未来冲突中不可低估的缓冲地带。

四 中美认知分歧的前景

中美之间的差异是巨大而明显的，美国对中国的认识表现出明显的阶段性和反复性，但随着中国进一步采取开放政策和融入国际体制，以及中美双方有识之士的共同努力，美国对中国的正面认识在上升，一些差异和分歧正在或已经随着双方合作的加深和了解的加强而得以消除或弱化，搁置分歧、加强接触与合作已成为中美双方高层的重要共识。一些美国精英人物越来越认识到中美的战略利益是根本的长远的利益而不是权宜之计。

冷战已经不合时宜，有更好的方式处理两国关系。"和中国的一场真正的冷战，在最低程度上也意味着：更高的国防开支，更多的美国海外驻军；经济和贸易的大混乱；与美国的亚洲盟友产生危机；联合国安理会更加辩论不休，可能还有更多的核扩散——简而言之，世界前景将远为危险而且难以预料。"②

所幸的是，越来越多的美国人开始冷静地看待中美之间的差异和分歧。"我们认为成功处理美中关系的最好途径在于加深相互了解，从而使双方对彼此的利益都能得到现实的理解。如此，则两国关系可以集中处理两国利益的真实异同，而避开相互误解、无端恐惧和无谓的冲突。"③ 所谓"中国威胁论"也引发了更大范围的争论，质疑和反对的声音开始上扬，中国与"其他国家的经济、政治和军事关系将受到有时是与我们自己不同的政治经济、文化历史和信仰体系的推动。这将不可避免地导致分歧与摩

---

① 〔美〕托马斯·博克、丁伯成：《大洋彼岸的中国幻梦——美国"精英"的中国观》，外文出版社，2000，第81页。

② 〔美〕丹尼尔·伯斯坦、阿恩德·凯基泽：《巨龙》，孙英春等译，东方出版社，1998，第30页。

③ 〔美〕安德鲁·内森、罗伯特·罗斯：《长城与空城计——中国对安全的寻求》，柯雄等译，新华出版社，1997，前言。

擦，但这一切都没有必要转向全面对抗与长期冲突。中国将成为一种挑战，而且被看作一种挑战。但这并不意味着它必须成为一种威胁"。① "中国威胁与否，不在于中国的绝对能力，而在于它与别国能力之对比如何；不在于孤立看中国的利益，而在于它的利益能否在与别国利益相协调的情况下得到保护。"②

美国政治家和学者开始注意到并积极肯定中国新外交体现出的合作谅解与共赢的思想，对于中国在地区事务比如朝核问题上承当的积极的"协调者"的角色表示赞赏。③ 中国不仅在言辞上十分克制，而且中国政府还表现出一种与新的布什政府和睦相处的愿望。这种愿望不仅仅表现在口头上，还表现在行动中……中国外长唐家璇至少在两个场合向美国国务卿科林·鲍威尔表示中国无意将美国挤出亚洲。这样的论调是非常重要的，因为此前，在美国的政界尤其是共和党的战略家们中，总存在这样一个假设，那就是中国的主要战略目标是将美国逐出东亚，以此来拓展其地区性霸权主义。④

除此之外，中美之间在反恐、抑制国际犯罪、经济领域更深入的合作比如金融合作等方面保持着持续和发展的势头。但这些重大问题的合作也有可能因分歧而减少。应该看到，中美关系的发展任重而道远。美国国内对中国的认识和判定还存在着巨大的分歧，肯定中国发展和中国形象的观点还没有形成广泛的共识。美国强硬保守派的主张仍然发挥着重要影响，比如 2005 年 5 月以来，围绕着对华军售问题，美国展开了一系列遏制中国的行动，"中国威胁论"还固执地占据着一些美国人的头脑。由于中美双方一些根本性分歧的存在，不和谐甚至比较尖锐的声音还会不断出现。

---

① 〔美〕丹尼尔·伯斯坦、阿恩德·凯基泽：《巨龙》，孙英春等译，东方出版社，1998，第30页。

② 〔美〕安德鲁·内森、罗伯特·罗斯：《长城与空城计——中国对安全的寻求》，柯雄等译，新华出版社，1997，第230页。

③ Evan S. Medeiros and M. Taylor Frapel, "China's New Diplomacy," *Foreign Affairs*, Vol. 82, No. 6, November/December 2003, pp. 23–33.

④ 〔美〕沈大伟：《美中关系的新稳定：原因与结果》，《世界经济与政治》2003 年第 10 期。

论中美关系的和而不同[*]

2006 年 2 月，美国国务卿赖斯发表了"转型外交"的讲话，而 2006 年 4 月中国国家主席对美国进行了"国事访问"，中美关系的走向又一次引人关注。总体而言，中美关系要想取得发展，必须增强战略互信。但这只是一个方面，中美之间要增强战略互信，但战略互信的增强不是一朝一夕可以收到成效的，何况由于历史、国家利益、发展战略的差异，两国的战略互信能够达到的程度是有限的。因此，在战略分歧仍然严重的形势下，中美之间如何发展关系才是一个更为紧迫的课题。

21 世纪的中美关系如何发展是关系到全球和地区稳定的战略性课题。从未来的发展来看，中美关系应该充分吸取历史和现实的经验教训，探索出新型的合作模式和合作道路，这种探索不仅对中美两国有利，还有利于其他国家的合作，尤其是大国合作。因而，中美新型的双边关系的探索和确定，还有可能带来具有时代意义的示范效应。

这种新型合作的根本原则就是"和而不同"。"和而不同"理念见于中国古代著名先贤孔子的著作《论语·子路》，原句为"君子和而不同，小人同而不和"，和、同都是孔子哲学思想的范畴，和指不同事物之间的协调、共容与共存，同指事物的绝对划一。[①] 相关的论证还包括："礼之用，和为贵"，即礼的作用就是待人处事以和谐为最可贵；"君子矜而不争，群而不党"，意思是君子庄重而不与人争锋，与人和谐相处而不拉帮结派；以及"过犹不及"，意思是做事超过了限度就像做不到一样。[②]

具体到国际关系中，"和而不同"可以引申为：和意味着协调与合作，不同意味着差异，差异意味着不同的做法和观念，更重要的是独立性和独

---

[*]　本文发表于《国际问题研究》2007 年第 2 期。

[①]　李志林、潘丽丽编译《孔孟老庄名言精粹》，汉语大词典出版社，2000，第 29 页。

[②]　李志林、潘丽丽编译《孔孟老庄名言精粹》，汉语大词典出版社，2000，第 31、41、38 页。

立意识，以及不同道路的探索。中美关系的"和而不同"，可以从以下方面加以理解。

一 中美关系中存在巨大的差异与不同

中美是两个国家特色十分鲜明的国家，两国的历史不同、文化不同、意识形态各异，发展道路也不同，从经济上看又处于不同的阶段，价值观和社会观念都有着巨大的差异。这种差异一方面使双方产生了距离感甚至误解，另一方面也是造成双方互为对手的一个潜在动因。

（一）中美之间存在差异，缺乏战略互信。"中美是世界上最有能力的两个国家，因此，它们各自的能力自然要使彼此怀疑对方的意图。"① 差异是存在的，而且无法消除。从双方认识的差异来看，有些是原则问题和根本问题的差异，比如主权、人权和全球合作问题，有些则是技术环节或一般问题的差异，比如一些地区问题的解决模式和一些非传统安全问题的看法。在一些重大问题上，中美双方有共识，也有分歧。总体来看，从中美关系稳定和发展的需要出发，双方战略共识仍显缺乏，而分歧和差异却相当严重。② 每一方都承认避免对抗与冲突对双方有利，但每一方都担心对方有这种意图。不同层次的局部安全困境仍然存在。如何解决意识形态、价值观、制度之间的差异等涉及软权力分歧的问题是一个关键。

（二）中美之间是竞争性对手关系。两国竞争不仅包括经济领域的金融贸易还包括科技领域的技术竞争，而且也表现在政治制度层面上。虽然两国在政治制度上均有着需要改革与创新的地方，但制度之争仍然是一个世纪课题。中美之间对手感的形成是不可避免的，也是必须正视的。这一方面是历史决定的，有着历史或然性；另一方面也是两个国家的民族特性决定的。对于世界上最大的发达国家和最大的发展中国家而言，在不同领域不同历史时期均取得过巨大的成就，均表现出极大的自信。由于历史经验不同，对于自身道路有着不同的诉求。对手意识的形成是必然的。

---

① Robert S. Ross, "A Realist Policy for Managing US-China Competition," *Policy Analysis Brief*, November 2005, http://www. stanleyfoundation. org/publications/pab/pab05china. pdf.
② 王帆：《中美之间的认识差异——美国视角分析》，《外交评论》2005 年第 6 期。

二 中美之间可以实现 "和而不同"

中美之间是对手，是竞争者，但不是敌手，不是彼此的终结者。中美在许多问题上有共同利益，双方致力于安全合作能够以最小的成本实现收益的最大化。中美关系不是霸权国与挑战国之间的关系，也不是霸权国与霸权护卫国之间的关系，中美关系是两个发展中的大国之间的关系。中美之间在一些领域有竞争，但中国明确表示无意挑战美国的霸权，在战略层面做出了巨大让步。更为重要的是，中国的和平发展战略绝不是一项与美国战略竞争的战略。

中美之间不会形成冷战时期那样的对抗关系。比较中美之间冷战后以来的较量与冷战时期的美苏较量，有几个根本不同：（1）美苏之间因为争夺出现了几次间接较量，即局部热战，而中美之间没有。（2）美苏之间均是联盟方式对付对方，而且信奉均势原则。美国仍然保持其联盟战略并且强化或扩大联盟范围，中国并没有以联盟方式应对之，中国至今没有组建传统军事联盟以应对之。尽管美国等西方国家猜测中国上海合作组织有联盟之嫌，但就美式传统联盟的组织模式和制约能力而言，上海合作组织根本不可能定义为联盟，联盟是有针对性和排他性的，上海合作组织是开放的，不针对第三国的。可以说上海合作组织应该被理解为功能性机构组织。东亚不是欧洲，中国不是二战前的德国，也不是二战后的苏联。"中美关系比当年美苏关系有着更大的控制和协调竞争的可能性。"[1] 中国致力于和平而不是加剧紧张，维持东亚的和平环境不仅对其他国家有利，对中国自身也有利。区域合作也减少了恶性竞争。"即使美国强化与日本、新加坡和菲律宾的军事合作，扩大了在这一地区的海空军力量，中国几乎没有做出什么抵制。"[2] 美国在东亚继续维持着独家的军事优势。美国可以在积极参与地区经济发展和多边政治合作进程中继续维护其地区利益的安全。

中国一直在致力于加强中美信任，比如中美战略对话，主张东亚开

---

[1] Robert S. Ross, "A Realist Policy for Managing US-China Competition," *Policy Analysis Brief*, November 2005, http://www.stanleyfoundation.org/publications/pab/pab05china.pdf.

[2] Robert S. Ross, "A Realist Policy for Managing US-China Competition," *Policy Analysis Brief*, November 2005, http://www.stanleyfoundation.org/publications/pab/pab05china.pdf.

放，支持美、俄等国共同维护东亚秩序，没有任何一个意图是排美的，没有任何证据说明中国欲谋求独立主宰东亚事务。中国致力于与包括美国在内的亚太国家一起共同维护亚太秩序。中美在东亚有着诸多共同利益。中美之间在朝鲜半岛反核扩散问题上有共同利益，在台海安全与稳定方面有共同安全利益，在维护一个稳定而繁荣的亚洲市场方面有共同利益。因此，中美之间的对手关系并没有影响中美之间的合作，反而使这种合作得到促进和理性的发展。

建构主义学者亚历山大·温特对于洛克文化的阐述比较好地形容了中美之间的对手关系。他认为洛克文化的角色结构是竞争，不是敌对。竞争对手不像敌人，竞争对手期望相互行为的基础是承认主权，"生命和自由"是对方的权利，因此不会试图征服或者统治对方。① 将中美关系定位于非敌非友是一种不稳定的过渡形态，而将中美关系界定为对手关系才比较符合当今现实，也比较准确。中美关系是对手关系，中美之间的合作是对手间的合作。这种对手不会上升为敌手。中美之间的相互依存度如此之高实际上已经极大地降低了中美之间敌对的可能性。一些局部隐患在全球安全大局中，受到了多方抑制，脱缰失控的可能性越来越小。两国都意识到随着两国相互依存的加深，双方有着越来越强的共同使命和共存意识。两国之间可以保持竞争的态势，但更应相互监督、相互促进。这种竞争性相互依存的合作底线是不使用武力或以武力相威胁。目前两国相互依存的程度还没有达到消除相互戒备和防范的程度。因此必须承认两国关系的对手定位，"所谓既相互防范又相互依存"。②

三 中美之间如何实现"和而不同"

中美之间实现"和而不同"关键是改变一些习惯做法，最主要的是改变那种"唯我独尊"的意识。

（一）中美之间必须更加平等。美国必须改变歧视性的政策，充分尊

---

① 〔美〕亚历山大·温特：《国际政治的社会理论》，秦亚青译，上海人民出版社，2000，第350～351页。

② 中国学者王缉思认为中美关系已经逐渐脱离了"非敌即友"的简单逻辑，成为一种既相互防范又相互依存的复杂关系。参见《专家谈中美关系：相互防范又相互依存》，新浪网，2006年1月1日，http://news.sina.com.cn/c/2006-01-01/09087871572s.shtml。

重别国独立自主的原则。中美之间不可能形成依附与被依附、主导与被主导，或主与次的关系。美国对华政策有三个悖论：（1）担心中国发展，但美国却从中国的改革发展中获得收益；（2）对中国采取某种程度的对立甚至敌视的态度，又希望中国按照美国的意愿行事；（3）一方面限制中国的发展，另一方面又试图指导中国的发展。

归根到底反映了中美关系中的美国意志至上、美国意志主宰。从历史上看，中美之间只有真正贯彻了平等原则，才能实现有效的交流与沟通，才能更好地消除误解。中美之间可以缺乏相互佩服，但必须相互尊重。贬低对手的做法只能加强对抗和对立。必须给对方以自由发展的空间，没有自由发展的空间，就无法保持个性和发展。不允许别的国家发展自己的道路，就不是平等的关系，而是主从关系。坦率地讲，美国长期以来在世界事务中已经形成了"唯我独大"的心理。放在中美关系上就是限制别国的个性发展，成为美国的卫星国。事实已经证明，美国实施的全球卫星国部署已经失败。

（二）协作可以以不同的多层次的形式展开。既现实又明智，既务实也务虚，能现实的就现实，能务虚的务虚，合作空间很大，合作形式很多，又能够保持各自独立的领域，尊重差异。有些问题从长计议，有些问题消除分歧，保持原则，加强合作。尊重各自独立的发展道路和发展模式，相互提醒，相互借鉴。美国特别需要放弃遏制或对别国发展戒心十足的做法。

目前美国的对华政策陷入误区和困境。一方面让中国承担更大责任；另一方面又在遏制中国。中国要承担责任，需要更大的合作空间，更多的合作领域，以及相应的义务和能力。而遏制与鼓励中国发展是矛盾的。遏制是由于怀疑和担心，而要求中国承担更大责任，也是担心中国以过少的成本过快地壮大。总之，美国给中国铺设了一个轨道，让中国按照美国认可的某种模式发展，最终将中国矮化为一个非正常国家。这是中国不能接受的。美国传统的对华政策的核心是遏制与接触，应该改变为接触与合作。最好的办法是给对方也给自己留出空间和回旋余地。

（三）中美之间应遵循新型的合作原则——和而不同。中美之间是有距离的，也应该保持距离。有一些领域可以不欣赏，但应相互尊重，可以不认同，但不应相互干涉；可以提出不同意见，但不应以势压人。在合作方式和合作领域可以有选择，但不应背弃合作原则；亲密无间从来不是中美关系的现实，差异和分歧充斥中美合作中的各个领域。中美关系正常化由敌对关系而来，中美关系的发展不是因为双方消除了所有的分歧，而是因为双方找到了更大的利益共同点。在共同利益面前，有些分歧被化解，有些分歧被搁置，还有一些分歧明显存在但并没有影响中美关系的正常发展。

求同存异是中美合作的前提，求同存异，尊重差异，和谐共存。中美关系的历史表明，中美之间的关系要想成为新型的可持续的合作关系，只有和在而不同的原则下才能实现。信任、距离和发展空间是两国应该彼此给予和保障的。不立足于消除所有差异而是尊重差异，不是相互替代而是和谐共存，不强调单一性而强调多样性，不严加限制而是鼓励对方的发展。

应该承认，在当前，贯彻"和而不同"原则并不是一件易事。冷战结束近 20 年了，美国还有一些现实主义学者仍然笃信冷战时期的遏制思想，反对对华接触政策，认为美国的接触政策使中国融入世界经济的做法是错误的，"富强的中国不会是一个维护现状的大国，而会是一个决心要获取地区霸权的雄心勃勃的国家"。"国际体系的结构性规则可能迫使美国不久就放弃建设性的接触政策。"① 这反映了"和而不同"原则在冷战思维的框架下还有可能被一些人引向对立与对抗的老路。

结　语

中美两国是并行的竞赛者、责任相关者，同时也是利益相关者。中美关系是和而不同的典型，围绕中美关系的一些概念如距离、差异和分歧必须得以重视、理解和解决。

中美两个大国合作应对人类共同威胁的责任很大，任务很重，两国面临的共同威胁远远大于两国之间的差异。中美之间的竞争也是可控的。正如罗伯特·罗斯所言："中美事务不是是否它们将成为超级大国的竞争者，而是当它们追求各自的安全利益时，它们能够协调它们的竞争避免以往超

---

① 〔美〕约翰·米尔斯海默：《大国政治的悲剧》，王义桅、唐小松译，上海人民出版社，2003，第 544 页。

级大国竞争时巨大的经济和军事成本。"①

现阶段的中美关系不可避免兼具对手意识与合作意识，把合作置于对手框架之下是一种方法，把对手置于合作模式之下则是另一个思路。美国副国务卿佐立克关于中国是"利益相关者"的定位，表明了美国对中美关系的重新定位和认识，说明了两国现实合作的意义的上升，而对立色彩在下降。

总之，中美之间的合作是探索大国新型合作的关键。它应该遵循以下原则：第一，保持距离，允许各国保持自主选择的空间和生存选择方式。第二，强化全球体系政治、把双边关系置于全球安全稳定与合作的大局之下。从全球政治稳定的战略高度来看待中美关系。第三，形成彼此监督的机制，促进自律意识的产生，强化责任意识。第四，礼让原则。中国的礼让三先的思想有助于促进大国风范的形成。

---

① Robert S. Ross, "A Realist Policy for Managing US-China Competition," *Policy Analysis Brief*, November 2005, http://www.stanleyfoundation.org/publications/pab/pab05china.pdf.

中美竞争性相互依存关系探析[*]

中美关系自建交以来正呈现出缓慢的嬗变，中美之间不再是敌手，也不再是非此即彼的对手，"非敌非友"也难以界定中美关系的性质。中美关系正呈现出涵盖对手与朋友的复合性质。作为中美关系新的阶段性发展，其未来前景仍存在不确定性，即既可能退为对手或敌手关系，也可能提升为真正的伙伴关系。

以往看待中美关系，往往采用单一视角，难免出现片面性，而这种片面性又常常导致观点的左右摇摆。从今后看，中美关系的变化取决于竞争与相互依存这两个变量的变化，冷战后的中美关系发生了如下变化：其一，竞争的性质在变化，非零和竞争在上升。其二，相互依存中的安全依存在实践中已经得到证实，但在理论和政策上还没有充分体现。其三，竞争与相互依存互动关系的特征和趋势还有待于深入研究和把握。其四，必须避免对立与相互分割的两个极端看法，从竞争与相互依存的复合视角来审视中美关系。竞争与相互分割的视角均不足以全面把握中美关系，必须从竞争与相互依存的有机联系中认识中美关系的发展脉络。

一 中美两国关系中的竞争变量变化

我们可以从两个方面来看中美两国关系中竞争变量的改变，分别表现为竞争性质的变化和竞争模式的转变。

（一）中美之间竞争的性质和内涵均在出现嬗变

说到竞争，所谓"竞"是互争高低，竞争是"为了自己或本集团的利

＊ 本文发表于《世界经济与政治》2008 年第 3 期。

益而与人比赛。"①韦氏词典关于这个词的解释有两层含义：第一层含义是有意或无意地为了一个目标而进行斗争（比如职位、利益或者奖励）；第二层含义是处于敌对的状态。② 从概念上看，竞争具有多重性，既可能是良性的也可能是恶性的，既可能是零和博弈也可能是非零和博弈。中美之间存在竞争，但出现两种倾向：其一，不影响别国发展的自我竞争在加强。许多大国关注国内自身发展，立足于内部挖潜和完善内部机制。这种自我超越式的发展不会激化与别国的矛盾和冲突。其二，随着沟通、交流以及协调机制的逐步增强，各国间的竞争正在规避零和博弈模式，向着双赢共赢的合作模式发展。在以上两种趋势下，中美之间的竞争也经历着历史嬗变，呈现多样化的特征。

特征一：中美竞争是现实存在，历史造成的结构性因素仍在发挥作用。作为最大的发达国家和最大的发展中国家，两国的利益都在拓展，中国的"走出去"战略使得美国面临着前所未有的利益竞争局面。

特征二：中美之间的竞争存在不对称性。也即所谓潜在的战略竞争是由美国引发的，是由于霸权主导国对于可能出现的未来大国的防范所引起的，而中国一直试图避免这种竞争的出现，避免成为美国战略竞争的对手，一直努力将这种竞争限制在合作与依存的主流之下，使得竞争不至出现失控。正因为如此，中美之间虽然存在各种不同类型的竞争，但结构性的战略竞争格局并未真正形成。目前中美之间的竞争，不是全球战略竞争，不是争夺主导权的竞争，中美之间的竞争虽然在广度上延伸，却远远没有上升到战略竞争层面。中国不仅没有挑战现存体制，反而成为积极参与和维护现存体制的重要力量。西方舆论认为"与苏联不同的是，中国根本没有兴趣同美国争夺在世界上的政治和意识形态控制权，中国关心的是建设一个 21 世纪的经济发动机。国际形势的不稳定是不利于贸易发展的。换句话说，中国正在迅速成为一个维护现状的大国"。③ 中国不是冷战时的苏联，也不是冷战时的中国，中美之间的竞争关系随着时代背景的改变而

---

① 中国社会科学院语言研究所词典编辑室编《新华大字典》，商务印书馆，2004，第627页。
② Stuart Berg Flexner and Leonore Crary Hauck, eds., *The Random House Dictionary of the English Language*, New York: Random House, 1987, p.417.
③ 布雷默（Ian Bremmer）认为，美国需要关注的是中国的国内问题，而不是中国的国际实力。参见〔美〕伊恩·布雷默《看不见的冷战》，载西班牙《国家报》2007 年 4 月 15 日，转引自《参考资料》2007 年 4 月 20 日，此注释转引自新华社编的《参考资料》。

出现了改变。

特征三：中美战略博弈更多是在多边猎鹿博弈的框架下展开。中美之间面对共同威胁的严峻性使得中美互为对手的现实可能性减少。双方的博弈正呈现新的双重博弈的特征。有交叉与重叠，也有相对立的区域。中美战略博弈呈现的特殊性包括：第一是更趋理性，竞争中的理性博弈正在成为共识。第二是中美竞争处于多重博弈之中。中美之间既有多边猎鹿博弈中的合作与协调，也有双边博弈。中美之间的双边博弈正在越来越多地被多边猎鹿博弈所取代。一方面，竞争中有合作；另一方面，中美之间在传统和非传统安全领域均出现了由竞争向合作的新的合作增长点，比如防核扩散问题、地区安全稳定、能源安全合作等。

特征四：中美之间的竞争呈现多元性，总的趋势是由过去单一的军事竞争转向多元化的竞争。"尽管民族国家仍然在互相'竞争'，但那种竞争已经离开军事领域（政府在这个领域占支配性地位），而转向经济领域了。在经济领域，国际组织在协调和谈判方面日益占据支配性地位，例如发达经济体组成的'G8/G7集团'或世界贸易组织。那就是说，传统经济力量和竞争向上转移，或者说从国家转向了系统。"①

总之，在中美竞争中出现了非对抗性竞争和对抗性竞争交织的状况。所谓对抗性竞争，是指可能引发直接军事冲突的竞争，而非对抗性竞争，更多涉及经济、环保等领域，引发直接军事冲突的可能性不大。从中美关系的竞争来看，非对抗性竞争，即在无形领域的竞争越来越多，非对抗性冲突成为新的冲突形式。

（二）从权力竞争模式的视角来看，中美关系已由权力竞争模式向软权力竞争模式转化

软权力竞争更多体现为影响力的竞争，影响力更多体现为吸引力，而不直接等同于强制力和控制力。同时软权力竞争也体现在制度构建领域，即面对如何维护与完善现有制度，或不同制度间如何共存等问题，而这些问题更需要合作与沟通来实现。国际制度是一项软权力资源，而软权力资源要转化为软权力关键在于一个国家在国际制度建设中所能提出的理念、

① 〔美〕托马斯·巴尼特：《五角大楼的新地图：21世纪的战争与和平》，王长斌等译，东方出版社，2007，第54页。

议题、感召力和动员能力。软权力竞争具有较强的互补性与共存性，软权力竞争也为合作找到了新的生长点。

以上变化带来了中美之间竞争观的改变。多元竞争分散了矛盾焦点，竞争中的合作减少了原有竞争的对立成分。中美关系具有竞争性，却向着良性竞争转变。中美之间有对抗，但对抗程度大大降低。这应该成为理解中美战略关系的一个关键性因素。竞争不可避免，但竞争不会轻易失控，亦可称为"竞而不破"（笔者个人感觉"竞而不破"比"斗而不破"更好，也更符合中美关系的发展趋势）。这已经成为中美之间竞争关系的一个新特点。

与此同时，中美关系中军事安全领域的潜在竞争仍存在变数并有可能带来双方关系的恶化。现在美国一些人仍强调中美意识形态对立，视中国为潜在对手，尤其按照实力政治原则，视中国为最具潜力的军事竞争者，强调对中国的防范。对于中国国防自卫能力的每一个变化都会做出应对反应。① 正如米尔斯海默所言，"当一国考察它的环境，以决定哪些国家对自己构成威胁时，它主要关注潜在对手的进攻'能力'，而非意图，因此出于对生存的忧虑，国家必须对对手意图做出最坏估计。然而，实力不仅可以得到测量，而且决定了他国能否成为一个严重的威胁。总之，大国制衡实力，而非意图"。②

在军事上的防范和竞争表明中美关系并没有消除对手或敌手的担忧，还存在成为对手或敌手的可能性。③ 由此产生的另一个问题是，美国一些人仍然相信传统的国家威胁从长远看比非传统安全威胁更能够威胁到美国的世界地位和生存。两国实力差异的缩小，强化了美国的防范意识，认为中国一旦实力增长可能会改变和平政策。"至早到 2015~2020 年，至迟到 2020~2025 年，中国可能开始新的安全战略"，"到那时，中国可能会变得不是更愿意合作，而是更自负，要求更多的利益，甚至企图修改现行的国际游戏规则"。④

---

① 比如，中国研制成功歼 - 10 飞机以及导弹击落服役期已过的卫星，美国都会从军备竞赛的角度加以应对。

② 〔美〕约翰·米尔斯海默：《大国政治的悲剧》，王义桅、唐小松译，上海人民出版社，2003，第 58 页。

③ 美国现在有"中国幻灭论"，认为中国未按美国希望的方向发展。

④ Michael D. Swaine, Ashley J. Tellis, "Interpreting China's Grand Strategy: Past, Present, and Future," *RAND Report*, 2000, http://www.rand.org/publications/MR/MR1121/index.html.

简而言之，一些美国战略决策者仍以中国战略未定论来看待实施和平发展战略的中国，视中国处于"战略十字路口"，这使得中美竞争关系仍存在不确定性。①

二 中美两国关系中相互依存变量的新特征

中美之间具有竞争性，却不再像冷战时期美苏关系那样具有对抗性，而呈现新的非零和特征。原因就在于中美之间的相互依存达到了前所未有的程度。同时，正是因为竞争性质的转变，才使得相互依存关系进一步加深。而 21 世纪以来的中美相互依存也呈现一些新的特征。

笔者对于相互依存的理论假定是，首先，中美间的相互依存是复合相互依存；其次，中美相互依存虽然具有不对称性，但相互影响程度很高，在经济与安全上形成了命运共同体的意识。中美相互依存可以体现为以下几点认识：第一，美国已经意识到无法孤立中国。在国际事务中，美国无法排斥与中国的合作。美国在全球范围内的维持现状的行为离不开中国的协调。第二，中美相互依存是全球相互依存普遍加深的体现。② 在一定程度上，中美关系既是双边关系也是多边关系，出现了双边与多边相交织的情况。第三，国际经济全球化也导致了国际安全全球化甚至国家安全的外化。由于中美经济间的相互依存论证已较为详细，笔者在此更多从中美安全相互依存角度来加以分析。

首先，安全上的互助与互利正在发展，在一定程度上抑制了自助与自行其是的行为。安全困境的基本前提是国际社会的无政府状态，而中美之间以及全球化所带来的世界范围的相互依存正在化解无政府状态，相互依存本身正在有效地制约自行其是的行为。随着新时代的到来，"大国之间敌对的传统模式不可能无限期地继续下去，这不仅是因为先进技术的传播使社会面临更大的危险，而且也因为经济活动的全球化改变了安全问题的

---

① 近一段时间，一些美国官方人士强调中国是其利益攸关者，承认中国正在越来越负责任，但对于中国防范的一手从未因此减少或停止。

② 美国前助理国防部长约瑟夫·奈曾表示，在他 20 世纪 70 年代所撰写的关于相互依存的著作中，未必是从全球的角度来审视相互依存的。全球化实际上带来了世界范围内的相互依存。约瑟夫·奈认为"全球化就是世界范围内的相互依存"，转引自陈舟编《美国的安全战略与东亚》，世界知识出版社，2002，第 1 页。

性质。他们认为，暴力的扩散比传统的大规模侵略构成了更大的威胁，驱使各国不得不为了共同的保护而进行复杂的合作。甚至那些最不情愿的国家也不得不如此。通过军事部署保持力量均势的传统概念将不得不被更为微妙的合作概念所取代"。①

阿瑟·斯坦（Arthurstein）认为，博弈论强调利益的相互依赖，也体现为决策的互动影响，形成了一种限定性合作，即没有合作，自己的利益也无法独自获得。② 这使得中美之间的利益冲突更多表现为协调性或协作性博弈。利益相关者的概念是认识中美关系的另一个新的角度。中美两国在制定政策时都不得不从新的角度来看问题。"9·11"事件后，美国更加重视"大国协调合作"（concert of powers）对付各种新型威胁的重要性，为中美关系的改善提供了安全环境上的"机会之窗"。③ 传统现实主义强调的国际社会"自助体系"之说，已经在一定程度上演变为互助体系。

其次，安全上的复合相互依存促进了中美安全合作。非传统安全问题的性质强化着中美之间的安全合作。在传统安全与非传统安全相交织的领域是中美安全合作的重点。包括经济安全、能源安全、卫生安全、信息安全等在内的非传统安全问题具有跨国性、相互制约性、综合性，一国无法单独应对和解决。"美国与中国的关系将塑造21世纪世界的未来。在经济增长、地区安全、反恐、防扩散、人权、公共卫生以及环境等关键领域，与中国的紧密、坦率和合作的关系将使美国有机会在其全球议题上取得重要进展。毫无疑问，只有在中国的建设性参与下，美国才能最好地驾驭它所面临的核心国际公共政策挑战。"④ 中美在这类领域的合作才刚刚开始，这种合作尤其在亚太地区范围内表现出十分迫切的势头。同时，中美在共同创立新的安全机制和制定安全规则上正在开展程度不断加深、范围广泛的合作，合作的依存度在深化。⑤ 马丁·怀特认为，大国之间关系能否超

---

① 〔美〕约翰·斯坦布鲁纳：《全球安全原则》，贾宗谊译，新华出版社，2001，第1页。
② 〔美〕阿瑟·斯坦：《协调与合作：无政府世界中的制度》，转引自〔美〕大卫·鲍德温主编《新现实主义与新自由主义》，肖欢容译，浙江人民出版社，2001，第34～40页。
③ 陈东晓：《"复杂性"与中美关系结构的新变化》，《美国研究》2006年第2期。
④ Carla A. Hill and Dennis C. Blair, "Engaging the new China," *International Herald Tribune*, April 27, 2007, http://www.iht.com/articles/2007/04/26/opinion/edhill.php.
⑤ 中美安全合作经历了一个逐步发展的过程，当中国在"9·11"事件之后与美国结成反恐统一战线时，美国将信将疑，当中国在朝核问题上坚持半岛无核化原则，并坚决谴责朝鲜核试时，美国方面对中国作为负责任的大国的认知度在上升。

越势力政治，主要是看大国在多大程度上可以具有共同利益。① 中美之间安全利益的扩大正在一定程度上导致中美之间超越传统权力政治的对立与分割形成安全共存与互利的有机关系。

再次，中国主动融入国际安全体制，强化了中美之间在安全制度层面的相互依存。中国加入了包括核不扩散机制在内的一系列国际安全机构，在国际安全问题上的责任意识和责任能力均得到了空前的加强。冷战结束前夕，中美合作的意识和形式日益模糊，仅仅局限在妥善处理大国关系以避免地区形势的不稳定和潜在冲突，尽管中美双方在安全议题上没有重大矛盾，但双方缺乏在一些地区冲突中寻求合作的意愿和迫切性。② 但冷战之后，中美之间在地区以及全球层面合作的意愿及现实可能性都大大增强。国际安全制度层面的合作使得双方的信任度得到加强，合作的效益更大，也为双方可持续合作提供了机制上的保障。

最后，中美之间不仅仅存在安全相互依存，而且处于安全复合体之中。巴瑞·布赞（Barry Buzan）认为，如果以太平洋区域为界，中美之间应同处于一个"安全复合体"之中，在这个复合体中，中美之间形成了安全相互依存。"无论这个所定义的'安全相互依存'是被敌意还是被友善所驱动。这个消极的末端存在着冲突的形式，相互依存从恐惧、竞争以及共享威胁的认知中产生。在其中包含着安全机制，国家仍然将彼此当作潜在的威胁，但是为了减少它们之间的'安全困境'，已做了保障性安排。"③ "安全相互依存"的模式尽管不是永久性的，但肯定是持久而影响纵深的（例如，远远多于一次性互动）。④ 在这个安全复合体之中，中美安全有两个突出特点：其一是两国安全合作的日益机制化，显示了依存程度的加强。这种日益机制化是使得两国关系不可能轻易引向对抗与对立的保障。由突发事件引发中美关系戏剧性变化的可能性大大减少。中美关系经受了中国驻南联盟大使馆被炸事件、中美撞机事件以及中国台湾海峡危机的多次考验。美国在安全上开始意识到中国核心利益之台湾问题的敏感性，尽

① 〔英〕马丁·怀特：《权力政治》，宋爱群译，世界知识出版社，2004，第208页。
② 刘学成、李继东主编《中国和美国——对手还是伙伴》，经济科学出版社，2001，第28页。
③ 〔英〕巴瑞·布赞、〔丹〕奥利·维夫、〔丹〕迪·怀尔德：《新安全论》，朱宁译，浙江人民出版社，2003，第16页。
④ 〔英〕巴瑞·布赞、〔丹〕奥利·维夫、〔丹〕迪·怀尔德：《新安全论》，朱宁译，浙江人民出版社，2003，第21页。

量避免事态的扩大。2007年5月美国和日本公开将"协防台湾"从其联合计划中删除。[①] 2007年12月21日，美国国务卿赖斯在记者执行会上明确表示反对中国台湾所谓的"入联公报"，并称"入联公投"是一项"挑衅性的政策"。[②] 其二是在热点问题上达成了更多安全共识，有些甚至是全球战略共识。比如在台海稳定问题上、在针对台湾"入联公投"的立场上中美双方保持了高度一致。在朝鲜半岛无核化问题上中美双方均达成高度共识，意识到中美双方已经形成不可分割的安全上相互依存关系。中美在安全领域已形成安全合作惯例、危机处理惯例，针对非国家威胁和跨国威胁的合作不断增强。中美决策者都清楚，中美冲突是最危险的一项选择，其危险性使得这一选择缺乏理性选择的可能性。另外还要看到，中美之间在全球范围内的合作广度和深度正在超越一些局部问题所带来的困境。

从目前看，由于中美需要共同面对的威胁不断增大，中美之间的依存度已经达到了历史上从未有过的高度。[③] 历史上，中美冲突不断，自抗美援朝战争之后，虽然中美之间的军事对抗没有完全消除，但中美成功避免彼此直接发生军事冲突的时间长达50多年之久（越南战争中的中美军事力量对抗与朝战有着本质的区别，中美在这场战争中只能算是间接的冲突）。

诚然，安全上相互依存的国家并不必然会进行合作，有广泛共同安全利益的国家也不会自然而然进行合作。国家间进行安全合作必须有合作的意愿、途径及可能性。在安全上相互依存的国家间，既存在一定的共同利益和交叉利益，又有利益的冲突和矛盾，同时也存在着合作中的主导权争夺问题。当双方利益一致时，合作会成为主流，反之，利益冲突的可能性会上升。

总之，中美之间在安全上已经形成事实上的休戚与共的关系。虽然中美两国之间还面临着美国遍布全球的传统联盟导致的结构性障碍，但我们仍然不应错估或低估两国安全相互依存的作用，中美安全相互依存不仅存

---

① 邱江波：《美日同意删除共同战略目标中有关台海问题的内容》，http://www.china.com.cn/military/txt/2007-05/02/content_8203312.htm。

② 严锋：《赖斯重申美国反对"入联公投"》，http://news.xinhuanet.com/newscenter/2007-12/22/content_7293686.htm

③ 从美国国内政治看，中国因素已经不再是政党政治热炒的话题，原因在于中美关系必须稳定的大局难以改变。

在，而且正在进一步深化。中美关系进程表现出强烈的不可逆性，其合作趋势呈缓慢的梯形递进势头，如图1所示。

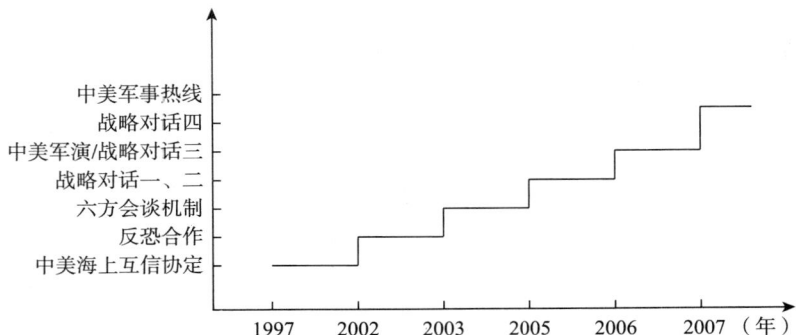

图1　中美安全合作进程

　　双方有识之士均相信安全合作上的倒退将导致安全成本的巨大损失。中美之间曾出现多次有可能爆发更大危机的突发性事件，但没有像冷战时期那样引发更大程度的裂变效应，一方面是由于中国的不懈努力，另一方面也是中美安全依存关系的制约使然。无疑，美国正在防范与遏制中国，①但接触与合作也在增加，而且随着接触与合作面的扩大，冲突有可能被抑制，竞争面有可能被缩小。

三　竞争性相互依存——对立统一
视角下的中美关系

　　中美之间既具有竞争性，又具有相互依存性。竞争不可避免，但又彼此依存，这就造成了中美关系之间竞争性相互依存关系的出现。

　　中美之间的竞争性相互依存是一种新型的对立统一，这种新型对立统一关系的最大特点是中美之间相互依存的程度已经大大提升，相互依存关系对竞争的制约作用也大大提升。中美之间这种对立统一可以用共同目标合作理论来加以解释。共同目标合作理论是国际政治心理学界的热点。心理学家多伊奇等是这一理论的代表，他们认为，只要冲突双方进行共同目标的合作，加强对相互依存关系的认识，就能形成某种无形的"统一整

---

①　比如在亚太范围内举行美、日、澳、印等国参加的外长与国防部长的"2＋2"会议，谋划"亚洲小北约"等，但澳大利亚等国明确表示并不是针对中国。

体"，而在这"统一整体"的范围之内，冲突自然会得到抑制。多伊奇认为，冲突在社会生活中是不可避免的，甚至是必要的。重要的是"不要强行压倒世界上的冲突，而应使之文明化"。① 据此，我们可以将中美之间的对立理解为双方的差异和利益的不同需求，而将依存理解为中美关系处于更大的利益共同体系，双方对立关系的转化则可以视为观点的趋同和利益的共赢。

美国与中国既有共同的利益，又有彼此相竞争的利益。中美之间的竞争有可能增加冲突的危险，也有可能促进合作，而这种竞争中的合作也可以促进相互依存的深化。中美关系中一个突出的变化在于，中美竞争变量的变化无法由完全由竞争本身决定，而取决于与相互依存变量的互动。竞争与相互依存既是中美关系变化的自变量，也互为因变量。

中国虽然被一些美国人士视为潜在的战略对手，但中国无法被视为现实的战略对手。② 这是因为中美关系所具有的复合性。从竞争与相互依存两个变量来看，出现了竞争与相互依存变量互为因变量的情况。相互依存无法消除竞争，反而可能使竞争频度增加。随着中美合作的增多，竞争的领域与范围也增加，这可以从双方首脑和战略对话讨论的议题得到证明。然而，相互依存强化了机制建设，促使竞争的范围和性质发生转变，从而使竞争限制在良性循环的轨道内。相互依存有可能激发竞争但同时也对竞争产生抑制作用，而竞争既可能削弱相互依存也可能进一步强化相互依存。目前来看，相互依存在一定程度上减少或抑制了恶性竞争的势头，而两国间竞争基本没有对相互依存的发展造成重大负面影响。竞争趋向良性，依存在加深。两国关系在向好的方向发展。由于相互依存的加深，两国看待和处理问题的态度和方式有所改变，比如美国国内拿中国问题为政党利益服务的事件减少。而贸易与安全依存度的提高，强化了彼此对对方的关注。

由于竞争性相互依存关系的存在，在一定程度上规避了更大风险的发生，促进了两国关系的机制化安排。我们以安全依存度和竞争度来综合说

① 〔美〕M. 多伊奇：《国际冲突的心理研究》，斯贝拉罗主编《心理学与国际关系》，第 1 页。转引自朱永新、袁振国《政治心理学》，知识出版社，1987，第 298 页。

② 2007 年 3 月 7 日，美国国防部长罗伯特·盖茨在回答记者提出时公开表示，尽管北京增加了军费，但他并不认为中国是美国的战略敌人。参见丰帆、林梦叶等《美国国防部长盖茨：中国不是战略敌人》，《环球时报》2007 年 3 月 11 日。

明竞争性相互依存的变化。如果安全依存度高，竞争度低，则竞争性相互依存度高，若竞争度高，则竞争性相互依存度降低。

表 1　中美竞争度与相互依存度关系表格

竞争性相互依存度	年份	安全依存度（以机制化合作安排为例）	竞争度（以冲突事件为例）
低	1989	低	高（战略敌手）
低	1996	低	高（台海危机、"中国威胁论"）
高	1997	高（中美海上军事互信协定）	低
低	1999	低	高（中国驻南联盟大使馆被炸）
低	2001	低	高（中美撞机事件）
高	2002	高（反恐合作）	低
高	2003	高（反核扩散六边机制启动）	低
高	2005	高（第一、第二次战略对话）	低
高	2006	高（中美军演、第三次战略对话）	低
高	2007	高（中美军演、第四次战略对话）	低

从表 1 中可以看出，竞争度与依存度是相对立而存在的，几乎很少出现竞争度和依存度双高的情况。但自 2002 年出现相互依存度持续走高而竞争度下降从而造成竞争性相互依存度走高的状况。中美安全合作的机制化安排从 1997 年开始，但随后由于中美两次危机事件而中断。2002 年开始，中美安全相互依存关系保持高水准，并且抑制了冲突事件的发生。其中中美撞机事件促进了中美安全合作的机制化安排。① 竞争与相互依存变量中，相互依存变量的作用越来越大。从以上变量关系分析，可以得出以下结论。

第一，未来竞争不可避免，但竞争并不必然带来冲突。从对立统一的角度来看，中美之间的竞争是市场竞争利益分歧的必然，但这一竞争并不必然外溢为安全利益的竞争。如果我们明确了安全利益的相互依存之后，再来分析中美之间的安全关系，就会发现，中美安全上的竞争体现为一种

---

① 布什对华政策由强硬转向务实早在 "9·11" 事件爆发前半年即已开始，双方理性处理撞机事件的过程中已显示出中美关系所具有的韧性和弹性。此后美国官方已经公开放弃将中国继续称为战略竞争对手。鲍威尔多次举例说明，在处理撞机事件的过程中，他看到了中美关系正走向成熟的因子。2001 年撞机事件至今，中美关系保持六年多的稳定而未出现大波折。

责任上的竞争。在一些热点问题和安全问题的解决上，中美之间的分歧是解决问题的方式、思路和策略的不同，而不必然带来利益上的争夺与分割。这类竞争不会引发权力争斗和国家间对抗。中美之间的分歧与冲突将是不可避免的，但不一定会必然引发对抗。中美关系有许多危机边缘性因素，但竞争与相互依存的复合关系使中美关系具有更大的弹性和包容度。

中国台湾问题与朝核问题实际上都是中美齐抓共管的典型案例。而且由于中美之间安全上的相互依存，中美之间由一个热点问题引发为中美直接对抗或战争的可能性已经大大降低。"到 2020 年，中国几乎将成为其所有邻国的主要进口国，或许还将成为对外投资的主要国家，因此几乎不容怀疑，中国将实现自己的目标。可以预见的是，在这一过程中，中美两国之间将出现一段战略抗争期。不过，这种抗争不大可能演变成公开冲突。"[①] 中美之间不是盟友，无法保证中美之间避免战略与安全层面的竞争，但中美之间又正在形成一种大国间的新型合作伙伴关系，在某些重大问题上可以说已经形成了类似于因事联盟或专项联盟的关系，即在某些共同关注的国际安全问题上强化了协调一致、彼此负责，而不是相互拆台相互对立。美国有识之士强调，在重视盟友的同时，不能忽略中国。[②]

中美之间打不起来或打不起决定了中美必须保持理性的、良性的竞争与对话，必须从地区和全球角度更多负起责任保持稳定。中美之间既承受不起战争，也承受不起对抗带来的风险。可以说，中美关系的重点已经不是避免战争，而是避免对立或对抗的问题。中美关系风险的警戒线不是升高而是降低了。中美关系的复合性已经较大地改变了中美关系在对立与合作两个极端摇摆的状况，稳定性大大增强。"中国目前不是敌人，将来也不应该成为敌人。美国的主要任务是防止与中国为敌。""只有双方犯下大错时，中美之间才会变成战略对手。"[③]

当然，美国对中国未来发展不确定性的认知仍然存在，双方均存在不同程度的战略疑虑。虽然美国对华战略不确定性的认知正在随着中美全方

① 〔英〕维克托·托马斯：《2020 年，世界将有中美两个超级大国》，《参考消息》2007 年 1月 23 日。
② 〔美〕戴维·芬克尔斯坦：《二次大战后的一个教训就是别在亚洲打地面战》，转引自陈舟主编《美国的安全战略与东亚》，世界知识出版社，2002，第 172 页。
③ 美国前助理国防部长艾什顿·B. 卡特认为预防性防御意味着美国今天没有任何敌人，转引自陈舟主编《美国的安全战略与东亚》，世界知识出版社，2002，第 50 页。

位合作尤其是军事领域的合作而逐渐减少，但意识形态分歧等因素还远没有消除。也有人认为竞争和冲突只是被抑制。卡内基国际和平研究所所长马修斯直言，"9·11"事件并"没有改变美中之间最基本结构和意识形态冲突源，只是把它们暂时搁置起来罢了"。中美之间围绕中国台湾问题、核不扩散、人权、导弹防御及美军在亚洲的存在等主要分歧和相互猜疑依然存在。"仍可能出现（中国）与美国进行战略竞争的一天。"①

第二，竞争性相互依关系要求中美双方辩证地看待中美关系，更加全面务实地理解对方政策。中美关系之中竞争与依存并存是一个重要特点，突出地体现为不可分割性和全面性，不是有的领域竞争，有的领域依存，而是在多数领域均出现竞争与依存关系，是个矛盾复合体，具有很强的辩证色彩，竞争必须置于依存关系的基础上来理解。竞争性相互依存从传统上是指政治安全竞争，经济上相互依存，而现阶段中美间的竞争与相互依存却适用于所有领域。

竞争与依存之间形成有机联系，无法中断。中美两国在全球范围内合作的深入客观上要求中美两国连在一起。由于全球化的深入发展，这个世界再难出现在世界政治经济上毫不相干的大国共存局面。而且相互依存带来双边关系的互动与相互促进，不再是一方有求于另一方。

辩证看待中美关系有助于理解美国对华政策的变化。美国对华政策一度在接触与遏制间徘徊，从遏制、遏制加接触到接触、接触加遏制、有限接触等。遏制是传统竞争意识的体现，而接触是相互依存现实的必然选择。目前美国关于对华政策接触、借重、威慑还是遏制等手段的讨论仍在继续，"两面下注"和"防范性融合"就是这种讨论的体现，这些词汇本身表明美国事实上承认中美之间存在竞争与依存的复合关系。起码在现阶段美国无法将中国视为敌对的国家，也无法将中国列为孤立或打击的对象。从未来一段时间来看，接触与合作将会明显占据上风，而且如果这种势头得以继续，对抗与对立的可能将会进一步降低。

在竞争与依存这两个变量的共同作用下，政治决策与经济决策既联系又分割。由于经济依存，政治决策的门槛提高，底线不断上移。另外，经济冲突可能十分激烈，却不大可能影响政治决策，所谓政经分离。未来的

---

① （US）Jessica T. Mathews, *September* 11, *One Year Later*: *A World of Change*, *Policy Brief*（这是卡内基国际和平基金会定期出版的政策简报，是赠阅读物，网上也可以查到），Special Edition 18, Carnegie Endowment for International Peace, 2002, pp. 4 – 5。

中美关系将围绕这一竞争性相互依存框架而展开。

竞争依存模式强化了利益共存与利益分享的意识，也改变着对抗的结构，双方都意识到如果竞争失去限度，将会共同受损，因而双方的风险意识都在增强，趋利避害成为理性决策的必然选择。结构性对抗的因素正在逐渐消解于合作竞争结构之中。

结　语

中美竞争的性质已经改变。在相互依存条件下的竞争趋向于可控的良性竞争。在相互依存条件下引发的竞争很难导致尖锐的冲突，因为任何一方都会不堪重负。相互依存促进了竞争性问题的解决。中美之间的竞争变成了相互依存条件下的竞争。竞争不会引起单纯的对抗，有些竞争性问题也有可能促进合作，也要求双方进行合作。"中国威胁论"由来已久，可中美之间的合作却不断加深，就是因为现在中美之间的竞争在很大程度上受到无法割舍的复杂利益的控制与约束。长期以来，由于对中美关系的复合性缺乏正确认识，使得双方对彼此利益的共存互利的一面认识不足。相互依存所带来的利益的相互渗透与延伸在世界范围内得以拓展客观上要求中美双方避免非黑即白的思维模式，充分把握中美复合关系性质的变化。认清这一关系性质的变化，将有利于把握机遇促进中美关系的发展。

中美矛盾将继续，但合作空间可能增大。中美关系已经更趋成熟与理性。相互依存无法消除竞争，但会发挥减压舱的作用，[①] 抵制恶性竞争，使之趋于良性。现实主义设想的世界是无法实现真正长久的合作的，自由主义又坚信合作可以化解权力之争。而从目前的实践来看，合作与竞争在并行发展。现实主义忽视相互依存的重要性和巨大影响力，而相互依存又认为权力政治会自动让位。因此这方面的认识都存在片面性。在看待中美关系时，应避免对立两分法，强调辩证统一与多元共存论。两个国家之间的关系如此错综复杂地交织在一起，这是以前未有过的现象。也许是一种阶段性的现象，但却是可能长期存在的现象，或许也是当今时代国家间关

---

① 虽然有观点认为，中美关系中原有的压舱石和绊脚石出现了变化，中国台湾问题由绊脚石成了中美关系的压舱石，而经济问题有可能由"压舱石"变成"绊脚石"，但没有改变中美关系中竞争性相互依存的复合关系的定位。

系的真实反映。从未来看，相互依存与竞争两个因素很难分割存在，或出现一方占绝对地位的情况。虽然此起彼伏的情况难以避免，但这两个矛盾因素仍将长时期地交织在一起。未来研究需要关注的问题是竞争对相互依存的负面影响以及如何利用相互依存的局面更为有效化解竞争中的冲突与矛盾。

中美在东亚地区的战略分歧与化解[*]

近些年，随着美国采取亚太再平衡战略，强化这一地区的军事和战略部署，调动盟国，激活热点问题，中国不得不采取相应的一些反制措施。同时，随着中国特色大国外交的展开，积极有力的战略构想开始得到落实，美国对华战略的调整也在酝酿讨论之中。这些讨论引发了中美战略界尤其是美国战略界对于中美关系未来走向的种种猜测，而在形势变化的前提下，美国对华战略究竟如何调整也是众说纷纭。当前，虽然中美关系在总体上仍然保持稳定，但毋庸讳言，中美之间的战略猜疑和分歧在扩大和加深。双方的战略分歧在东亚地区表现得尤其明显。那么，中美战略界在新形势下究竟出现了哪些战略分歧？这些战略分歧因何而起？有哪些新的变化？有可能带来什么影响？应该如何化解或管控好这些分歧？这些都是本文试图回答的问题。

一　中美战略分歧

美国对中国战略意图的误读早已有之，近些年有加剧之势。虽然一些论断仍处于兵棋推演的阶段，但其影响不容忽视。由于中美双方自美国"亚太再平衡战略"推出以来出现了相应的战略互动，因而中美战略分歧体现在东亚地区更为集中和明显。归结起来集中于一点，那就是美国认为中国近年来的政策和行为对美国在东亚地区和亚太地区的主导权构成了挑战。具体又可以包括以下四个方面。

第一，在东亚出现了中美两国的影响力之争。美国认为中国在本地区影响力的不断上升对美国构成了影响力优势的挑战。近十年来，中国与周

＊　本文发表于《外交评论》2015 年第 5 期。

边国家尤其是东南亚国家的合作被认为是对美国在这一地区影响力的削弱和抵消，美国的国家形象在东南亚尤其是东南亚伊斯兰国家族群中由于反恐而出现了负面效应，中国利用美国反恐战争无暇东顾的机会，通过一系列的经济和安全合作尝试替代美国在这一地区的影响力。①

第二，美国认为其主导的地区安全秩序面临挑战。从安全层面看，美国认为中国的所作所为正在形成对东亚地区安全秩序的挑战。美国认为中国的新亚洲安全观意在挑战美国主导的东亚传统安全秩序。中国提出的亚洲安全观主张共同、综合、合作、可持续安全的理念，而其中共同安全观认为不应将一些国家的安全建立于另一些国家不安全的基础上。② 亚洲安全观虽然还不是具体的政策，但这一主张被认为是直指冷战以来形成的美国联盟体系的，中国意在未来改变美国的亚太联盟。③ 而美国在亚太地区的联盟一直被视为美国地区主导地位的基石，因此，中国的亚洲安全观就被认为是对美国地区安全秩序的挑战。中国在东亚领海争端中的一系列合理合法的新举措和新主张、新倡议，包括在东海设定防空识别区、强力反击日本钓鱼岛国有化主张、在南海开展 981 钻井平台作业、人工岛礁建设等均被认为对美国所主张的"海上航行自由"，对美国的盟国或潜在盟国构成了直接威胁。而中国在 2014 年提出的亚洲特色治理原则即亚洲人的事最终将由亚洲人自己解决以及 2015 年的命运共同体、"一带一路"等主张也在美国被普遍认为是对美国主导的亚太地区联盟体系、亚太地区安全理念和地区安全秩序的直接挑战，甚至有可能是驱离美国、使其离开亚洲的举动。涉及中美两国战略性分歧的焦点在于：究竟是美国试图遏制、抑制或削弱中国，还是按澳大利亚前总理陆克文（Kevin Rudd）的说法，是中国正试图挑战美国在这一地区的主导地位。"美国否认削弱和制约中国，

---

① Nirav Patel, "Introduction: The Strategic Environment of U. S. -Sino Relations," in Abraham Denmark and Nirav Patel, eds. *China's Arrival: A Strategic Framework for a Global Relationship*, Pennsylvania, NW: Center for a New American Security, 2009, pp. 3 – 18, http://www. cnas. org/files/documents/publications/CNAS% 20China's% 20Arrival_ Final% 20Report. pdf.

② "安全应该是普遍的。不能一个国家安全而其他国家不安全，一部分国家安全而另一部分国家不安全，更不能牺牲别国安全谋求自身所谓绝对安全。"习近平：《积极树立亚洲安全观 共创安全合作新局面》，习近平 2014 年 5 月 21 日在亚洲相互协作与信任措施会议第四次峰会上的讲话。

③ 2014 年 10 月 13 至 15 日，外交学院与美国进步中心（Center for American Progress）在华盛顿威拉德洲际会议中心（Willard Intercontinental）合办的中美中青年学者第二轮战略对话中美国学者的观点。本次会议的主题为"未来中美关系互动中的共识与分歧"。

而认为是中国正试图将美国推出亚洲。"①

第三，美国认为规则权之争已经显现。从经济层面看，中国正在形成对美国发挥核心影响的经济秩序和经济规则方面的挑战。虽然中美之间有着十分密切而深入的相互依存关系，中美之间又是最大的债权国与债务国的关系，中国还是美国的第二大贸易伙伴国，但美国认为中国通过不断融入现有国际体系，从中获益很大，却承担责任很少。而且美国把中国在地区层面开展的一系列经济合作视为对美国的威胁，将中国倡导的中国与东盟自贸区建设、中韩自贸区建设以及中日韩自贸区建设以及两岸不断发展的经贸合作等视为是对美国主导的现有国际体系和国际秩序的挑战，具体体现为对这一地区规则制定权以及美国在亚太地区的经济新规划 TPP 的直接挑战。奥巴马更是直言，美国不会允许他国主导规则制定权。② 美国还曾坚决反对中国倡导的亚洲基础设施投资银行（Asia Infrastructure Investment Bank，AIIB）等计划——对中国提出的亚投行在相关规划细则还没有出台的情况下即表示反对，甚至反对美国的盟国参加，认为这可能是"分庭抗礼""另起炉灶"之举。再有美国基于安全和政治竞争的考虑，在经济层面对中国的竞争防范意识始终没有排除，包括对华高技术出口限制和中国对美投资限制等。值得关注的是，AIIB 相关组织建设是开放的，不排他的，而美国提出的作为"亚太再平衡战略"的经济措施 TPP 却由于其高门槛的设计，其实是将中国挡在门外。有意思的是美国将越南列为邀请参加国，其拉帮排华的意图是明显的。

第四，美国担心热点问题控制权旁落。从东亚热点问题来看，中国在热点问题上的相关举措被认为可能影响到美国对于热点问题的控制权。美国一直将东亚的热点问题或危机视为中美战略博弈的前沿。虽然从美国的安全利益而言，从北到南的朝核问题、中日东海问题和钓鱼岛争端、台湾问题还有南海问题均不属于美国的核心利益，但美国均将其视为美国的重大利益，甚至夸大这些热点对于美国的战略意义。美国将中国对于热点问题的参与和解决举措视为有可能影响甚至取代美国对热点问题的控制权。从笔者对美国在东亚热点问题深度介入的分析来看，美国对于东亚热点问

① Kevin Rudd，"U. S. -China 21：The Future of U. S. -China Relations Under Xi Jinping - Toward A New Framework of Constructive Realism for a Common Purpose，"http：//belfercenter. ksg. harvard. edu/files/Summary% 20Report% 20US - China% 2021. pdf.

② President Obama，"State of Union，"January 20，2015，http：//www. whitehouse. gov/sotu.

题的控制体现在两个方面：其一是进程由美国最终主导。无论是解决热点还是维持热点，无论是缓和紧张还是升级紧张都由美国决定。其二是程度可控。热点升温、危机加剧但不至于引发失控。也就是美国拥有危机爆发和升级的程度控制权。这样才可以使危机为美国所用，而又不至于使美国承担不必要的风险。中国对于涉及自身核心利益和重大热点问题的积极作为，在美国看来显然有可能影响到他们对危机进程和程度的控制权。

对于朝核问题，美国主张在核扩散问题上与中国合作，但却在自身基本不作为的情况下，不断要求中国采取更为强硬的政策。希望中国在对朝制裁问题上与美国更多保持一致。① 美国一方面希望中国承担更大责任；另一方面又在限制中国发挥美国所担心的主导作用。美国在朝核问题上掌控着最为核心的因素，比如美朝关系正常化协定以及将停战协定转为和平协定等。同时，美国不仅不放弃在半岛的军事存在，而且试图在半岛部署萨德反导系统，而且仍在继续包括登陆演习在内的一系列军事演习。

美国虽然公开表示在中日钓鱼岛争端中不持立场，但美国在争端过程中强化美日联盟的做法客观上助长了日本在这一岛屿争端中的强硬做法。

在南海问题上，美国认为中国的表态不够明确清晰、不够连贯一致。比如南海九断线的划界以及九断线内是否均为中国核心利益等；中国在南海建岛的目的不明②，认为中国在南海建岛虽然起步晚，但比其他相关申索国更多更大。中国的这些举动破坏或有可能破坏美国在南海的航行自由。③

在美国来看，南海问题甚至并不单是航行自由那么简单。在美国的"亚太再平衡战略"中，南海应该是显示美国主导力和平衡能力的关键。笔者认为南海被美国视为中美战略较量的重点和中美海权之争的关键。美国的主导权是基于对于战略交通要道的控制权而建立起来的。美国担心建岛行为可能形成的军事能力将破坏美国对马六甲海峡的控制权。海权不仅仅是海上力量的优势，还包括战略性通道的把控。事实是，中国的行为被美国认为可能增强战略投送能力，会打破美国控制马六甲海峡的主导能力，而这是美国遏制中国发展海上力量和形成对中国关键性战略运输能力

① 美国新安全中心研究人员 Abraham Denmark 2015 年 5 月 1 日与笔者座谈时表示的观点。
② 中国官方已经表态中国在南海建岛是用于各国民事的自然灾害救助和原料补给。
③ 笔者 2015 年 5 月 1 日在美国白宫对美国前国家安全委员会亚洲事务高级主任麦艾文（Evan Medeiros）的访谈。

进行有效控制的能力，是美国制衡中国的重要战略基础。正因为此，美国才将中国正常的建岛行为视为对美国在南海主导权的挑战。

总之，对于东亚地区的海洋争端、热点升温等地区安全的新变化，中美双方都有着认识上的不同。美国对中国正在形成一些新的战略认知，这些认知虽然仍处于争论期，但有可能影响美国未来的对华战略制定。美国对中国的战略意图提出了更多质疑，对自身主导权可能受到的影响十分关切，认为中国正在试图挑战美国主导的国际体系。中国对自身主权的合理合情合法的捍卫措施也被认为是对美国自身安全与盟友安全利益的威胁。

从中国作为挑战者的身份而言，美国一些学者认为中国虽然还不是美国的全球挑战者，但已经成为地区挑战者。正如美国学者柯庆生（Thomas J. Christensen）所言，中国的挑战说明了中国还没有强大到足以被认为是美国的一个全球性的"对等竞争者"，但它已经强大到足以破坏东亚地区和全球范围内的经济和政治事务。①

基于以上分析，美国将东亚热点问题引发的问题视为中美在这一区域就地区安全秩序、规则和地缘战略布局的较量。中国的亚洲安全观和积极有所作为的新战略被认为是指向美国在亚洲地区的霸权。中国正处于挑战美国主导权的进程中，中国的能力和意愿都和以前有了很大不同，因而，对于美国而言，有效把握这些热点问题是掌控地区主导权的关键。

显然，中美战略层面的分歧更多体现为美国对中国战略意图的怀疑和误读。美国对中国的战略猜疑有可能导致中美战略界的相互对立心态的上升，这种心态会对中美已有的战略合作包括朝核问题、反恐问题等带来负面影响。

二 中美战略分歧加大的原因

第一，分析中美战略分歧的原因，不能忽略两国所处的时代。中美战略分歧出现于深刻复杂的时代背景之中。国际形势处于冷战后的转型期，而中美两国也在进行着重大的战略调整。从战略转型期的时代背景而言，转型期内大国关系趋势性紧张的现象是一种自然反应。正如江泽民主席指

---

① Thomas J. Christensen, "The China Challenge: Shaping the Choices of a Rising Power," http://www.brookings.edu/~/media/events/2015/06/25 – china-challenge/20150625 _ china _ christensen_ transcript. pdf.

出，"这几次世界格局的形成和演变有一个鲜明的特点，就是国际局势和大国关系都处于相当紧张和尖锐对峙的态势"。① 在转型期内，往往有可能严重低估或过分夸大正在发生的深刻变革的重要性。在过去 1500 年的 15 个个案中，有 11 次以战争告终。② 应该看到，中美之间的战略分歧首先是基于转型期历史观而派生出来的。

第二，中美战略分歧是基于美国的霸权逻辑而产生的。美国霸权战略的逻辑在于防止任何一个地区的潜在大国成为美国的挑战者。冷战史表明，"自 1945 年以来，我们一直力求防止苏联利用它的地缘战略优势去支配其西欧、亚洲和中东邻国，从而根本改变全球力量对比，使之对我们不利"。③ 从霸权战略的演变趋势来看，一般而言，当霸权国家实力开始下降或相对下降，对世界领导地位丧失的担心就会上升，对地区领导权面临的挑战就会更加敏感。而在地区层面最具有实力挑战美国地位的国家往往成为美国的重点防范对象。20 世纪 80 年代，日本受到美国的打压，近些年，随着中国实力的快速提升，美国将战略重点转向了对中国的压制。

2012 年以来，美国已经在其全球战略中确定了亚太重心的战略。这表明美国传统的两洋战略即太平洋战略和大西洋战略开始向着太平洋战略倾斜。应该说这是一个重大的战略转向。在此之前，美国的全球战略一直坚持先欧后亚的总方针。即使在珍珠港事件之后，美日在太平洋进入交战状态，美国仍未将亚太地区列为首选。冷战期间虽在亚太地区进行了几次局部战争，但目标仍指向苏联。乌克兰事件出现之后，美国并没有改变其亚太重心的战略选择。2013 年 11 月美国国家安全事务助理苏珊·赖斯表示，不管世界其他地区发生多么麻烦的事情，都不会影响美国把自己的注意力转移到亚洲来。④

第三，美国"亚太再平衡战略"的实施导致了中美战略分歧的加大。在美国确立亚太重心地位之后，如何实施其"亚太再平衡战略"就是重中

---

① 江泽民：《当前的国际形势和我们的外交工作》（1998 年 8 月 28 日）》，《江泽民文选》第二卷，人民出版社，2006，第 197 页。

② 郑永年：《中美如何共建秩序》，2015 年 6 月 27 日，http://blog.ifeng.com/article/36339366.html。

③ 〔美〕威廉森·默里、〔英〕麦格雷戈·诺克斯、〔美〕阿尔文·伯恩斯坦编《缔造战略：统治者、国家与战争》，时殷弘等译，世界知识出版社，2004，第 629 页。

④ Susan E. Rice, "America's Future in Asia," http://www.georgetown.edu/news/susan-rice-event.html.

之重。亚太再平衡战略有三大支柱：联盟战略、均势战略和经济战略。在三大战略中，均势战略是其核心理念，而均势战略是以地区内国家的相互冲突、从而导致地区内国家的相互制衡为前提的。美国正是以地区威胁和地区危机升级为借口、以均势战略原则为核心来激活联盟，介入半岛、东海和南海事务，构建美国主导的多边经济合作框架的。显然，美国在亚太地区一贯采取的地区均势战略是导致地区局势紧张的根本原因，而美国谋求利用这些均势战略引发的危机则是中美战略分歧加深的根源。同时，美国作为均势战略的最大受益者，以离岸平衡者身份扮演不恰当的角色，发挥了不恰当的作用。在一系列领土领海争端中，美国标榜是中立者，而实则想充当仲裁者，采取了有意识地"选边站队"的做法。一些时候，美国的所作所为不仅无助于危机解决，而且导致危机解决更趋复杂化。显然，美国在亚太地区一贯采取的地区均势战略是导致地区局势紧张的根本原因，也必然成为中美战略分歧加深的根源。

第四，中美战略分歧加深还涉及中国因素和中美互动。其中的一个深层次原因在于，中国作为美国重要的战略对手自身实力不断发展变化的影响。

2005年，时任美国副国务卿罗伯特·佐利克提出负责任的利益攸关方时，中国经济总量只有现有的1/5。[1] 中国人大外委会主任傅莹指出：美国对中国深层的失望有三点：一是美方所期待的，中国实现现代化必然带来政治制度变革的情况没有发生，中国版的戈尔巴乔夫没有出现，相反，中国取得的成功和增强的自信使中国道路更加不可逆转；二是融入国际体系之后，中国并没有成为屈服于美国意志和利益需求的辅从，而是以更加主动的姿态参与设计和塑造国际和地区事务的方向；三是中国经济进入改革的深水区，美国一些大企业长期在中国获得高额利润的好景不再，他们有些不适应甚至抱怨。[2]

再从中美关系互动的角度来看，中美战略分歧加深的另一个原因是双方存在已久的战略猜测也在一定程度上加大了中美之间的战略分歧。近期，无论是美国国内还是中国国内，都出现了一些贬低中美关系或要求对对方更加强硬的声音，批评对方因果倒置、先入为主，均强调对方是造成

---

① Robert A. Manning, "America's 'China Consensus' Implodes," http://nationalinterest. org/feature/americas-china-consensus-implodes-12938.

② 傅莹在中国社会科学院《美国研究报告》发布会上致辞，2015年6月6日。

中美战略分歧加大的根本原因。

在中国方面来看，中国认为美国对华战略与冷战时期的对苏战略类似性在加大，而一些学者则将中国的发展类同于二战前的德国。[①] 两国学者关于"修昔底德陷阱"的学术争论也表明两国对于中美结构性冲突的未来走向仍存在不同主张。[②] 美国一些人士不相信中国发展新型大国伙伴关系是为了共赢，美国对于中国提出的发展中美新型大国关系存有异议，无论是新型大国关系构建的理念、进程和方式都缺少共鸣和认同，美国更愿意将这种新型大国关系理解为信任措施的建立和具体务实的协议。[③] 美国前

① 吉迪恩·拉赫曼：《深刻反思一战教训》，2014 年 1 月 13 日，http：∥www. ftchinese. com/story/001054360？ full = y，其中写道："但如同 1914 年前不断崛起的德国与周边邻国发生对抗一样，如今正在崛起的中国也与多个邻国——特别是日本——发生了争端。"2015 年初《国际先驱导报》对基辛格的专访，http：∥news. xinhuanet. com/herald/2015 - 02/02/c_133964502. htm，其中写道："中美两国如何避免战略误判和战略冲突，构建'新型大国关系'，基辛格特别关注。有人别有用心地把 21 世纪初的中国比作 20 世纪初的德国，怀疑美国与中国难以避免历史悲剧重演。基辛格认为，避免这种历史惯性，必须排除一系列巨大障碍。而构建'新型大国关系'是唯一出路。基辛格提醒，纯军事方式的东亚平衡很可能导致比一战前更为强硬的盟国集团对抗。军事因素不应被当作唯一的、甚至是主要的平衡定义者。"2014 年 7 月 26 日香港《南华早报》刊登美国天普大学日本校区当代亚洲研究所所长罗贝尔·迪雅里克的文章《中国不是 21 世纪的德意志帝国》，http：∥news. xinhuanet. com/world/2014 - 07/28/c_126804273. htm。2014 年 2 月 20 日《外交学人》网站刊登罗伯特·杜加里克的文章《中国不是 1914 年的德国》，http：∥www. chinanews. com/gj/2014/02 - 22/5870124. shtml。2014 年 1 月 17 日前副国务卿库尔特·坎贝尔在《纽约时报》上发文 "Anxiety Rising Over Relations Between Japan and China，" 也涉及类似观点，http：∥ www. cnas. org/content/anxiety-rising-over-relations-between-japan-and-china #. Vapf-PVOfe30。2013 年 11 月 7 日，美国历史学家玛格丽特·麦克米兰在布鲁金斯学会召开其新书《结束和平的大战：通往 1914 之路》（The War that Ended Peace：The Road to 1914）发布会，主题就是 "Lessons from World War Ⅰ：Is Today's China the Germany of 1914？" http：∥www. brookings. edu/blogs/brookings-now/posts/2013/11/lessons-world-war-one-china-germany-global-flashpoint。
② 金灿荣关于中美"修昔底德陷阱"的论述，可见 http：∥theory. rmlt. com. cn/2015/0227/373975. shtml，以及 http：∥finance. ifeng. com/a/20141119/13289365_0. shtml，陈永的文章《中美关系真的存在"修昔底德陷阱"吗？》，http：∥world. huanqiu. com/hot/2015 - 07/7113918. html，陈玉聃的文章见 http：∥www. thepaper. cn/newsDetail_forward_1357807_1。张锋关于"修昔底德陷阱"的文章见 http：∥www. thepaper. cn/newsDetail_forward_1355634_1。毛维准的文章见 http：∥www. thepaper. cn/newsDetail_forward_1358403。戴尔·科普兰关于历史上七次权力转移的论述，见其著作《大战的起源》，黄福武译，北京大学出版社，2008。
③ 2014 年 10 月 13 至 15 日，外交学院与美国进步中心（Center for American Progress）在华盛顿威拉德洲际会议中心（Willard Intercontinental）合办的中美中青年学者第二轮战略对话中美国学者的观点。本次会议的主题为"未来中美关系互动中的共识与分歧"。

国家安全委员会亚洲事务高级主任麦艾文（Evan Medeiros）认为，在中国提出的新型大国伙伴关系构建的过程中，中国更多把注意力放在了自己的核心利益上，而不是中美两国的共同利益上。这导致中美关系出现了一定程度的问题。[①]

在一些具体且敏感的热点问题上，中美之间更是针尖对麦芒。美国认为南海不是中国核心利益，中国正在不断将争议地区核心利益化，而实际上中国认为自身在南海合理、合法的填海造岛行为根本不应引发美国如此强硬的反应。同时，中国也认为美国强化亚太联盟的做法有损中国的利益，而且美国干预地区纠纷的行为是傲慢的干涉。[②] 按照陆克文的分析，中国不断得出美国试图从内部削弱中国，同时从外部遏制中国的结论。中国认为美国的亚洲"轴心"或"再平衡"的战略决定就是确凿证据。"华盛顿在事实上支持日本在东海的领土主张，并且在南海的领土主权纷争中放弃中立，支持菲律宾、越南和其他东南亚国家而无视中国的利益，这些都是遏制政策的进一步证明。还有就是美国排除中国加入 TPP，以及美国劝阻盟友加入亚投行，这些都是为了剥夺中国在安全、经济和贸易外交等政策领域的国际空间。"[③]

随着中国实力的提升，国际影响力的扩大，中美之间原有的美国具有优势的中美不对称相互依存也在发生改变。中国对美的投资总量已经超过了美国对华投资总量，无论是双边还是地区或全球层面，美国对中国的借助，其增长幅度会超过中国对美国的依赖。

这些因素反映在双边关系上，就是美国明显感觉到中国的底气更足，对美政策出现了更加强力的变化。美国对中国战略疑虑的上升和加剧可能是当前中美关系面临的最大挑战。现在美国对中国出现了能力、意图及发展方向的三重战略疑虑。尽管中国一直强调中国是现有国际秩序的维护者和完善者，无意于推翻现有体系。中国官方在多种场合均表示，中国无意

---

① "Evan Medeiros: China's Attempt to Isolate Japan Worsen Bilateral Relations," http://ajw.asahi.com/article/views/opinion/AJ201404060018.

② Rebecca Liao, "Sorry, Obama: America Can't Contain China," http://nationalinterest.org/feature/sorry-obama-america-cant-contain-china-13097.

③ Kevin Rudd, "U.S.-China 21: The Future of U.S.-China Relations Under Xi Jinping-Toward A New Framework of Constructive Realism for a Common Purpose," http://belfercenter.ksg.harvard.edu/files/Summary%20Report%20US-China%2021.pdf.

于挑战美国的主导者地位，[①] 仍然尊重美国全球主导者的作用，但美国基于霸权护持和现实主义权力政治的逻辑，对中国在国际秩序建设中发挥的建设性作用表现出越来越多的担心和怀疑。中国捍卫自身权益的行为被美国视为对其区域或全球主导权的挑战。中国试图修正不合理的国际秩序和规则的行为也被视为对美国主导的现有国际秩序的改变。

中美两国对于中美战略性分歧的性质也存在观点上的不同，中国反对将中美之间的分歧与摩擦上升为主导权之争，但美国则不断强调主导权的较量，并为此制定相应的政策。事实上，中美战略分歧反映在中美关系方面体现了战略选择的不同，以及更深层面的冲突战略观与合作战略观的分野。

三 中美战略分歧的可能趋势

综上所述，中美战略分歧较之 2001 年以来的过去 10 年有所加深加大，尤其是近一两年内这种分歧加大的势头表现得更加明显。但这种战略分歧会引发什么样的结果？会否导致美国对华战略出现颠覆性的改变，的确值得关注。美对华战略真的到了一个新转折点了吗？或如美国学者兰普顿所担心的中美关系到了一个新的"临界点"吗？[②] 中美之间的冲突是无法替代或不可避免了吗？在中美之间的竞争中，中国真的正在挑战美国的主导地位吗？这些问题可以从中美关系的性质、美国东亚战略的实质以及中美冲突的走向来分析。

第一，中美关系性质与冷战时期已有根本不同。无论中美之间出现了什么冲突和分歧，中美多数人士还是看到了中美关系与冷战时期美苏关系的不同。冷战时期美国由乔治·凯南倡议的遏制战略所以有效，是因为苏联经济实力薄弱，与美国几乎没有商业联系。但今天的中国是一个经济大

---

① 中国副总理汪洋 2014 年 12 月 17 日在美国芝加哥中美商业关系论坛上的演说中表示："中国既没有想法，也没有能力，挑战美国的领袖地位。" http://news. ifeng. com/a/20141218/42748503_0. shtml.

② 兰普顿 2015 年 5 月 6 日在美国卡特中心举办的世界中国学论坛上的发言：《中美关系已经到了临界点》，http://www. uscnpm. com/model_ item. html? action = view&table = article&id = 4161#0-renren－1－48437－98fde57bb3d39343db0f272b38411f3e，http://www. chinaelections. com/article/1966/237798. html。

国，其军费预算的两位数增长是建立在雄厚和多元的工业基础之上的。[①]
"中国和美国对彼此的经济依赖度很高，并且有很多共同的安全利益，以
至于无法展开纯粹的竞争。"[②] "自 2009 年以来，中国企业对美直接投资增
加 5 倍，为美国创造了超过 8 万个工作岗位。如果投资障碍更小，还可以
大有所为。双方利益的融合超过了很多人的想象，双边关系发展至今，双
方都无法承担非合作与对抗的关系。"[③]在这一前提下，中美之间新冷战将
会带来巨大的代价。如果发生新冷战，那就是相互依存条件下的新冷战，
结果只能是两败俱伤。"如果中美之间出现新冷战，将导致中国把远超苏
联的经济实力带入争斗"，[④] 而这一切对于美国而言也是灾难。

第二，防止中美之间危机失控，仍是美国的战略底线。中美之间的分
歧更多体现为热点问题处理方式而并不是所谓主导权的问题。

中美之间在亚洲安全合作问题上存在三个矛盾：（1）美国希望主导
东亚热点问题进程而中国不愿被动接受的矛盾；（2）美国无意根本解决
东亚地区矛盾而中国希望彻底解决的矛盾；（3）美国坚持的以联盟为基
础的局部安全机制与中国所倡导的整体多边安全机制的矛盾。与此同时，
美国在这些热点问题中对中国仍有三大施压优势：其一是合作性施压，
利用不对称相互依存的优势地位，利用中国对美合作需求大于美国对中
国合作需求的需求差异向中国施压；其二是竞争性施压，通过比较优势
和先发优势尤其是军事优势与中国展开竞争；其三是热点组合式施压。
有可能通过南海问题与台湾问题、东海问题等形成联动，向中国施压。当
然，美国对中国的遏制围堵也不是用一个节奏力度而是时紧时松，以防中
国过度反应。

从中美三大矛盾来看，中国主张更加合理主动地解决地区热点问题，
而美国仍在掌控热点问题的解决。从美国对华三大施压手段来看，美国仍
处于明显的战略优势地位。对于美国而言，虽然美国采取了一系列施压中

---

① 安德鲁·布朗：《美对华"建设性接触"共识瓦解》，《华尔街日报》2015 年 6 月 16 日，
转引自《观察者网》，http://www. guancha. cn/AndrewBrowne/2015_06_16_323486. shtml。

② Rebecca Liao, "Sorry, Obama: America Can't Contain China," *The National Interest*, June
12, 2015, http://nationalinterest. org/feature/sorry-obama-america-cant-contain-china-13097.

③ Wang Yang, "U. S. -China Dialogue Pays Dividends," *The Wall Street Journal*, June 21, 2015,
http://www. wsj. com/articles/u-s-china-dialogue-pays-dividends-1434922739.

④ Bill Powell, "A New Cold War, Yes. But It's With China, Not Russia," *Newsweek*, May 20,
2015, http://www. newsweek. com/2015/05/29/us-china-cold-war-333948. html.

国的做法,但预防中美之间出现危机失控仍是美国不得不重点考虑的战略底线。"前景理论认为,与获得收益相比,人们更愿意为防止损失付出更大的代价,冒更大的风险。"[1] 在美国亚太再平衡战略的实施部署中,美国采取了包括抵近侦察和联合军演等具有挑衅性的行为,但总体上还没有改变战略试探的性质。美国"亚太再平衡战略"的深意在于,在美国实力和影响力相对下降的前提下,美国希望通过不断向中国施压以诱引中国与周边国家"以邻为壑"的状态长期化、复杂化,从而继续巩固和提升美国的离岸平衡者的身份和地区主导者地位。

第三,中国是维护和稳定中美关系的重要力量。从中美关系发展史来看,中美出现危机时,中国维护中美关系稳定的意愿和诚意大于美国。即使是美国对中国造成了不对称伤害,比如美国误炸中国驻南斯拉夫使馆、对台军售等,中国都尽力从大局出发,在捍卫核心原则的基础上,维护中美关系总体稳定。这甚至造成美国认为中国有求于美国大于美国有求于中国、中国更担心中美关系破裂的印象。诚然,美国在中美关系发展中也在逐步改变其不适应两国关系的一些做法,比如减少或控制对台军售、在涉及中国内政的问题上比如达赖访美等问题上美国政府层面相对低调行事等,但与中国相比,美国对中美关系的积极主动性仍有欠缺。再有中国从未碰触美国核心利益。作为一个负责任的大国,中国正在增强其国际影响力,尤其是在亚洲、非洲和拉美地区,但并未抵消更无意取代美国的影响力。中国谋求的是合作影响力,也即通过合作来增强影响力,而非通过强制、冲突等方式来扩大影响力。

第四,中美需要防止和应对网络、金融等非战争形式冲突。对此,美国布鲁金斯学会学者李成认为,虽然中美在南海问题上认知分歧很大,但更令人忧心的问题是网络安全。[2] 他还建议中国主动及时地建立一套针对网络安全的国际标准、技术流程和风险控制机制。[3] 但笔者也相信,中美

---

[1]〔美〕罗伯特·克拉克《情报分析:以目标为中心的方法》,马忠元译,金城出版社,2013,第379页。

[2] 张蔚然专访美知名学者:《中美关系不会走向"不可收拾"冲突》,http://news.sina.com.cn/o/2015-06-21/044231973188.shtml。

[3] 李成的表述为"As responsible stakeholders, the United States and China should take the initiative to establish international norms, technical procedures, and risk-management mechanisms in cyberspace before it is too late,"原文链接为:http://www.brookings.edu/zh-cn/blogs/upfront/posts/2015/06/17-us-china-strategic-economic-dialogue。

之间在网络安全领域仍有巨大的合作空间，比如双方就共同应对网络恐怖主义不对称信息战争完全可以达到新的合作共识。

第五，中美之间走向直接军事冲突的可能性很低。这一点对于看待中美关系的走向以及危机走向具有参考意义。大国危机存在无形控制因素。两败俱伤成为国家关系破裂的最后制约因素，尤其是核大国之间。古巴导弹危机是美苏之间的直接冲突，尚能够收手。中美之间的军事和安全冲突多集中于第三方因素，虽然一些问题与中国的核心利益相关，但均不是美国核心利益。这也是我们判断中美危机总体可控的原因之一。美国学者就中美之间在亚洲的三种未来趋势"合作扩大、竞争加剧、武装冲突"所做的选项分析，选择竞争加剧的占79%，而选择武装冲突的只占9%，[1] 也可以说明这个问题。

冷战后，美国在局部战争中所以获胜，是因为作战的小国未得到其他大国的支持，但冷战期间美国几乎未在任何局部战争中获胜，是因为有其他大国直接或间接参与。[2] 因此，亚洲若出现新的局部战争，很可能涉及相关大国的深度介入，美国无法确认会在局部战争中无条件获胜。在亚洲，美国无论是应对危机还是介入地区事务都无法像在其他地区那样采取单边主义政策。在美国面临的全球性危机不断增加的情况下，"把目前世界上最为稳定、有序、经济上富有活力的区域，变为另一个充满是非的冲突之地，并不符合美国的利益"。[3]

归纳起来，美国现在面临三大战略性问题：其一是中国崛起；其二是美俄对立；其三是大量的非传统安全问题。当前美国综合实力在下降，美国力量被中、俄以及其他地区的问题所牵制。美国面临的问题是力量相对下降、外部威胁上升的矛盾。无形对手增多，非传统安全威胁仍然存在，美国如何防范地理范围广泛的应对不暇的多元威胁，解决其分散化与集中

---

① Dr. Patrick Cronin，"Forecasting the Future of US-China Competition," *The Diplomat*，July 15 2015，http://thediplomat. com/2015/07/forecasting-the-future-of-us-china-competition/.

② Jeffrey A. Bader，"Changing China Policy：Are We in Search of Enemies?" *Bookings China Strategy Paper*，No. 1，June 22，2015，http://www. brookings. edu/blogs/up-front/posts/2015/06/22-changing-china-policy-bader.

③ Jeffrey A. Bader，"Changing China Policy：Are We in Search of Enemies?" *Bookings China Strategy Paper*，No. 1，June 22，2015，http://www. brookings. edu/blogs/up-front/posts/2015/06/22-changing-china-policy-bader.

化的矛盾，是其霸权难题。

虽然应对中国崛起是美国全球战略的重点，但如何平衡美国对外战略中的三大战略性问题同样是美国战略规划中的重大关切。从美国对华战略而言，美国面临的战略悖论在于：美国希望中国稳定，一个不稳定的中国对于美国更难预料，"一个不确定的中国比一个强大的中国给美国及盟国构成的威胁更大……一个不稳定的中国也可能改变其当前的防务政策、追求更危险和富有侵略性的战略，从而加剧难以预测和冲突的前景"。① 但一个稳定的中国继续以不同的发展模式壮大恐怕也会令其担心，于是美国仍然不得不通过更有效的平衡方式来影响中国。因此，美国一些学者认为，中国不是敌人，"遏制"也不合适；但需要采取谨慎态度，设法"限制中国的能力，使其不过度滥用日益增长的力量"。要实施奥巴马提出的"支点"转移，但还要采取更多行动，包括取消国防预算限制，保持核均势，加快导弹防御，扩大与区域伙伴的合作，坚持通航自由。此外，还要收紧对于向中国买家转让技术的限制，甚至对中国商品实施"全面关税"作为对网络盗窃的回应。②

因此，虽然中美之间战略分歧在加大，但战争不可为、冲突仍有限度，中美合作面在扩大、合作积累效应巨大也是中美间的共识。因此，中美之间的战略稳定并没有因为两国之间出现分歧而改变。这是一个总体判断。当然，战略风险上升也是当前中美关系的一个特点。两国间的所谓战略互疑在上升，但还没有导致两国出现战略误判的程度。不过，随着一些局部热点的可能升级，战略误判的可能性也可能增加。

放眼未来，缺少共同威胁或共同威胁还不足以促进两国战略合作的中美关系仍然存在潜在的战略风险。随着中美战略分歧的加大，中美之间的竞争互动也存在着较大的不确定性。中美之间的战争应该可以避免，但战略性冲突如何得到有效管控对于中美关系而言仍是一个巨大的挑战。

---

① 〔美〕克里斯托弗·莱恩：《和平的幻想：1940 年以来的美国大战略》，孙建中译，上海人民出版社，2009，第 102 页。

② Richard Betts, "The Lost Logic of Deterrence: What the Strategy That Won the Cold War Can-and Can't-Do Now," *Council on Foreign Relations*, March/April, 2013, http://www.cfr.org/world/lost-logic-deterrence/p30092.

四 中美战略分歧的化解思路

应该看到，在东亚地区事务中仍然存在着化解中美战略分歧的机会之窗。

首先，虽然中美战略界对中美关系的未来表示担心和猜疑，但这些分歧并没有上升到战略制定层面，美方在东亚的一些政策调整包括对南海的政策调整，仍是亚太再平衡战略的延续，而非战略上的根本转变。中美战略分歧造成的影响仍存在多种可能性。中美关系处于可变期，是否出现新的战略转向仍需要时间周期来观察。中美双方能否在这一周期强化良性互动至为关键。

其次，中国的和平发展战略没有改变，中国的防御战略既立足于捍卫主权，也努力维护地区安全利益。中国倡导新的亚洲安全观意在从长远根本上解决这一地区的历史难题和危机隐患，而美国主导的传统联盟体系是历史的产物，有其历史局限性，是不完善、不充分的，很难根本解决本地区的安全问题。因此，中国主张建立包括美国发挥积极性引导作用的多边安全机制。即或如此，中国意识到，美国的联盟体系是东亚地区的特殊历史形成的，这一不合理的安全体系的变革是一个渐进的过程，在这一进程中，中国愿意以客观、建设性的心态与美国等国就未来的安全机制建设展开战略性协作。

另外，从中美关系的复杂性和发展现状来分析，我们也应看到中美之间存在着结构性的矛盾，而结构性的冲突是最难以化解的冲突。中美面临如何化解结构性冲突的历史性的严峻课题，也是中美关系的战略性难题，很难毕其功于一役，绝非短期内能够解决。从战略思维转变、强化危机管控机制、优化沟通交流渠道、提升合作水平等方面从长计议、持之以恒才能收到成效。当务之急仍是避免战略分歧加大从而引发战略误判，导致中美关系出现冲突性恶化的局面。为了化解中美之间战略分歧可能带来的误判和战略风险，笔者有以下建议。

第一，坚持中美的战略性共识，强化两国的相互尊重。

冷战时期，中美关系正常化是因为中美在应对共同威胁方面形成了共识，"9·11"事件之后中美关系得到发展，也是因为中美在共同应对恐怖主义国际威胁方面达成了共识。现在这些共识随着形势的改变正在趋于弱化，而与之相伴随的则是中美战略互疑的上升。显然，战略共识是稳定和维护大国关系的重要因素，战略分歧的出现和增多也部分是因为战略共识的凝聚力出现了问题而导致的。那么，如何寻找和凝聚中美新的战略共识呢?[1]

应就中美共同利益和如何扩大中美共同利益达到新的共识。中美在一些重大的国际问题上已经具有共识，比如在共同应对气候变化、国际犯罪、恐怖主义、维护国际能源安全、网络安全等非传统安全问题，以及反对核扩散、太空合作、极地治理、防止地区危机失控等传统安全问题上中美大体上具有相似的认识，在实践层面也有具体的合作，但在未来的国际秩序建设、经济全球化的主张和发展趋势、全球治理的责任和手段等问题上存在分歧与差异。事实上，在国际秩序建设等问题上中美具有巨大的共同利益，因而理应不断沟通和达成新的共识。诚然，冲突战略观与合作战略观是中美关系未来发展的重要分野。在未来中美战略关系中最核心的问题是两国能否就长远的合作战略观达成新的共识，能否以合作战略观化解冲突战略观，是未来中美战略关系中的一个核心问题。

应理性、客观、全面地分析两国政策及政策变化，不因细节问题而否定已有的战略共识。比如，在南海问题上，美国一些人士无端指责中国在南海等问题上采取强硬政策，但也有一些人士认为应该理性客观地分析中国的政策，并且认为中国的南海政策是克制的。美国前政要杰弗里·贝德（Jeffrey A. Bade）就认为中国在南海的行为仍是克制的，"即使我们在应对这一重大事件时，我们也应该清楚地去分辨中国采取这些行动的意图是什么，同时也要弄清哪些并非它的意图"。"中国军方并未试图将其他南海诸岛主权声明国从其占据的南沙群岛驱逐出去，事实上，它们占据的岛礁数量要远多于中方（比例为 4∶1）。一些媒体称 60% 经由南海的国际贸易在某种程度上将受到中国威胁这种论断是荒谬的。"[2]

美国之所以对中国的南海造岛行为采取了过激反应实际上是美国担心中国有可能影响到美国的地区主导力，而美国的地区主导权从政治安全角

---

① 达巍：《中美还能重建"大共识"吗?》，http://www.thepaper.cn/newsDetail_forward_1357483。

② Jeffrey A. Bader, "Changing China Policy: Are We in Search of Enemies?" *Bookings China Strategy Paper*, No. 1, June 22, 2015, http://www.brookings.edu/blogs/up-front/posts/2015/06/22-changing-china-policy-bader.

度看，是与其海权优势、对至关重要的海上运输线的控制密不可分的。中国在南海造岛虽无军事部署，但有可能具有军事功能的意义。这引发了美国对自身海权地位可能受到削弱的担心。而这一点，中美双方是可以通过各类沟通机制的坦率交流达成新的共识的。

同时，中国在南海问题上的反制措施并不是常态性行为，而是针对特定历史背景之下、这一地区特定国家率先制造出来的特定事件的，中国的南海政策具有阶段性，会随着这一地区创造性合作治理方式的出现而调整。南海问题作为中美关系中的局部问题不应该影响中美稳定大局。夸大消极面、抑制积极面一直是一些冷战思维人士喜欢的做法，这很容易导致政策走偏。夸大或歪曲对方意图，并据此作为制定政策的依据在历史上有之，也很容易导致战略误判和战略性决策失误。

由此，中美之间应冷静应对两国间存在的问题，不应一出现矛盾就夸大拔高两国间的战略分歧，上纲上线，从而轻易否定两国间几十年间积累的合作成果——这并不是发展了30多年的中美关系的成熟做法。中美在新时期或新的转型期内都在进行一些新的尝试，也在经历试错或纠错的过程，都存在政策调整的空间，但战略上须保持一致性和连贯性。合作主流的意识不应轻易改变。不应重新退回应否合作的争论原点，而是应进一步探索如何合作，不能出现新的合作困境就放弃对于两国关系具有深远意义的战略合作大局。

应强调新形势下的相互尊重。在双方彼此尊重的问题上，中美都不应盲目自信，也不应妄自尊大。以平和心态虚心交流与学习对方的先进之处是两国应该采取的正确作法。美国既然承认中国取得了巨大的成就，又为什么不能以正确客观的态度来分析和看待中国的发展呢？

在双边关系中，突出新型大国关系的对等性。不冲突、不对抗，相互尊重，互利共赢。其实从程序上看，应该先实现相互尊重和互利共赢，才能够不冲突不对抗。要通过中美首脑会晤和一系列战略对话确保相互平等和相互尊重这一原则得以有效实施，有必要为此专门确定规则。所谓平等关系相互尊重体现在：尊重对方核心利益，不挑战或不触碰对方核心利益底线。美国应在涉及中国核心利益的问题上保持中立，美国不应利用中美不对称相互依存向中国施加不恰当的压力，提出不合理的要求；美国应以积极的、健康的心态看待中国的建设性贡献和创新性倡议。对于亚投行等中国的新倡议，美国不应盲目猜度和怀疑，动辄加以无端批评或指责。美国需要全面、客观评价中国在国际秩序完善中的建设者身份和作用。美国应该充分沟通，以开放、积极的心态对待中国的多边倡议；当然在国际秩序建设中，"美领众协"的模式还会继续。中国仍将尊重美国的全球影响力和引导力，但也希望美国尊重和接受中国在国际秩序中发挥的建设性作用并且携手推动中国负责任大国身份的进一步强化。在平等性上，美国可以保持全球大国战略主张，但美国必须放弃其帝国战略主张。同时，中美还是要扩大战略共识，共同构建新型地区安全机制。

第二，强化战略性有效沟通和针对性交流。

中美之间交流渠道丰富而畅通。中美首脑会晤和中美战略经济对话对于总体稳定两国关系发挥了积极作用。但从以往不同层面的对话交流情况来看，还存在自说自话、各说各话、各自表达很充分而彼此理解对方不够的情况。因此交流的方式、时机和内容仍有进一步改进的必要。

比如就内容而言，澳大利亚学者休·怀特就建议，中美领导人应更加明确无误地讨论彼此间未来关系的性质以及各自在亚洲的角色。美国需要承认，中国在亚洲必须被赋予更加重要的领导作用，而美国无法像过去那样扮演同样的地区领袖角色。而中国也应该阐释美国在新的亚洲秩序中扮演何种角色，中国应该承认，美国继续在亚洲新秩序中发挥作用。① 再有，美国需要明确对于中国作为负责任大国的相关期待。美国一方面希望中国成为负责任的大国，希望中国在地区和全球层面发挥更大的作用，但美国对中国发挥作用的期待究竟是什么需要进一步明确。"美国能接受中国在地区和全世界发挥多大的作用？"②

美国两位前财长在谈到中美加强对话的时候表示，通过倾听对方的批评，中美将一起改善自身的经济，消除造成摩擦的因素，并培养互信。③ 中美人文交流应正视价值观分歧的问题。中国主张多元化，不认同放之四

---

① 〔澳〕休·怀特：《中美应清晰讨论彼此的亚洲角色》，伊文译，《环球时报》2015 年 7 月 2 日。

② Robert A. Manning, "America's 'China Consensus' Implodes," http://nationalinterest. org/feature/americas-china-consensus-implodes-12938.

③ Henry Hank·Merrittt·Paulson. Jr and Robert Rubin，原文章标题："Why the U. S. Needs to Listen to China," 文章网址链接：http:// www. theatlantic. com/magazine/archive/2015/06/the-blame-trap/392081/，这句话的原文表述为："By addressing each other's chief economic criticisms，China and the U. S. would simultaneously improve their own economies，remove irritants to their relationship，and foster trust。"

海而皆准的所谓普适价值，但中美这样的两个大国在观念层面仍然可以开创性地探索共享理念、凝聚共享价值，比如公平、正义、可持续发展等理念对于中美两国应该均有着类似的理解和认同，理应得到发扬。中美两国并非没有任何观念交集，在中美价值观分歧问题上，既要求同存异，也要努力求同化异。

第三，以战略稳定促战略信任。

战略稳定与战略信任是一组互动关系。通过战略信任来促进战略稳定是一种方式，反过来，从宏观和总体上保证战略稳定也可以推动战略信任。换句话说，即使还没有足够的战略互信，也要保障中美关系的总体稳定，而不可能等到所有分歧消除之后，才来谋求稳定。中美关系的发展历程表明，求同存异、求同化异是中美战略稳定的重要原则。同时，战略性稳定能够抑制或缩小分歧。两国战略关系处于稳定期，分歧会被抑制。冷战时期，当中美就苏联威胁达成共识和默契后，中美之间的原有分歧被暂时搁置一边。冷战后，当中美就反恐达成重要共识后，中美关系保持了长达十余年的战略稳定。当然，必须防止通过制造分歧来破坏战略稳定。

因此，对于当前的中美关系迫切的议题是：在完善的战略信任还不能够完全实现的情况下，如何保障总体上的战略稳定。加强危机管控和总体稳定的制度设计是当务之急。

在中美之间预防危机的出现与解决危机同样重要。减少误判并不一定会自然增加战略信任。但在当前的形势下在重大战略问题上减少误判比战略互信更为迫切。中美要避免因为第三方因素发生直接冲突和战争，第三方因素很多涉及中国核心和重大利益。美国不应误判中国的和平发展战略在核心利益上的原则和坚定立场。

第四，强化新型战略思维，化解两国战略分歧。

中国战略思维中的非战思维与非零和博弈思维有助于避免中美间的恶性竞争。中国特色大国外交并不强调针锋相对，而是强调以柔化刚的原则。"一带一路"等倡议是一种绕开可能的冲突领域，开拓新的合作场域的主张。

中国走外线，也是一种避战战略——不与美国直接对冲。中国的对外战略并非以与美国较量为主轴。针对美国的"亚太再平衡战略"，中国虽然不得不加强反遏制和管控危机，但中国对外战略仍然力图走出一条规避大国冲突风险之路。

中国传统上具有地缘陆上优势，使中国有较大战略纵深，不像有些国家那样谋求将危机推离国土远端。因此，在面对外来可能的入侵时，中国更愿意采取依托陆上战略纵深优势与外来入侵者周旋的战略，甚至喜欢采取诱敌深入的战略。比如，冷战时期，面临苏联的威胁，中国开辟大三线，采取"深挖洞、广积粮、不称霸"的战略，力求陷敌于人民战争的汪洋大海之中。①

对于中美关系的未来而言，中国的战略仍在谋求两大战略法则的结合：其一对于外来军事威胁，力求以武止戈，在军事上实现不战屈兵。这是中国兵圣孙武的思想。其二在政治上则力求化竞为合、化敌为友。改变一个对手或消灭一个对手的最好办法是把他变成你的朋友。② 这两大法则应构成中美之间未来关系发展的最高境界：非战和化竞为合。这也是从根本上化解中美战略分歧的指针。

第五，深入分析中美竞合关系的特性和实质。

必须把握好中美关系中反复出现的半竞半合、竞合分离、竞多合少等问题。如何把握好这种利弊参半、可能性多样、不确定性增加的中美关系，探讨竞与合关系的相互影响，如何减少竞争消极面、扩大合作积极面等都值得深入研究。

中美之间存在竞争是不可否认的现实。否认中美关系具有竞争性质也是一种片面看待中美关系的做法。中美都应该敢于承认对方的竞争者身份和中美竞争关系的性质。中美战略竞争的最大意义不是打倒或击败对方，而是强化自己。是以对方为目标，但重在强化自身。对于中国而言，美国是一个中国不断学习和赶超的国家，比如在政治制度、经济发展模式、科技创新等领域均是如此。中美竞争是以合理的方式更快更好地超越对方，而不是削弱或损害对方，这才是中美作为竞争伙伴所需要谋求的方向，这才是中美竞争关系的最高境界。

中美是竞合关系。单纯强调任何一面都不符合中美关系的复杂现实。

---

① 毛泽东时代在准备对苏可能的入侵战争时，仍是采取防御性战争，立足于将苏联引进来，让侵略者陷入人民战争的汪洋大海。

② 改自美国总统林肯的表述：消灭一个敌人的最好办法是把他变成你的朋友。林肯语："Why madam," Lincoln replied, "Do I destroy my enemies when I make them my friends?" Robert Greene. et al., *The 48 Laws of Power*, London：Great Britain：pro file books LTD, 2000, p. 12.

要引导好双方的竞争，把恶性竞争变成良性竞争。在中美相互塑造过程中，美国应该适应中国塑造力相对上升的现实，双方的塑造关系正在出现不平等、不对称的相互塑造向着平等的相互塑造的转变。同时，还是需要通过合作来化解恶性竞争，减少对抗性，强化合作的影响力和主导力。亚投行、"一带一路"等倡议都是开放的，非排他的，是注重互补而不是拆台的。中美是竞争伙伴，更是创新合作伙伴关系。

中美新型大国关系牵一发动全身，不仅有地区意义更有全球意义，是中国未来的全球战略能否有效实施的关键所在。两国未来的战略目标不是战胜对方，或在竞争中使对方落败，是必须谋求共赢，不是谋求制胜而导致两败俱伤的结局。中美未来的战略竞争应该带来更大的战略融合。中国无法在对美战略中实现战而胜之，除非美国自败。美国的对华战略也应该如此。两国在未来的战略中都需要赢得对方，而不可能是战胜对方。因此，中美之争的最佳结果是彼此能够真正实现化敌为友。这是以往历史上没有也不可能的事情。这也正是中美新型大国关系的题中要义。对于中国而言，关键是在相互塑造中强化和发展中国的战略塑造能力。中国复兴是影响力扩大，为国际社会注入更多正能量的过程，在这个意义上实现责任大国的承诺，而不是谋求成为霸权者。同时，中国复兴更多是内部强化、内部完善与提升，对于外部世界的意义是扩大积极影响力和责任，而不是取代别国的地位。

第六，要进行科学的战略评估。

中美战略对话，重在战略评估。对过往的议题、协定、措施要有科学的评估和修正机制。随着中美关系的发展，中美关系之间议题不断增加和累积，中美关系发展到新的阶段，也是新议题不断填充的过程。要明确阶段性、要分清轻重缓急。对已有的议题和实施方案是否已经得到充分解决和处理，要有阶段性反馈，不能"旧愁未解，又添新愁"。过多的问题累积而无法解决会降减战略对话和其他谈判机制的权威性。更重要的是要建立有效的纠错机制，而且要有良性的相互制约、相互纠错的机制，做到"恃吾有所不可攻。"①

---

① 普颖华、华名良主编《百战百胜——孙子兵法》，"九变篇"，中国物资出版社，1994，第101页。

结　语

中美关系作为世界上最重要的双边关系之一，具有地区和全球影响，某种程度上也产生着牵一发动全身的效应。东亚作为经济最为活跃的地区，也是安全上最为复杂的地区之一。中美关系的战略稳定与发展在一定程度上与中美能否在东亚有效合作密切相关。中美关系如何发展，事关全球稳定和地区繁荣。

当前，中美关系正进入新的阶段，合作面与摩擦面都在并行扩大，而且合作本身也带来新的分歧与矛盾。由于战略分歧的加大，中美之间在全球层面和东亚地区层面的不确定性因素在增多。随着两国实力和影响力的变化，中美之间彼此的认知以及政策都会出现相应的改变，两国都面临着调整与适应新变化的进程，也面临着相互塑造的新机遇。

因此，必须时刻从战略高度重视和看待这一关系的变化，高度重视中美在地区层面战略分歧加大的严峻现实。从首脑层面和战略决策层面把握好中美战略稳定这一方向不会轻易改变。从中观和微观层面强化技术性和机制性建设以及可行性政策研究，积极采取措施有力落实新型大国伙伴关系的建设性和创造性内涵，成功度过中美关系特殊的转型期，凝聚新的战略共识，化解战略风险，推动中美关系迈向新的台阶。

第三篇

美国对台政策

从二次台海危机看美台
军事合作困境[*]

美台双方于 1954 年签署《美台共同防御条约》，自此美台双方以联盟关系强化了军事合作的相互约束力，直到 1979 年底，美台军事联盟关系解除。这 20 余年间是美台军事合作最为密切也最具有法律效力的时期，在此期间，出现了多次台海危机，美台联盟关系在危机中的运行尤其值得关注。事实上，美台军事联盟远非想象中那样牢不可破，由于战略利益的不同，双方在合作中出现了重大分歧，美国始终在"见风使舵"，当收益与成本无法保持平衡时，美国采取舍卒保车、将自身利益放在首位的做法。虽然没有明确提出，但美对台模糊政策实际上在第一次台海危机时已见雏形，其动机还是出于规避风险的考虑。

———

联盟关系形成之后，在自身利益得到保证的前提下，如何规避风险，减少成本，始终是结盟方考虑的首要问题，因此防止所谓盟国内部的"自行其是"的状态，强调协调一致是惯常的做法。由于盟国之间力量和地位的不平等，一般而言，联盟中主导一方通常具有更大的控制力和影响力，因为它占据着力量的最后决定权和援助的独家垄断权。在可能由盟方引发的危机来临时，联盟主导方总是将自身力量置于弱小联盟的后方，尽可能由弱方盟友承担前沿防卫的任务，而由自身承担辅助作用。

诚然，所谓信誉与威望始终是联盟合作中不得不考虑的重要问题，因为联盟中信誉的丧失会带来联盟合作基础的瓦解。因此，所谓盟约对盟友

———————————

　＊　本文发表于《历史教学》2006 年第 10 期。

之间的义务约束是不能回避或放弃的，但在联盟合作实践中这一问题的解决总是通过变通的方式完成的，也就是通过既能保全面子又能减少风险的手段来实现的。

美台防御条约签署后的美台军事关系，对于美国的政策而言，体现为两大特征：一是边缘政策，也即战争边缘政策，表明美国不惧战争风险，随时准备介入两岸战争，但却并不真正或直接卷入，实质仍是最大程度的威慑，以求达到避免卷入的效果；二是模糊政策，如何介入怎么介入，在什么时候介入，介入的程度如何，美国一律以模糊政策体现。美国试图以无法判定或无法预料而造成一种威慑效果。同时美国又可以保持某种进退自如的主动，不致因承诺无法兑现而丧失作为盟友的"信誉"。在联盟合作中还有一种现象，承诺越模糊，讨价还价的余地越大。

美台联盟关系保持着关系明显的主从关系，美国向台湾提供军事援助和军事保护，在某种程度上美国还向台湾提供核保护。但美国对台政策表现为既扶持又抑制的特点。扶持的目的是希望台湾能够作为遏制共产主义扩张的一环，抑制的目的在于控制台湾自行其是、脱离美国战略轨道的倾向。当台湾在战略利益和战略目标上与美国发生分歧时，美国的做法便是尽最大可能规避风险，同时还能够保全"面子"和在联盟中的信任度。因此，其边缘与模糊政策在两次台海危机中得到充分体现。

二

第一次台海危机期间，美国一些强硬派人士主张进一步放蒋出笼，允许国民党空军大规模轰炸中国大陆；如果中共军队进攻金门岛，就动用美国空军轰炸中共大陆。但艾森豪威尔总统认为：如果轰炸中共大陆，将无法设定军事行动的规模和时间，而且可能面临战争扩大化的危险，美国将可能与中苏战略同盟作战。最后，会议通过了国务卿杜勒斯的提案：把台湾问题提交安理会，要求联合国介入，在台湾海峡实现停火，维持两岸分离的现状。[①]

在妥协的同时，美国又同时采用边缘威慑政策。艾森豪威尔从朝鲜战

---

① 林晓光：《战后美国政府的对台湾政策（40 年代末～60 年代初）》，《台湾研究》2001 年第 1 期。

争中得出的教训是，战争边缘政策实施的关键在于划线，划出一条敌方不得逾越的战争爆发的底线，让对手清楚地知道，一旦超越这条底线，就可能引发难以控制的战争冲突。只有明确这一所谓战争边境线的划分才能够制约战争的发生。艾森豪威尔认为，朝鲜战争所以爆发，就在于共产党一方认为美国在任何情况下都不会干预朝鲜事务。因此，避免台海战争爆发的最好方式就是应使各方对美国保卫台湾的立场不持侥幸和怀疑态度。① 但实质上，美国的政策在于威慑，而不是真正的防卫或军事冒险。因此，杜勒斯强调美国必须保持灵活的政策，以对付可能的"政治和外交方面的考虑"。②

随后，美国的政策开始表现出重本岛轻外岛的方针，1954 年 9 月，美国参谋长联席会议的备忘录认为，沿海岛屿在阻止进攻方面具有战略价值，但对于防卫台湾和澎湖并不重要。③ 这一思路与后来要求国民党军队弃岛后撤的决定是一致的。

1954 年 9 月 3 日，中国人民解放军炮击金门，美国人对中国的炮击和可能进行的攻岛战役反应十分复杂，焦点集中于如何对待沿海岛屿问题，各方意见分歧很大。助理国务卿饶伯森和军方一些强硬派人士如蔡斯等人主张，美国应向沿海岛屿提供公开的防卫承诺，甚至主张在必要时使用核武器；④ 而参谋长联席会议成员、陆军参谋长李奇微和国防部长威尔逊反对介入沿海岛屿，金门、马祖等岛对美国没有战略价值，美国一旦承诺介入将没有退路，将可能引发全面战争，而这场战争并没有战略意义；⑤ 美国"驻台大使"兰金则认为，防卫沿海岛屿对于美国而言将是得不偿失的，也是极为困难的，因此美国应该采取模糊政策，并且在适当时候以军事援助的方式向国民党驻岛军队提供支持但并不明确未来的政策。⑥ 美国在弃不妥守不成的两难选择中，最终选择了回避。杜勒斯建议将此问题国

---

① D. D. Eisenhower, *The White House Years：Mandate for Change，1953 - 1956*, New York：Double day & Co. 1963，p. 467.

② *FRUS，1952 ~ 1954*，Vol. 14，Washington：U. S. Government Printing Office，1995，p. 554 - 555.

③ *FRUS，1952 ~ 1954*，Vol. 14，Washington：U. S. Government Printing Office，1995，p. 556.

④ *FRUS，1952 ~ 1954*，Vol. 14，Washington：U. S. Government Printing Office，1995，p. 576.

⑤ *FRUS，1952 ~ 1954*，Vol. 14，Washington：U. S. Government Printing Office，1995，p. 586 - 590.

⑥ *FRUS，1952 ~ 1954*，Vol. 14，Washington：U. S. Government Printing Office，1995，p. 627.

际化，这才有了新西兰提案以及美国与台湾签约谈判的问题。显然沿海岛屿虽然对美国没有军事战略价值，但却对台湾有价值，在战略目标分歧和利益不一致的情况下，美国选择了保全自己的安全利益。此类问题在此后的美台军事合作中时有发生。

为了粉碎美台之间达成永久性军事同盟的可能性和搞"两个中国"的图谋，1954年11月1日，中国人民解放军发动进攻沿海岛屿大陈岛的战役。美国国务卿杜勒斯认为美国最好在沿海岛屿问题上保持模棱两可的态度，并应在《共同防御条约》中也采取"模糊"的措辞，从而使中共始终无法确定美国将对攻击做出何种反应。杜勒斯也强调，考虑到"中共对海峡地区所造成威胁的复杂局面"，美国不可能拿出一个全面而明确的解决方案，唯一可行的就是"保持灵活性，并对局势进行探索和考察"。[①]

第一次台海危机的另一个结果，在于美国意识到加强与台湾军事合作的重要性。其中方式之一就是与台湾结盟。通过与台湾结盟，美国可以更加有效地行使防御台湾、慑止新中国政权解放台湾的冒险行为；台湾得到美国的限定性支持后，可以更好地应对来自大陆的攻击；同时结盟并不一定增加风险，避免自动介入而只是提供援助反而可以减少直接面对新中国的风险。此后，美台共同防御条约的谈判加快了进程，终于在1954年12月达成协议。

1955年1月，中国人民解放军陆海空三军协同作战，一举解放浙东沿海的一江山岛。1955年1月12日，国民党曾试图以《共同防御条约》为借口，说服美国协防大陈岛。美方坚持两点：一、大陈岛不具有重要的战略价值；二、美台共同保卫这一战略价值甚微的小岛将付出巨大的代价，而且并没有成功的绝对把握，因为大陈离大陆太近而离台湾太远，守卫大陈是得不偿失。[②] 艾森豪威尔总统对记者发表讲话认为：无论是一江山岛，还是仍被蒋军控制的大陈岛，对于台湾和澎湖的防卫，均无生死攸关的意义。并召开内阁会议，决定向议会递交关于台湾问题的议案。[③]

1955年1月15日，美国国家安全委员会通过的5503号文件，即《美

---

① *FRUS*，*1952～1954*，Vol. 14，Washington：U. S. Government Printing Office，1995，pp. 827 - 839.

② *FRUS*，*1955 - 1957*，Vol. 2，Washington：U. S. Government Printing Office，1995，pp. 38 - 41.

③ 林晓光：《战后美国政府的对台湾政策（40年代末～60年代初）》，《台湾研究》2001年1期，第71～87页。

国对福摩萨（台湾地区）和"中华民国政府"的政策》进一步明确了美国的弃远岛守近岛的行动方针，明确表示美国将依据美台《共同防御条约》，采取一切必要手段防卫台湾和澎湖免遭攻击。① 1 月 20 日，杜勒斯在国家安全委员会会议上阐述现阶段政策时指出，美国希望帮助台湾从大陈岛撤出，并不意味着美国将放弃其他沿海岛屿，而是为了更好地守卫其他沿海岛屿。对战争危险因素的错误估算将可能导致战争。"到目前为止，我们处理整个局势的方法就是以模棱两可的政策实施遏制，但中共将会以不断挑衅来试探我们遏制它的范围，含糊不清和虚张声势都将可能带来更大的危险。"因此，美国必须对沿海岛屿采取新的明确政策，这些新政策包括以下重要步骤：第一，出动美军协助国民党从北部岛屿后撤；第二，美国将以协防金门和马祖来阻止中共可能的进攻台湾计划；第三，政府应要求国会授予总统直接权力，使之承诺以武力保卫台湾以及在条约中没有特别提到的"相关地区"。现在的行动方针可能是"避免美国在这一地区地位逐步恶化的最佳途径"，同时也提供了防卫台湾和澎湖的最好方法。②

艾森豪威尔对杜勒斯的新政策表示赞同，认为这个行动方针不仅不会增加同中共发生战争的风险，而且还会减少风险；但他也承认美国目前不能控制事态的发展。同时，艾森豪威尔也明确表明，美国不能听任台湾从沿海岛屿全线后撤，那样将带来极为严重的心理后果。从大陈的后撤决不意味着台湾应该从其他沿海岛屿后撤，因此需要明确金门和马祖的特殊地位，金门和马祖是必须清楚划定的"保卫福摩萨（台湾地区）的前哨基地"，否则国民党将难以防卫台岛本身。③ 最终，在巨大的战争风险面前，美国没有承担协防沿海岛屿的义务，而是要求台湾"弃卒保车"从沿海岛屿之一大陈岛撤退。美国将为国民党军从大陈岛撤退提供海空军保护，将战略重点转向金门，美国同意"协助国民党镇守金门"。④

在联盟条约签署过程中和签署之后的第一次联盟实践表明，美国此时仍十分谨慎地对待联盟合作，避免风险介入或避免有可能的深度介入一直是美国联盟合作的重要原则。后来的事实再次表明，美国虽然表示将协防金门，但却一直拒绝作出公开承诺。在国民党一再要求美国公开承诺协防

① *FRUS*, *1955 – 1957*, Vol. 2, Washington: U. S. Government Printing Office, 1995, pp. 30 – 34.
② *FRUS*, *1955 – 1957*, Vol. 2, Washington: U. S. Government Printing Office, 1995, pp. 56 – 68.
③ *FRUS*, *1955 – 1957*, Vol. 2, Washington: U. S. Government Printing Office, 1995, pp. 69 – 82.
④ *FRUS*, *1955 – 1957*, Vol. 2, Washington: U. S. Government Printing Office, 1995, p. 39.

金、马的情况下，美国没有做出让步。艾森豪威尔对此的解释是这样做的目的是希望掌握最后的决定权，他之所以不公开协防金、马，是因为这种承诺可能是长期的，而且必须顾及北约与欧洲安全对美国的重要性。① 这样，美国又一次为自己的政策留下足够的回旋余地。

因此，美国的对台政策总是在妥协与强硬之间摇摆，具体的表现为退一步进一步。总体而言，美台军事合作呈现出逐步加强的趋势，但这种总体加强的势头是在风险不因此增大的前提下展开的。同时，表面上看，美国对台联盟政策是对美国妥协或要求台湾采取妥协政策的补偿，实际上更大程度上还是出于美国自身利益的考虑，"这一阶段美国的决策，更多的是出于对国家安全利益方面的深层考虑，而不是美台矛盾的结果"。②

三

第二次台海危机爆发后，美国对台政策体现出与第一次危机时的类似之处，这一次的焦点仍然是沿海岛屿，所不同的是美国暗中承诺协防的金门马祖成为这一事件的核心。从第二次危机可以看出，除非美国认定其国家安全面临直接威胁，否则美国对台海危机的介入方式必然是妥协与折中的产物，同时美国也一定会争取和等待敌对方妥协而做出让步，从而赢得自身的妥协余地。台湾的利益只是美国讨价还价的筹码而已。第二次台海危机的结果表明，在复杂的多边互动之后，美国对台军事介入以护航的方式完成了对金门马祖的援助，回避了与新中国可能的武力冲突，在中国政府的建议下，中美双方重开谈判，第二次台海危机稳定下来。危机期间，美台军事联盟合作再一次表明这一联盟在战略利益和风险分担中的分歧以及联盟运作过程中的困境。

第一次台海危机之后，新中国已经成为美国在远东的主要遏制目标，因而台湾的战略地位得到了空前的提升。台湾成为美国亚太防御体系中遏制共产主义扩张的前沿阵地。进入 1957 年后，美国加大在军事上支持国民党的力度。这一阶段比较突出的一个特点是美国支持台湾反攻大陆的观点又一次抬头。1957 年 10 月 3 日召开的国家安全委员会第 338 次会议主张

① *FRUS*，*1955－1957*，Vol. 2，Washington：U. S. Government Printing Office，1995，pp. 173－176.

② 戴超武：《敌对与危机的年代》，社会科学文献出版社，2003，第 120 页。

在时机合适的时候美国应为台湾反攻大陆提供精神和军事上的支持。必须让台湾保持住这种希望，否则将不利于对台湾的控制。① 艾森豪威尔强调此举并不是改变美国现行政策，也不是鼓动台湾进攻大陆，美国真正的目的是维护美国太平洋近海岛屿链的完整，为了这个目的，美国需要在一定程度上支持国民党重返大陆的计划。②

1958 年年初美台军事合作在机制上进一步发展，1958 年 3 月，美国太平洋舰队司令史敦普访台，并宣布将"美军协防台湾司令部""军事援助顾问团"等机构合并，成立"美军驻台协防军援司令部"；5 月，美国在台湾首次试验发射斗牛式导弹，这也是美国第一次在远东试验导弹。③ 可以说美台军事合作在第二次台海危机爆发之前又有了实质性的进展。

在新中国于 1958 年 8 月 23 日炮击金门之初，美国立即做出强烈的反应，艾森豪威尔命令驻亚洲的美军做好一切战斗准备，并派两艘航空母舰驰援美国第七舰队，几天内美国在中国沿海集结了庞大的海军力量，美国海军 12 艘航空母舰的半数集结在台湾海峡。④ 美方估计，如果听任中共封锁或进攻沿海岛屿，而美国不对台湾进行援助，国民党军的士气和防守能力就会下降并且可能最终崩溃。如果金门被攻占或金门守军不战而降，那将会沉重打击台湾当局的威信和削弱台湾的军事能力，最终导致国民党政权的消亡。美国的"岛屿锁链"便会截去一环，美国在西太平洋的遏制防线将受到严重的危害，美国在亚太地区的基地，包括冲绳在内，都可能变得难以维持或无法使用，而且可能引发东南亚的连锁反应。⑤

按照联盟理论的观点，在存在不同阵营的极的体系中，联盟必须编织一张紧密的网络，使较小的联盟伙伴不易从体系中分离出去。⑥ 美方对第二次台海危机初期敏感而强烈的反应印证了联盟理论的这一论断。但美国担心更多的还是事态的扩大。

从 8 月 23 日到 9 月 11 日，美国的态度比较强硬，协助台湾守卫金门

---

① *FRUS*，*1955 – 1957*，Vol. 2，Washington：U. S. Government Printing Office，1995，pp. 612 – 614.
② *FRUS*，*1955 – 1957*，Vol. 2，Washington：U. S. Government Printing Office，1995，p. 616.
③ 梅孜编《美台关系重要资料选编》，时事出版社，1997 年，第 337 页。
④ 郝雨凡：《白宫决策》，东方出版社，2002，第 101 页。
⑤ 〔美〕德怀特·D. 艾森豪威尔：《森豪威尔回忆录：缔造和平》（一），静海译，三联书店，1977，第 330 页。
⑥ 王帆：《美国亚太联盟形成的理论分析》，《亚洲论坛》2003 年第 4 期。

的具体措施接连出台。所有这些行动艾森豪威尔都命令国防部有意识地向报界透露一些消息，以便引起中国的注意，目的在于向中国施加压力。8月24日到9月初，美国从夏威夷、日本、菲律宾、地中海等国家和地区调兵遣将，迅速在台湾海峡实行大规模集结。计有6艘航空母舰、130艘舰只、500架飞机、3800名海军陆战队、5000名地面部队。9月3日，美国国防部发表声明，表示美军已做好准备，警告中共军队不要进攻金马。①

与此同时，美国也开始着手抑制台湾的工作，劝阻台湾谨慎行事。这反映了美国不得已而为之的心态，在第一次台海危机中，美国已经表示金门马祖与台湾的防御是连在一起的。因此，美国只能以强力声明表明美国的态度。

这一阶段美国的政策是立场明确，但政策模糊。由于无法确认新中国的战略意图和可能的目的，为了避免不必要的风险，美国再一次将模糊政策作为制定对华政策的首选。这种模糊政策包括两个方面，第一是美国不事先明确将怎样进行干预；第二是不让国民党当局明确美国将在何种程度上进行干预，以免台湾扩大事态。"美国既不能承诺用武装部队去保卫被国民党称为沿海岛屿的每一块礁石，又不能肯定地指明美国将会保卫哪几个岛，如果这样做就有可能给对方传递去错误的信息，鼓励他们去占领其余的未被点名的岛屿。再者，美国不但要使对手猜不透，而且还必须使蒋介石也猜不透美国在什么情形下会支持他，只有这样，才能抑制他对大陆的主动进攻。"②

然而，美国仍然面临承诺、信誉与风险这一联盟合作中的矛盾。如果在第一次台海危机期间，美国对于沿海岛屿的承诺还比较含糊的话，此次承诺则是明确的，而且，很显然，如果美国不对台湾进行援助，金门马祖必将失守，美台同盟的基础就将丧失，美国已将自己与台湾拴在同一辆风险的战车上。此后美国面临的关键问题在于如何给自己解套。美国采取的办法是一方面通过联盟合作来威慑敌对方；另一方面又表现出通过抑制盟友来限制冲突。在这一过程中，美国始终狡猾地履行联盟承诺与台湾进行合作。

因此，艾森豪威尔在1958年8月25日的会上担心将出现防卫范围扩

---

① 陈毓钧：《一个中国与台北—华府—北京》，环宇出版社，1996，第519页。
② 〔美〕德怀特·D. 艾森豪威尔：《森豪威尔回忆录：缔造和平》（一），静海译，三联书店，1977，第332页。

大到所有沿海岛屿的趋向。① 为了限定美国可能卷入的区域，艾森豪威尔决定在必要时可以扩大护航和军事援助的范围，但只能扩大到大小金门和马祖群岛中 5 个较大的岛屿，不能扩大到其他面积较小的沿海岛屿，其中包括大担岛和二担岛。②

针对台湾在危机开始后向美国提出的求援要求，美方也给予了拒绝。③8 月 28 日，国务院、国防部、参谋长联席会议和中央情报局在五角大楼举行的联合会议上，与会者达成的共识仍然是：美国应该避免在危机初期卷入台海危机之中，国民党正试图将美国拖入危机，加大美国的责任同时也加大美国的风险，对此美国必须十分谨慎。但美国应该针对形势变化，制定不同的应对之策。目前的封锁并不足以使美国卷入。④

然而，金门在连遭炮击和海空封锁之后，当地守军已陷入物资供应的困境。美方估计，没有美国海军的帮助，金门将有可能失守。⑤ 在此情况下，美国才采取了护航金门马祖的方式。⑥ 艾森豪威尔严格命令美国舰只必须停在离卸货的海滩 3 海里以外的公海上。他希望这样做既能为金门运补船队的绝大部分旅程提供保护，又避免了美国舰只在中国领海内与中国发生冲突。⑦

为了避免可能到来的更大的风险，美国政府决定采取威慑升级的手段。1958 年 9 月 4 日杜勒斯在台湾新港发表自第二次台海危机以来最为强硬的声明。这份声明重申美国根据条约有义务保卫台湾使其不受攻击，美国国会的联合决议授权总统使用美国武装部队来确保和保护诸如金门和马祖等有关地区。新港声明虽然强硬，但并非表明美国已下决心进行全面介入。相反，美国只是希望以威慑升级的方式阻止危机进一步升级，其实质仍然是规避美国可能不得不面对的更大的风险。所以，新港声明中的最后一点强调中美之间应进行谈判才是这一声明的核心。

这一声明发表后，美国政府采取的仍然是尽可能避免事态扩大的方

---

① *FRUS*, *1958 - 1960*, Washington：U. S. Government Printing Office, 1995, p.73.
② 戴超武：《敌对与危机的年代》，社会科学文献出版社，2003，第 360 页。
③ *FRUS*, *1958 - 1960*, Washington：U. S. Government Printing Office, 1995, pp.87 - 88.
④ *FRUS*, *1958 - 1960*, Washington：U. S. Government Printing Office, 1995, pp.89 - 91.
⑤ 郑永平：《第二次台湾海峡危机期间美国的台湾政策》，《美国研究》1992 年第 2 期。
⑥ *FRUS*, *1958 - 1960*, Washington：U. S. Government Printing Office, 1999, pp.89 - 94.
⑦ 〔美〕德怀特·D. 艾森豪威尔：《森豪威尔回忆录：缔造和平》（一），静海译，三联书店，1977，第 333 页。

针。9 月 6 日，当参谋长联席会议再一次向艾森豪威尔要求授权美国空军在中国对沿海岛屿发动大规模登陆进攻时支援国民党空军时，艾森豪威尔没有松口，仍然坚持只有他本人才能决定是否使用美军。[①]

9 月 7 日，第七舰队 2 艘巡洋舰、5 艘驱逐舰在编队左右两侧护航，掩护由国民党军 2 艘运输舰、5 艘作战舰组成的运补船队从台湾驶往金门，美舰与国民党军舰相距仅 2 海里。毛泽东等中国领导人采取了避免事态国际化的做法，决定专打国民党军舰。"美国军舰虽进入金门 12 海里水域但在距金门海滩 3 海里以外即停止前进。战斗打响后美国军舰更是一弹不发，而且置国民党军舰于不顾，迅即撤离金门水域，退往台湾。此后，在 9 月 8 日、9 月 11 日中国对金门运补行动实施的大规模打击中，美国军舰都在中国炮击开始后立即撤离战区海域。在整个运补与反运补过程中，美国军舰都未与中国直接发生冲突。"[②]

当美国对国民党实施护航之后，再次开始限制台湾自行其是的行为，重点是限制国民党对大陆采取报复行动。当国民党要求加强护航，并请求美国同意国民党对中国大陆的目标采取报复行动时，美方反复强调国民党若采取"报复行动"，事先必须同美国进行协商。艾森豪威尔 9 月 6 日同杜勒斯和军方会谈时指出，若对中国大陆目标进行空中打击，必须经过他本人的批准。[③] 美国始终对台湾有可能将其拖下水的企图保持警觉。国民党还请求美国按照柏林危机时所采取的空运方式解决金门的补给问题，同时请求美国协防大担、二担两岛，均遭到美国的拒绝。[④]

9 月 21 日，艾森豪威尔在会见英国外交大臣时表示，如能同蒋介石达成某种安排，使其撤出金、马的驻军而不丢失面子，那么他将非常高兴。[⑤] 美国还想通过第三方调停的办法来解决台海危机。[⑥] 到 9 月末，美国国内反对为金门、马祖而战的呼声进一步高涨。参议院外交委员会主席格林（Theodore Francis Green）于 9 月 29 日致信总统，对于在军事上卷入远东地区的与美国安全无重大关系的问题，表示担忧，认为如果为金门的防卫

① 郑永平：《第二次台湾海峡危机期间美国的台湾政策》，《美国研究》1992 年第 2 期。
② 郑永平：《第二次台湾海峡危机期间美国的台湾政策》，《美国研究》1992 年第 2 期。
③ *FRUS*，*1958 – 1960*，Washington：U. S. Government Printing Office，1995，pp. 142 – 143.
④ *FRUS*，*1958 – 1960*，Washington：U. S. Government Printing Office，1995，pp. 253.
⑤ 戴超武：《敌对与危机的年代》，社会科学文献出版社，2003。
⑥ *FRUS*，*1958 – 1960*，Washington：U. S. Government Printing Office，1995，pp. 299 – 300.

而军事介入，将不能得到美国国民的支持。①

10 月 5 日，在中国决定停火的当天，美国国务院便发表声明暗示将停止为金门运补船队护航。美国政府的政策转变遭到台湾当局的激烈反对。台湾当局反复强调守卫金、马对于台湾防卫的意义和作用，申明金、马既不是反攻大陆的基地，也不是拖美国下水的陷阱，金、马不仅是台湾防卫的屏障，也是保卫自由世界的前哨。竭力说服美国国会和舆论，阻止美国政府制定和实施压台湾从金、马撤兵的政策。② 虽然台湾方面表示宁愿冒继续遭受炮火封锁的危险，也不愿让美国退出护航，但美国还是宣布暂停为金门运补护航。这是美国谋求从金、马脱身的重要步骤。③

10 月 7 日，艾森豪威尔与杜勒斯商议，决定劝阻蒋介石撤出沿海岛屿。④ 为了进一步限制台湾的举动，也为了弥合美台之间的分歧，杜勒斯于 10 月 22 日访台，与蒋介石进行了 4 次会谈。"会谈时间之长、次数之多、频度之高，前所未有，可以说明美台双方意见分歧的存在和尖锐程度。"⑤ 美台双方于 23 日签署了《联合公报》，公报确认了金门连同马祖的防务是同台湾和澎湖的防务紧密相关的；公报还使得台湾表示放弃武力重返大陆的计划。⑥ 公报虽然笼统地承认了沿海岛屿与台澎防务的关系，但也达到了限制台湾在未来挑起武力争端的目的。美国对这一联合公报十分满意。众议院外委会远东小组委员会主席萨布劳基说，在他看来，这等于向美国再次保证，台湾将不采取可能使美国卷入战争的军事行动。⑦

总之，在此次危机中，美国对台政策一直在两难中摇摆。为了确保美国在西太平洋的战略利益和安全体系的完整，美国不得不协防金门马祖，确保台、澎本身不受武装进攻，并以此维护住国民党政权的"士气"。但美国又担心国民党政权将其拉入与中国对抗甚至与苏联冲突的危险之中，

---

① 林晓光：《战后美国政府的对台湾政策（40 年代末～60 年代初）》，《台湾研究》2001 年第 1 期。

② 林晓光：《战后美国政府的对台湾政策（40 年代末～60 年代初）》，《台湾研究》2001 年第 1 期。

③ 《中美关系资料汇编》第二辑（下），转引自戴超武《敌对与危机的年代》，社会科学文献出版社，2003。

④ 郑永平：《第二次台湾海峡危机期间美国的台湾政策》，《美国研究》1992 年第 2 期。

⑤ 林晓光：《战后美国政府的对台湾政策（40 年代末～60 年代初）》，《台湾研究》2001 年第 1 期。

⑥ *FRUS*，*1958 - 1960*，Washington：U. S. Government Printing Office，1995，pp. 443 - 444.

⑦ 陈志奇：《美国对华政策三十年》，中华日报社（台湾），1981。

而这又将与美国的全球战略利益背道而驰。这就是美国对台湾这一盟友既合作又防范、既扶持又抑制的政策实质。

四

美国在此次危机过程中，利用联盟关系采取了两种手段来达到其保护自身的目的。当风险难以回避时，美国先是鼓动台湾在沿海第一线冲杀，由美国提供后勤支援，然后是劝阻或抑制盟友，迫使其向着自己希望的方向转变。

纵观美台联盟的形成和在两次台海危机中的运用，可以对联盟合作的动因有更深的认识：第一，一个国家之所以组成联盟，是希望降低其保卫目标的代价。换句话说，也就是类似美国这样的国家，在亚太地区具有多种目标的寻求，它可能并不想对某个特殊目标承担所有的或其能力不相称的那一部分责任。第二，联盟一方在涉及以上两个动因时，往往需要谨慎地权衡与其目标相左的盟友的能力，并获取比实际需要更多一些的能力。第三，对于美国而言，美国维持或承担美台联盟的协议是为了保证未来在这一地区的有利地位。第四，对于台湾而言，在危机过程中不得不多次按照美国的指挥权行事，是因为台湾在联盟中始终处于从属地位，对美国存在不平衡的依赖关系和动机的差异。从联盟的角度来看，联盟的发起者和联盟的协同者在利益上必然体现出主从之分，协同方的利益不得不服从于主导方的利益，协同方自身利益的体现不得不置于主导方的利益之下，而决不能对立或相反。

美国的台海维持现状政策探析[*]

美国的台海政策经历了几个突出的发展阶段，自 1949 年新中国政权成立后，其台海政策除保持持续性和整体性的东亚战略需要之外，还特别注意到东亚地区的多边互动尤其是两岸互动的影响。冷战后，东亚地区的原有格局出现了变化，台海危机凸显，埋藏着巨大的战争隐患。因而，如何抑制战争风险成为美国东亚战略关注的重点之一。权衡各种利弊得失，美国相信维持台海现状将是风险最小、可行性最高的政策。

一　维持现状政策的由来及演变

从历史上看，台湾是被美国作为抵消或遏制中国大陆影响力的一个战略因素，"维持一个反共的台湾政权，可以作为新生人民共和国合法性的一个经常性挑战。20 世纪 50 年代和 60 年代美国政策的基本目标是，既要保证台湾掌握在国民党当局手中，不使中共得到台湾，又要避免被拖入国共两党武装冲突之中，同时又要避免直接卷入沿海岛屿的防务，最终的目的是防止台湾与中国大陆的统一。"①

中美建交改变了东亚地区冷战的力量格局，同时也埋下了美国推行双轨政策的基础。美国当时的矛盾心态是，对于中国大陆，美国有战略利益需要，而在台湾的既有战略利益美国也不想放弃。"美国决定结识新朋友（指中华人民共和国），但美国不能放弃旧朋友（指中国台湾）。"② 自此，

---

*　本文发表于《国际论坛》2006 年第 3 期。

①　郝雨凡：《白宫决策——从杜鲁门到克林顿的对华政策内幕》，东方出版社，2002。

②　"Speech by U. S. Ambassador to China Winston Lord to the National Council on U. S. -China Trade, Washington, D. C., May 28, 1986," pp. 7 – 8. Please see Martin L. Lasater, *Policy in Evolution: The U. S. Role in China's Reunification*, Boulder & London, Westview Press. 1989, p. 168.

美国在官方表述中多次重申的是在台海政策中既坚持中美三个联合公报也维持《与台湾关系法》，表面上看是将两项相互抵触的政策连在一起，但实际上美国推行的是两岸并行的政策。美国承认只有一个中国，但却对一个中国内部的不同地区采取两种政策，并且力图使这种局面固定下来，这就形成了促使两岸分治长久化的维持现状政策的雏形。

里根政府在 1982 年《八一七公报》后发表的对台政策六项承诺是维持现状政策的进一步表述，[①] 表明美国在这一问题上将走中间路线，实际上是暗中向台湾倾斜的路线。六项承诺的实质在于美国虽然与中华人民共和国不断发展关系，但并不想以牺牲在中国台湾的利益和美国对台承诺为代价，更不想鼓励两岸谈判。这样既可以保持对台政策的灵活性和若即若离的状态，也可以确保两岸分离的状况不会轻易改变。美国清楚，如果美国不想促使台海地区局势发生巨变，这一局势就不会出现大的变化。这样，美国通过双轨政策的执行而达到维持现状的目的。

双轨政策在冷战后进一步演化为明确的维持现状政策。冷战后，随着国际形势的巨变，中美关系的战略性质出现了改变，这直接影响到美国对台政策出现的变化。在中美台三边互动的影响下，克林顿政府台海政策开始向维持现状的轨道上回归。在 1996 年 5 月，国务卿克里斯托福在一个讲话中不仅呼吁两岸不要单方面改变现状，而且支持中美定期高层对话。[②] 这应该算是冷战后美国维持现状政策的一种官方表述。克林顿政府逐渐确立了以"三不政策"为标志的美国台海政策。[③]"三不政策"是"一个中国"政策的具体化，也是美国官方第一次对台湾有了比较明确的限定。

小布什上台之初，曾试图改变克林顿时期"偏软"的"三不政策"，

---

① 六项承诺为：①美国没有停止对台售武的日期；②在对台售武问题上不会事先与大陆协商；③美国不会充当两岸的调停者；④美国不会同意修改《与台湾关系法》；⑤美国不会改变对台"主权"的立场；⑥不会向台湾施加压力与大陆谈判；Martin L. Lasater, *Policy in Evolution*：*The U. S. Role in China's Reunification*, Boulder & London, Westview Press, 1989, p. 87, and "Assistant Secretary of State John Holdridge and Six Assurances (1982)," http：//cns. miis. edu/straittalk/Appendix%2042. htm。

② Secretary of State Warren Christopher, "American Interests and the U. S. -China Relationship to the Asia Society," The Council on Foreign Relations and the National Committee on U. S. -China Relations, New York, May 17, 1996, http：//www. asiasociety. org/speeches/christopher. html.

③ 所谓"三不政策"，即不支持"一中一台"或"两个中国"，不支持"台湾独立"，不支持台湾以"国家"名义加入国际组织，Summit and Clinton's Statement on the "Three No's," June 30, 1998, http：//cns. miis. edu/straittalk/Appendix%2094. htm。

强化美台关系，许多布什政府的官员相信克林顿过于迁就中国，他们认为只要不触及中国政府的忍耐限度，在对台问题上不那么迁就中国也不会影响中美关系。① 但在"9·11"事件后，布什政府出于反恐战略的需要，改善中美关系，不得不重新回到维持现状政策的轨道上来。2003 年 12 月 9 日，布什对来访的中国总理温家宝表示，美国政府坚持"一个中国"政策，反对"台独"，反对单方面试图改变台海现状的做法。②

美国负责东亚和太平洋事务的助理国务卿詹姆斯·凯利 2004 年 4 月在国会作证时提出了布什政府台海政策的核心原则。③ 凯利的原则声明基本上是里根政府六项原则的翻版。其中有三点特别值得关注，第一是仍然将中美三个公报与《与台湾关系法》并行使用；第二是强调现状的美国定义权，使美国保留在这一问题上的主动性和灵活性；第三是强调维持现状的各方责任，维持现状是对两岸而言，而不单指任何一方，对两岸都应有约束力。

2004 年 3 月 10 日，台湾举行"大选"和"公投"前夕，美国国家安全顾问赖斯发表讲话强调：台湾不应试图片面走向"独立"，中国也不应挑衅或威胁台湾；美国对台海双方都明言，两岸问题最终将用每个人都可接受的方式解决，但目前最重要的事，就是两岸皆不能试图用任何方式片面改变（台海）现状。④

美国华盛顿大学艾略特国际事务学院院长何汉理（Harry Harding）把布什政府的对台政策概括为"新三句"，即支援两岸和平和解，反对任何一边挑衅，美国将完成台湾关系法确定的义务。美国也有人把这种政策概

---

① Alan D. Romberg, "China's Sacred Territory, Taiwan Island: Some Thoughts on American Policy," http://www. stimson. org/china/pdf/afp-romberg. pdf.

② "The President's message on December 9 of last year during P. R. C. Premier Wen Jiabao s visit reiterated the U. S. Government s opposition to any unilateral moves by either China or Taiwan to change the status quo. This message wasdirected to both sides," James A. Kelly, Assistant Secretary of State for East Asian and Pacific Affairs, "Overview of U. S. Policy Toward Taiwan, Testimony at a Hearing on Taiwan, House International Relations Committee, Washington, DC, April 21, 2004," http://www. mtholyoke. edu/acad/intrel/china/kelly. htm.

③ James A. Kelly, "Overview of U. S. Policy Toward Taiwan, Testimony at a Hearing on Taiwan, House International Relations Committee, Washington, DC, April 21, 2004," http:// www. mtholyoke. edu/acad/intrel/china/kelly. htm.

④ 《赖斯呼吁：台湾不独，中共不武》，台湾《联合报》2004 年 3 月 12 日，转引自《参考资料》2004 年 3 月 15 日。

括为"脱钩处理",也就是将美中关系与美台关系脱钩,在发展对中国关系的同时,平行发展对台关系。[①]

从历史上看,美国对台政策经历了几次大的变化,自 1949 以来由脱钩到调整,再到结盟,后又转变为非官方关系。总体来看,美国的台海政策是通过双轨政策达到两岸相互制衡,通过相互制衡来维持两岸不统不独的现状。

二　维持现状政策分析

维持现状并不是一项正式明确的政策,但却实实在在存在于美国的台海政策之中,反映了美国台海政策的政策实质。

(一) 维持现状政策的实质

1. 维持现状政策是战略模糊政策的变种。美国前国务卿贝克曾说:"如果我们说在任何或所有情况下都会帮助台湾防卫,那么台湾将会宣布独立,中国大陆将会动用武力。……如果我们说我们不会帮助台湾防卫,那么大陆就会有所动作。因此,我们不该说在何种条件下或在何种程度上帮助台湾。"[②] 而战略模糊只有在不战不和的状况下才最有可能实现。一旦台海危机爆发,不仅维持现状的格局将被打破,战略模糊政策也不得不走向明晰。

2. 维持现状立足于台海稳定。在现阶段,美国并不会介入两岸和平统一事务,而只是着眼于和平解决。美国不愿也不能成为两岸和平统一的支持者。美国布鲁金斯研究所台湾问题专家卜睿哲(Richard Bush)认为,如果希望在台湾问题上保持和平与稳定,"只有在我们置身于台湾问题谈判之外才能最好地实现。事实上,不寻求调停分歧这是美国自 1982 以来的政策","由北京和台湾独自达成的安排比美国充当调解者所推动的协定有

---

① 朱立群:《靠美国解决台湾问题无出路》,《国际先驱导报》2004 年 4 月 9 日。

② "Baker Supports US Policy of Strategic Ambiguity on Taiwan," *The Straits Times*, April 19, 1996. 转引自潘忠岐《美国对台"战略模糊"政策的三大困境》,《世界经济与政治》2003 年第 1 期。

可能更持久"。① 前国务卿辛格认为，一些人要求美国介入促进两岸和平统一的努力中，但危险是，美国介入可能产生反作用，"我们将让他们自己解决他们的分歧，我们至关重要的利益是这一方案必须是和平的"②。

此外，海峡两岸在一定程度上均不信任美国作为两岸对话的协调人，美国之所以调整政策和改变政策，也在于台湾对统一的态度："美国统一政策的基本目标变为和平统一后，台湾的地位十分尴尬。因为当中国大陆积极发起和平统一时，台湾的政策是反对和平统一。美国没有理由放弃台湾，更没有理由鼓励它与中国政府统一，台湾并不希望美国介入统一事务。"③

问题的另一个方面在于，美国在中国统一进程上保持超然的态度，第一是因为这一进程还没有到来，第二是美国可以保持应对变局的空间。"美国政策保持灵活性的程度，可以决定美国在看到和平统一进程的到来时，究竟是消极还是积极地寻求它的利益。"④ 美国既然不愿也无法成为和平统一的调停者，那么它的重点还是放在和平与稳定的现状上，"它的目的是维持现状，所以既不希望两岸政治关系太好，也不希望太坏。故有时候也警告台北，把不切实际的外交缓一缓。"⑤

3. 维持现状的实质是控制危机或缓和危机，而不是根本解决危机。"现阶段美国对海峡两岸的政策可称为：促'谈'不促'统'；维'和'不求'合'。其目的只是维持现状、防止冲突，而并不是从根本上解决台湾问题。"⑥

维持现状是充满变数的，意味着多种转变的可能性，甚至可以称为酝酿变局的阶段。在维持现状的幌子下，美国不断加大对台军售、提升与台

① Richard Bush，"The US Role in the Taiwan Straits Issue，"http：//www. taiwandc. org/nws - 9867. htm.

② Gaston J. Sigur，"China Policy Today：Consensus，Consistence，Stability，"Jr. 's address before the World Affairs Council of Northern California in San Francisco on Dec. 11，1986，http：// www. findarticles. com/p/articles/mi_ m1079/is_ v87/ai_ 4754848.

③ Martin L. Lasater，*Policy in Evolution：The U. S. Role in China's Reunification*，Boulder & London，Westview Press. 1989，p113，p. 183.

④ Martin L. Lasater，*Policy in Evolution：The U. S. Role in China's Reunification*，Boulder & London，Westview Press. 1989，p. 179.

⑤ 石之瑜：《创意的两岸关系》，扬智文化事业股份有限公司，1997。

⑥ 安卫、李东燕编著《十字路口上的世界——中国著名学者探讨 21 世纪的国际焦点》，中国人民大学出版社，2000。

湾的军事关系，实际上谋求台湾做出改变，比如增强"自卫防御"能力和威慑能力，形成更有利于美国的战略平衡。在维持现状的前提下，强化台湾的军事战略地位和自身制衡力，为可能的危机失控做好准备应该是美国的既定政策之一。"中国的崛起使许多美国人担心中国强大后会向美国提出挑战，因而主张遏制中国。遏制中国的手段之一就是阻止中国的统一，将台湾纳入战区导弹防御系统可以看作其中一个重要步骤。"①

台湾当局也可能制造新的麻烦和危机。台湾当局将维持现状政策理解为美国对"台独"一定程度和一定范围的暗中纵容。因此，陈水扁当局会利用美国维持现状政策的保护继续谋划走向"台独"的变通步骤。2006年2月28日，陈水扁的废统言行就是明证。在"台独"日益猖獗的情况下，现状是十分脆弱的，随时都有可能被打破。

由于台海之间缺乏朝着政治稳定方向发展的明确行动，有些美国观察家认为简单的"抑制行为"不足以避免冲突，也不能全面实现美国的利益。这种观点主张更加干涉型的美国政策，要么促进两岸对话，要么帮助台湾根本改变现状，并迫使北京接受"台湾独立"的现实。②

美国虽然承认中华人民共和国政府作为中国唯一合法政府，但是并没有承认北京对台湾的主权诉求，而且美台之间的非官方关系大大超出了经济合作的范畴，美台军事合作具有准联盟的军事协防性质。"因此，在美国的'一个中国'的政策中，包含'台湾地位未定论'。"③ 美国已经明确表示，美国拥有自己的解释台海现状的定义权。④ 如何维持现状美国有自己的利益和判断。可见，美国的维持现状政策是基于对自身利益得失的判断，而不是两岸的统一大业或两岸的和平。

（二）维持现状政策的目的

如前所述，美国的维持现状政策是符合美国霸权战略的总体需要的，

① 安卫、李东燕编著《十字路口上的世界——中国著名学者探讨 21 世纪的国际焦点》，中国人民大学出版社，2000。

② Michael D. Swaine, "Non-Military Considerations: Evolving Trends and Policies in the US, China, and Taiwan," http://www.carnegieendowment.org/programs/china/chinese/Research/US-ChinaRelations/Swaine.cfm.

③ 朱立群：《靠美国解决台湾问题无出路》，《国际先驱导报》2004 年 4 月 9 日。

④ James A. Kelly, "Overview of U. S. Policy Toward Taiwan, Testimony at a Hearing on Taiwan, House International Relations Committee, Washington, DC, April 21, 2004," http://www.mtholyoke.edu/acad/intrel/china/kelly.htm.

同时也兼顾各种利益和风险的平衡。美国显然不想给自己任何约定，维持现状则可以使美国免于明确的责任，保持一种适度逍遥的状况。具体而言有如下四点。

1. 美国强调维持现状，首先是出于避免美国有可能或不得不介入的危机的考虑。美国学者李侃如认为，未来三四年，两岸冲突的真实危险（genuine danger of cross-Strait conflict）是存在的。他认为，现在不是谈论"独立"的可能性，而是应明确，潜在风险已经大到需要采取具体措施来减轻紧张的程度。他提出了值得关注的六个方面：（1）两岸缺乏基本互信；（2）台湾正使一些差异变得更加具体（比如，"中华民国"或台湾是正在改变的概念，台湾的"主权"属于台湾人等）；（3）台湾将进行"宪法"修正；（4）中国人民解放军的能力将继续改善；（5）台湾并不清楚北京真正的"红线"是什么；（6）2008年奥运将增加风险的可能。①

台海危机的爆发在很大程度上有可能引发战争。不论是战争本身还是战争的结果都有可能引起地区局势的动荡和地区现有安全结构的破坏。如果由此引发大国之间的军事冲突，将可能带来两败俱伤的结果。而战争的爆发将使美国陷入两难境地。台湾对于美国对外关系的信誉具有现实的重要性和战略意义。从20世纪50年代开始美国政府就担心，一旦中国收复台湾，它在其盟国的眼中就会失去信誉。② 但卷入这场冲突则有可能面临无法预料的风险。因此阻止武力和战争是美国维持现状政策的一个重要目的。

2. 在两岸维持现状可以使美国在东亚巨大的现实利益和战略利益得以保存。"无人知道如果中国收复台湾中美关系会怎样，但美国支持统一将使美国放弃它所拥有的这些财富而几乎毫无回报。"③ 两岸不统不独、保持现状可以使美国最大程度地保持对两岸发挥特殊影响的地位，这既符合美国的利益需要，也符合美国对东亚的霸权的心理需要。分化或遏制中国的最有效方式目前来看还是维持现状。维持不战、不和、不统、不独的模糊

---

① "Political and Security Developments in the Taiwan Strait," A Panel Discussion with Kenneth Lieberthal, Michael Swaine and David M. Lampton, http://www.nixoncenter.org/index.cfm?action=showpage&page=taiwanstrait.

② 安卫、李东燕编著《十字路口上的世界——中国著名学者探讨21世纪的国际焦点》，中国人民大学出版社，2000。

③ Martin L. Lasater, *Policy in Evolution: The U. S. Role in China's Reunification*, Boulder & London, Westview Press, 1989, p. 172.

现状是美国分散和遏制中国战略的重要组成部分。同时，由于台湾当局在军事和政治上有求于美国，美国可以利用这一优势促使台湾继续成为美国对华威慑与遏制战略的工具。

在维持现状政策下，美国的如意算盘是，希望两岸和谈，"一来打消北京再诉诸军事的动机，二来反正在美国支持之下，台北又不必对北京让步，如此维持两岸不统不独现状，符合华盛顿的战略构想"。① 实质在于，维持现状是阻止两岸统一的最为现实也是风险最小的选择。美国不仅希望维持现状，而且希望这种状况能够更为持久一些。因此有人提出 20~30 年的维持现状框架。② 随着时间的推移，美国希望达到两岸分隔局面的固定化和永久化。③

3. 美国的维持现状政策可以间接增强台湾当局与中国大陆讨价还价的余地。④ 维持现状的表面中立实际上是部分地向台湾倾斜。美国走中立路线不充当调停人，还有一个更为深层的原因在于，即使台湾当局打算与中国大陆统一，美国也不会公开促进统一，"因为北京清楚美国是台湾最强有力的支持者，美国支持统一的态度将有可能使中国政府认为台湾放弃了其他方案，因此北京就会在谈判中出价更小，而且可以信心十足地完成实际的统一，美国过早表明支持统一将会伤害台湾的利益"。⑤

4. 维持现状有利于中美之间的合作。与中国政府维持合作，有利于美国实现地区和全球性的安全目标。在反恐、朝核问题、国际不扩散机制等问题上中美双方的合作是前所未有的。中美两国在诸多国际问题上需要加强合作，台湾问题处理不好，中美关系很难稳定发展。而发展中美关系，对于中国而言，关键在于美国必须采取有效措施制止台湾任何有意或者导

---

① 石之瑜：《创意的两岸关系》，扬智文化事业股份有限公司，1997，第 188 页。

② 李侃如和兰普顿提出以"大陆不武、台湾不独"建立框架协议和互信机制，并可以 50 年为限。"Political and Security Developments in the Taiwan Strait," A Panel Discussion with Kenneth Lieberthal, Michael Swaine and David M. Lampton, http://www.nixoncenter.org/index.cfm? action = showpage&page = taiwanstrait。

③ "从 1949 年至今，美国共和、民主两党尽管几乎在所有问题上都存歧见，但对台海两岸政策却有一条共同的底线，那就是不让两岸统一，尽量让两岸分裂，最好是永远分裂。"林博文：《美两党共识：台海永远分裂》，《亚洲周刊》2005 年 9 月 26 日。

④ Martin L. Lasater, *Policy in Evolution：The U. S. Role in China's Reunification*, Boulder & London, Westview Press, 1989, Introduction, p. 1.

⑤ Martin L. Lasater, *Policy in Evolution：The U. S. Role in China's Reunification*, Boulder & London, Westview Press, 1989, p. 192.

致改变现状的危险举措。对于美国而言，维持现状或许是在当前形势下美国认为可以与中国政府达成的战略默契之一。

（三）维持现状政策的方式

保持两岸平衡政策是维持现状政策的核心。实质仍然是双轨平行政策。美国采取的政策是慑武阻独，并且同步加力。也有人将维持现状政策称为双重遏制，即一方面遏制中国大陆，另一方面又遏制台湾。[①]

在遏制的同时，又必须分别保证对两岸的合作关系，保持台海问题的"和平性和稳定性"是美国维持现状政策实施的关键。"美国对台湾的立场将是如何对两个政策目标进行权衡：（1）需要确保美国诺言的可信性，即承诺以和平、非强制的方式解决潜在不稳定的国际问题，及美国对长期朋友的支持；（2）需要与一个对美国利益的长远态度不清晰、其合作对维护美国诸多核心利益（包括反恐战争）至关重要的核大国保持切实可行的（如果不是友好的）关系。"[②]

美国坚持认为台湾问题的任何解决方案必须是以和平方式解决，且要得到海峡两岸人民的同意。在这种情况下，阻止中国逼迫台湾就范（必要的话以武力干预）是其政策重点之一。[③]"美国必须设法避免给台湾留下一种美国将允许中国大陆强制台湾屈服的印象。这会损害美国的信誉和它对民主的支持。更为糟糕的是，这会导致台湾寻求能够替代美国军事支持的其他选择，甚至可能包括获得核威慑能力。……军事和外交威慑，再加上足够的维持台湾海峡现状的承诺，对确保台湾海峡的稳定也是必需的。"在维持现状政策下，美国仍然强调与中国政府的合作关系，因为这对于维持台湾海峡的稳定是十分关键的："美国强化威慑力量的努力，必须与一项更宽泛的、使中国确信美国信守维持台湾海峡现状的承诺的战略相

---

① Brett V. Benson and Emerson M. S. Niou，"Comprehending Strategic Ambiguity：US Policy toward Taiwan Security，"April 2000，http://taiwansecurity. org/IS/IS-Niou‐0400. htm.

② Michael O'Hanlon，"Conflict Scenarios over Taiwan‐How to Avoid，or Contain war，"http://www. carnegieendowment. org/programs/china/chinese/Research/USChinaRelations/Ohanlon. cfm.

③ Michael D. Swaine，"Non-Military Considerations：Evolving Trends and Policies in the US，China，and Taiwan，"http://www. carnegieendowment. org/programs/china/chinese/Research/USChinaRelations/Swaine. cfm.

结合。"①

由于美国认为两岸军力和整体实力上存在不平衡，需要倾斜用力才能导致新的平衡产生，因此美国花费更多的精力威慑中国使用武力：（1）提高在危机时部署到台湾海峡的美国军力及其速度和精确程度；（2）加强美国的总体国防力量，为可能的与中国的大规模冲突做好准备；（3）采取措施加强台湾的自我防卫能力。② 保持平衡政策的另一个方面是抑制台湾当局有可能带来危险的行为，但对其没有触及"台独"底线的言行听之任之，因为这被视为支持台湾民主的体现。维持现状的关键因素之一是约束台湾的行为。像历史上一样，台湾被认为既是美国的保护对象，也是美国的准军事盟友，因此美国并不希望台湾脱离美国的轨道自行其是。美国仍然不会支持台湾率先发起挑衅。

美国需要"明白无误地重申，在台湾问题上存在与中国发生冲突的危险，即使用武力的威胁和非故意的冲突升级是确实存在的，因此任何一方的挑衅均是完全不可接受的"；美国还需要明确表示，"美国对台湾的支持不是无条件的——它需要责任和克制"。③ 美国相信，两岸平衡政策对于维持目前的台海局势是必不可少的，而美国通过这一政策的制定和实施可以对台海局势发挥至关重要的作用，同时也可以及时规避美国所面临的风险。在具体实施过程中把握两个环节的问题。首先是考虑到美国台海政策的综合平衡，充分注意到两岸互动的特征，通过实践和政策向北京确认美国既不寻求又不支持台湾"独立"；使美台关系有一个明确的限定，向台湾清楚表明，美国不会寻求将对台关系注入官方色彩；重申这一地区维持和平与稳定，对于美国具有战略利益，那意味着台海问题的解决方案只能是和平的。④ 其次是注意到分寸和力度、时机和效果的关系，针对具体情

① Michael D. Swaine, " Trouble in Taiwan," *Foreign Affairs*, March/April 2004, http://www. foreignaffairs. org/20040301faessay83205-p10/michael-d-swaine/trouble-in-taiwan. html.

② Michael D. Swaine, "Non-Military Considerations: Evolving Trends and Policies in the US, China, and Taiwan," http:// www. carnegieendowment. org/programs/china/chinese/Research/US-ChinaRelations/Swaine. cfm.

③ Michael D. Swaine, "Taiwan Relations Act: The Next 25 Years," http://www. carnegieendowment. org/programs/china/chinese/Research/USChinaRelations/TaiwanRelationsAct. cfm.

④ Alan. D. Romberg, "Addressing the Taiwan Question: The U. S. Role," http://www. stimson. org/china/pdf/romberg-oxford. pdf.

况采取不同的倾斜、压制、威慑、战略模糊和战略时差的方式。

总体而言，针对海峡两岸的状况，美国正试图在"威慑和安抚"之间寻求如下平衡。向中国政府表明，美国不会利用其特殊力量鼓励台湾"独立"，而会对其言行进行适当管束，但也告诫中国政府美国对中国武力解决台湾问题不会置之不理，中国政府不应对此抱有"幻想和误判"；向台湾确保美国不会允许违背台湾意愿的武力或强制手段，同时威慑台湾不要采取导致中国中央政府进一步走向用武力解决的单方面行动。① 当前，美国相信维持现状的两岸平衡政策是唯一现实的选择，那就是"'一个中国'政策与《与台湾关系法》的结合"，"没有其他现实主义选择能够为双方协调立场、走向对话和达成稳定的妥协提供稳定的、避免冲突的和赢得时间的更加持久的基础"。②

三　维持现状政策的前景预测

维持现状的过程是充满变数的过程。中国政府会以最大的诚意和尽最大的可能争取台湾问题的和平解决，并力求在和平的方式上探索新的途径。同时为了阻止"台独"，中国政府决不会承诺放弃武力解决的可能性；与此同时，台湾当局在呼吁两岸和平的前提下，可能加快实施"台独"的实质性措施。这将可能形成一个潜在的危险期，在未来的某个时期形成危机的总爆发。陈水扁的废统言行已经是走向"台独"的危险的一步，如果不及时遏制，将会带来难以预料的后果。

美国在维持现状的过程中，如果影响下降，将会面对一个突如其来的形势。因此，维持现状的阶段是美国高度关注并且着力控制的阶段。"如果美国不采取更积极的努力平衡威慑与再保证，并反对任何一方单方面改变现状的努力，则未来几年台湾海峡最终爆发冲突的机会将会大大增加。"③

---

① Michael O'Hanlon, "Conflict Scenarios over Taiwan-How to Avoid, or Contain War," http://www.carnegieendowment.org/programs/china/chinese/Research/USChinaRelations/Ohanlon.cfm.

② Michael D. Swaine, "Taiwan Relations Act: The Next 25 Years," http://www.carnegieendowment.org/programs/china/chinese/Research/USChinaRelations/TaiwanRelationsAct.cfm.

③ Michael D. Swaine, "Taiwan Relations Act: The Next 25 Years," http://www.carnegieendowment.org/programs/china/chinese/Research/USChinaRelations/TaiwanRelationsAct.cfm.

目前美国的维持现状政策，可以分为两类，一类为温和派，另一类为激进派。温和派以兰普顿（David M. Lampton）和李侃如（Kenneth Lieberthal）为代表，主张搁置争议，维持"不统不独不武"的现状，保持两岸的长期稳定;① 另一派为激进派，以一些亲台派和鹰派人物为代表，认为台湾地区的民主化、台湾当局反对"一个中国"理念，以及中国在台湾海峡的军事建设要求美国政策采取一个根本改变。他们坚持认为应该放弃"一个中国"政策，转而承认"台湾独立"的"现实"，并且只能依靠军事威慑才能阻止崛起的中国对如此巨大的政策转变进行武力回应。②

但是也有美国学者认为，美国目前的具有延续性的台海政策不大可能出现新的变化，"在目前和不远的将来，除非迫于明显的外部事件的压力，华盛顿不太可能采取什么新的台海政策。美国领导人正在集中精力处理其他更为紧急的问题，他们既没有时间、偏好，也没有资源来探讨结果未知的重大政策转变"。③

2006 年 2 月 28 日，陈水扁宣布终止"国统会"和"国统纲领"，美方

① 兰普顿（David M. Lampton）认为，美国可选择的方案很多，比如帮助台湾获取在美国军事援助到达之前足够的抵御进攻的能力，寻求获取常规或核威慑能力，由美国来接管台湾的防务等;还有一种选择就是目前他与李侃如一起建议的达成一个长期稳定的框架协议，在这个框架协议的基础上，两岸可以强化经济与文化联系，裁军和建立互信措施，如果双方同意，国际社会也可以介入其中。他认为对各种因素进行权衡利弊，只有达成努力维持现状的框架协议才是可行的，而且可以避免走向危险;李侃如提出了建立一个长期的、临时的稳定框架的主张，他认为这样可以推迟对最终地位问题的谈判几十年，他说台湾领导人已经提到了这种可能性，北京也考虑到这个问题。谈判达到一个维持稳定的协议可以使两岸最终地位问题的协议具有更大的谈判灵活性（即包括台湾赢得更为自主的地位）。具体建议为：1. 他认为最重要的是，"台独"和大陆军事解决方案不能作为谈判的议题;2. 协议的概念必须在没有第三方干预的情况下达成，并且必须为海峡两岸所接受，而且任何可能的协议必须能够承受台湾选举带来的挑战;3. 美国必须表明它支持达成这类协议的努力，并且愿意在受到邀请时提供帮助;4. 北京必须同意，无论是清楚还是含糊的，"一中原则"不必作为长期稳定的框架协议谈判的前提条件 。"Political and Security Developments in the Taiwan Strait，" A Panel Discussion with Kenneth Lieberthal，Michael Swaine and David M. Lampton，http:// www. nixoncenter. org/index. cfm? action = showpage&page = taiwanstrait.

② Michael D. Swaine ，"Non-Military Considerations：Evolving Trends and Policies in the US，China，and Taiwan，" http:// www. carnegieendowment. org/programs/china/chinese/Research/US-ChinaRelations/Swaine. cfm.

③ Michael D. Swaine ，"Non-Military Considerations：Evolving Trends and Policies in the US，China，and Taiwan，" http:// www. carnegieendowment. org/programs/china/chinese/Research/US-ChinaRelations/Swaine. cfm.

表态首先强调陈水扁的行为没有违背维持现状的承诺，美国国务院发言人迫于压力在 3 月 2 日，又表示希望陈水扁确认没有废统。[①] 这说明，美国台海政策的核心仍然是维持现状，这一点不会轻易改变。如果陈水扁的言行引发进一步的后果，美国将可能收紧绳索，向台湾施加更大的压力。

[①] Adam Ereli，Deputy Spokesman of US，Senior Taiwan Officials's Comments on National Unification Council，http://www.state.gov/r/pa/prs/ps/2006/62488.htm.

美国在台海问题上的介入方式

—— 一种预测分析

在未来台海问题上，美国绝不会袖手旁观。[①] 美国的首要目标是促成"台湾和平独立"，次要目标是维持台海"不统不独"的现状，第三大目标是阻止大陆武力解决台湾问题。介入的方式不外乎军事手段、外交手段和经济援助手段。军事手段主要有军售、围堵、威慑、协同作战或战争时出兵（又可分为以海空军参战和以地面部队参战等），而外交手段则包括协调与谈判，经济援助则与政策目标和军事目的保持一致，通过提供或控制独家援助以达到影响台湾局势和政策走向的目的。

一 美国为何介入台湾问题

美国介入台海事务是历史形成的，同时又有其长远的战略考虑。

（一）历史因素：美国利用了历史上的时机介入台海事务

从历史上看，美国对台政策经历了脱钩、调整、结盟等几个阶段。由于冷战的爆发和朝鲜战争的开始，美国重新确认了台湾在其亚太安全战略中的意义。中美关系正常化及中美建交的结果，使得美国放弃了对台关系的官方性质，但仍保持着包括军事联系在内的密切联系。美国利用中美战略合作之机，大行双轨政策，并以《与台湾关系法》实施对台湾的保护之责。冷战期间中美之间的战略合作在一定程度上超越了中美之间在台湾问题上的分歧，为美国介入台湾问题留下了隐患。

---

① 美国台湾问题专家 Lasater 认为，现在所有美国原有的不干涉台湾事务的前提已经消失。显然他认为现在是出台美国新的台湾政策的关键。Martin L. Lasater, *Policy in Evolution*: *The U. S. Role in China's Reunification*, Boulder & London, Westview Press, 1989, p. 150.

美台共同防御条约以及后来的《与台湾关系法》，实际上为美国介入台湾问题留下了大量的政策缺口。《八一七公报》也存在中美各自表述的分歧。这些都为美国介入台海事务留下了政策上甚至是法律上的借口。

（二）战略因素

1. 美国介入台海事务的战略因素具有明显的持续性

无论是冷战时期还是冷战后，台湾始终被美国视为亚太战略部署的一部分，是美国在亚太地区沿海锁链的一个组成部分，美国在台湾的利益是与其东亚地区的安全结构连在一起的。美国如果丧失台湾这一环，将可能引发亚太地区安全结构的改变。如果台湾出现问题，美韩同盟的可信性也会受到影响，一旦朝鲜统一，哪怕是以南方为主的统一，美国也很难维持其军事存在。美日同盟将失去扇形支撑，美国的亚太同盟体系将可能瓦解。

一般而言，台湾问题是大陆的核心问题，但不是美国的核心利益。双方在这个问题上的关注程度和投入程度显然是不一样的。因此就对台问题而言，显然存在不对称的问题。但若将台湾问题置于中美战略较量的视角下，则台湾问题在美国政策中的力度将会大大增强。

按照多数中国学者的看法，台湾还是美国牵制中国大陆的重要因素。冷战结束后，美国为了阻遏中国的崛起，更是将台湾视为手中的重要工具。"9·11"事件后美国在重构其全球战略利益，在亚洲仍然维持对中国的遏制。因而台湾在其亚洲战略重构计划中自然占有重要地位。①

2. 美国支持台湾的"承诺"和"信誉"问题

美国将东亚地区视为美国的战略势力范围，这一地区的任何热点问题都与美国的安全利益连在一起。美国对台湾的介入首先是美国维持其民主阵营的问题。② 另外，《与台湾关系法》为美国介入提供了所谓"法律"

---

① 连清川：《美国对台政策在微妙转换》，《21世纪环球报道》2003年1月13日。
② 这是冷战后的新提法，两蒋时期主要讲的是战略利益。

依据。因此，美国对台湾的所谓承诺关系美国对东亚的控制力和影响力。

因此，美国对台问题的干预是必然的，美国以什么方式进行干预以及干预的程度才是问题的关键。

二 介入的方式和特征

美国目前介入台湾问题着眼于两点：首先是阻止大陆武力解决，这是美国的政策重点。这又包括两方面做法：（1）抑制台湾的"台独"走向，但绝不是压制台湾。因为适度的纵容符合美国的利益，也被认为是对民主体制的支持。（2）加大针对台海危机的武力部署，希望通过具有实战意义的武力部署来阻止中国大陆用兵的可能。其次是维持两岸不统不独的现状。维持现状是美国介入台海问题的可行而且是最为重要的政策基础。维持现状是阻止两岸统一的最佳的现实的也是风险最少的选择。通过时间上的拖延，美国希望达到两岸永远分裂的目的，"从1949年至今，美国共和、民主两党尽管几乎在所有问题上都存在歧见，但对台海两岸政策却有一条共同的底线，那就是不让两岸统一，尽量让两岸分裂，最好是永远分裂"。[1] 简而言之，就是不统不独不武的"新三不"政策，这就构成美国对台新双轨政策的基点。从美国介入台湾事务的历史，我们可以判定以下两点。

第一，美国不可能成为真正的两岸调停者。历史上中国一直请求美国在台湾问题和平解决的进程中发挥正面影响，曾要求美国帮助中国解决台湾问题，但多次遭到美国的拒绝，因为在美国看来这并不符合美国的最大利益。[2] 从当前和未来的形势看，美国仍然不会在台湾和平统一的问题上发挥正面影响，而会采取随机应变的态度，"美国作为两岸对话的协调人，在一定程度上都不被两岸所信任"。[3] 美国的表态是支持台湾问题的和平解决，这个和平解决应该是既包括和平统一，还可能包括和平独立的内容，

---

① 林博文：《美两党共识：台海永远分裂》，《亚洲周刊》2005年9月26日，转引自《参考消息》2004年9月29日。

② 陈毓钧：《一个中国与台北—华府—北京》，环宇出版社，1996，第42页。

③ Michael D. Swaine, "Non-Military Considerations: Evolving Trends and Policies in the US, China, and Taiwan," http://www.carnegieendowment.org/programs/china/chinese/Research/US-ChinaRelations/Swaine.cfm.

并不是单单支持和平统一。里根政府时期的六项原则表述得很清楚，① 在台海问题上美国的政策出发点是自身利益。因此，美国绝不可能成为两岸之间公平的调停者。

美国在现阶段不可能支持大陆与台湾的统一。首先，美国出于自身利益考虑，并不支持中国政府的和平统一方案。其次，台湾的离心倾向有助于美国对中国实施的牵制战略。美国的政策起点和目标仅在于维持现状而已，美国的台海政策实际上是一种"抑制行为"。② 因此，美国在台海问题上的介入方式可能更多体现为制衡而不是调停。

第二，威慑与威慑升级将是美国介入台海事务的重要手段。对于台海危机，美国显然准备了不同预案，这些预案包括在关键时刻的脱离或更深介入的措施，尤其是不同阶段的不同对策。美国采取的将可能是层次介入法，每一层次均有不同的介入底线和介入方式，这种介入阶梯也是避免美国深度介入的方式之一，层次介入还可能为美国谋取有利的战略时差，使美国保持随机应变的可能性。③

威慑以及威慑升级的方式将是美国避免风险代价的重要手段。在应对可能的台海危机过程中，威慑将成为美国经常使用的介入手段，威慑是一种预防性的手段，强调威慑的震慑力和有效性将能够避免美国担心的实际风险的出现。为了减少风险，预防性威慑或预防性防御部署将是美国政策的首选。核威慑也可能成为其政策选择之一。

慑止大陆，控制台湾，保持台海现状应该是美国介入台海事务的政策依据。为了避免安全两难，美国会试图在大陆不武和台湾不独之间找到一个政策交汇点，但绝不是将台湾完全束缚，而是会给台湾制造适度紧张提供一定的条件，以便使台湾这张抑制中国中央政府的底牌能够发挥更大效用。

---

① 里根政府明确表示，美国不会充当两岸的调停者，美国也不会向台湾施加压力与大陆谈判。见"John H. Holdridge and Six Assurances," http://cns. miis. edu/straittalk/appendix% 2042. htm。

② Michael D. Swaine, "Non-Military Considerations: Evolving Trends and Policies in the US, China, and Taiwan," http://www. carnegieendowment. org/programs/china/chinese/Research/US-ChinaRelations/Swaine. cfm.

③ 如果危机升级，美国会率先提供后勤服务以及武器弹药，并在国际上营造反华环境，同时实施有限的军事封锁和交通封锁，这既可以实现对台承诺也避免了直接介入。

（一）美国介入台海问题现有的和可能的方式

1. 军售方式介入。这是现阶段主要的介入方式。美国对台军售具有复杂的动机，既包括商业和社会利益，也含有政治和军事意义。更为重要的是，台湾将美国对台军售视为美国政治和军事支持的象征，从而使一部分民众妄信美国对台的保护承诺，加大"台独"的步伐。一方面，美国乐于利用这一点来换取商业利益；另一方面，美国也看到这种做法的风险。因此，美国对台军售必然与美国对台政策连在一起，服从于美国对台战略的总体实施。

对台军售是美国介入或影响两岸政策的重要手段之一。一方面美国想通过军售来减少中国政府武力解决台湾问题的可能性；另一方面也通过军售向台湾传达美国对它的支持，避免台湾摆脱美国指导的轨道。今后如果美国希望通过对台湾军售的方法来阻止战争的发生，则有可能通过强化进攻性武器和海上作战武器的方式来增加台湾的作战能力，以军售或援助的方式来减少自身可能面临的风险，是美国自罗斯福政府以来常用的做法。需要指出的是，美国对台军售不仅仅有巨大的经济利益，而且有政治和军事战略的复合需要，因此这种方式不仅难以终止，反而会在相当一段时间内持续。

2. 外交上改变政策。从历史上看，美国提出过"两个中国"政策，遭到过海峡两岸的共同反对。而现在的情况不一样，因为台湾不仅不再反对，反而有可能希望美国反对一个中国政策。因此，美国在政策上面临新的具有诱惑力的选择。冷战后，美国"两个中国"政策上扬，"美国台海政策的两根支柱中的'和平原则'日益强化，大有架空'一个中国'之势"，"布什政策正在空洞化'一中政策'"。[①] 如果出现军事冲突的危机，美国可能再次宣布"台湾地位未定论"或"台湾问题国际化"，推动台湾向着"独立"的方向发展。宣布台湾中立也可能是其政策选择之一。从历史上看，美国不止一次重提"台湾地位中立化"的主张。

3. 美国可能以联盟的形式应对海峡冲突，同时会考虑到这一地区力量组合的变化。如果美国对中国最终实现的目标是围堵，那么必然依靠其联盟体系的力量。以联盟的方式介入台湾问题，而并不单独出面，可以使美

---

① 连清川：《美国对台政策在微妙转换》，《21 世纪环球报道》2003 年 1 月 13 日。

国处于更为有利的位置。美国盟国的态度可以决定美国是否将单独应对风险。目前亚太地区美国的盟国对于美国介入台海事务观点不一，但美日联盟不断趋强是一个值得关注的新现象。2005 年 2 月 19 日，美国和日本在"美日安全保障磋商委员会会议"后发表的共同声明首次将台海问题列入"共同战略目标"，① 显示美日联盟合作的措施更为具体，合作指向更为明确。在台海危机升级的特殊时刻，也不能排除美国强化与台湾准联盟的军事合作方式或与台湾重新结盟的可能性，加强与台军事合作关系可以强化威慑效果，使承诺和约束更为有效和长久。但从战略风险的角度看，美国不大可能公开宣布与台湾结盟，可能会以秘密约定的形式强化美台共同应对危机的方案。

4. 直接卷入与中国的军事冲突，这是中美双方最不愿看到的结果。这又存在两种可能：一种是两国军队直接交战，从而演化为东亚局部战争甚至核战争。这是一种没有赢家的结果。因而美国可能采取第二种军事介入方式：形成军事对峙而并不直接发生冲突。即在两岸军事冲突发生前，让包括第七舰队航母战斗群在内的军事力量提前进入海峡地带，使得中国政府在实施军事打击之前即不得不直面与美国的军事冲突，增加中国政府的决策成本和决策风险，动摇中国政府的军事解决信心。

（二）介入的特征

对于美国而言，一方面需要完成对台湾的承诺，从根本上实现对美国自身利益的保护；另一方面要避免与大陆发生大规模的军事冲突。因此，实质上，美国的介入必然是阶段性、有限度而且是灵活的。

从历史上看，美国一直以来希望保持一个"消极而间接"的调停角色，② 而不是"主动而直接"的角色。台湾对于美国而言具有战略意义，但并不涉及美国的核心利益。因此，在风险和利益的权衡中，美国显然会谨慎从事。美国介入台海事务的原则底线将可能是以现有模糊介入的方式来避免未来的深度介入。美国不断声明将介入台海事务，显然更希望这种表达能够慑止美国不希望看到的危机或战争爆发。

---

① 国际在线：《美日安全磋商委员会联合声明》（全文），http：//news. qq. com/a/20050221/000656. htm，2005 年 2 月 21 日。

② 陈毓钧：《一个中国与台北—华府—北京》，环宇出版社，1996，第 43 页。

1. 可变性。针对不同情况美国会选择不同的介入方式。虽然美国表示反对单方面改变现状的做法，但美国介入的方式还是不同的。如果中国政府单方面以某种理由率先采取军事行动，美国介入的程度会比较高。而如果台湾宣布"独立"在前，大陆采取军事行动在后，美国介入的理由和形式则会有所不同。大陆采取军事解决方式的条件是台湾宣布"法理独立"，因此美国要想避免介入台海危机，则必然会首先抑制"台独"。目前美国的官方声明中并未表明如果台湾宣布"独立"引发军事危机，美国将必然卷入其中。但一些美国决策圈人士均建议美国应该明确美国将不会支持"台独"。① 显然两种介入方式应该是有区别的，美国的官方表态是美国现在反对任何一方单方面改变现状，② 但现阶段这一政策似乎是对台湾有利。显然，美国对台政策是一个可变的政策。维持现状本身也是可变的过程，也会有倾向性的选择：一是向支持两岸统一的方向转变，二是向支持"台独"转变。

2. 平衡性。美国的台海政策是以两岸平衡政策为基础的。美国已经意识到，美国必须对中国施加更大影响，而不是仅仅对中国的一角——台湾发挥影响。美国要想对中国发挥更大影响，就必须在两岸实行平衡政策。只有实行了这种平衡政策，才能更好地发挥台湾对大陆的制约作用，也才有可能在更大程度上控制台湾。否则，台湾这张牌的作用就会十分有限。

美国一直致力于能够阻止武力解决台湾问题，一直反对武力解决的任何方案。美国认为两岸军力的不平衡是武力解决的前提，因此，美国的作用是促进这一平衡。第一是宣称美国一定会介入，第二是促进台湾形成某种平衡。当然美国直接介入是第二选择。为了避免美国介入，首先就要促进台湾军力的发展。如果台湾能够在美国援助下形成对大陆的平衡威慑，美国才会减少介入或不介入。因此售武和军事协防将会是美国未来的选择。

---

① David M. Lampton, "Cross-Strait Relations: The Present and Near Term. A WashingtonView," http://www.nixoncenter.org/publications/LamptonSpeech.pdf.

② James A. Kelly, "Overview of U.S. Policy Toward Taiwan, Testimony at a Hearing on Taiwan, House International Relations Committe, Washington. DC, April 21, 2004," http://www.mtholyoke.edu/acad/intrel/china/kelly.htm.

3. 安全性。这是针对美国安全而言的，如何以最小代价最大程度地维护住美国东亚霸权是美国对台政策考虑的重点，这可以称为在台湾问题上的最小代价原则。美国官方显然在谋划避免深度卷入又不至于失去信誉的政策选择。从历史及各种因素来看，美国的方式可能是以控制台湾改变政策的做法来使自己脱钩或摆脱不利的困境。

战略模糊政策仍然是首选。所谓战略模糊并不是美国没有选择，而是可能有多项选择；战略模糊并不缺乏可操作性，所谓的模糊是针对台海局势可能出现的变化而言的，包括对台公开承诺的模糊和对中国政府的威慑性模糊，模糊威慑是一种更大的威慑。战略模糊只是一种战略迷彩，如果危机升级，美国会迅速逐层撕去战略伪装。

总体而言，美国介入台海危机有两种不同的情况：一是两岸维持现状，美国将采取双轨政策，一方面维持与台湾非正式的准联盟的军事关系，继续向台湾出售武器，强化在导弹防御体系方面与台湾的合作，另一方面威慑同时又维持与中华人民共和国的官方关系。第二种情况是危机爆发后，美国必然会采取面向台湾的危机倾斜政策。比如军事部署、经济和军事援助、封锁或打破封锁，还有就是直接的军事干预。在这一过程中，美国的政策将依自身利益而调整，比如适时脱身，或局部明晰中仍然保持总体模糊，还有就是迫使危机减缓、重回维持现状的状况，最后一种选择才是直接军事卷入。

结　语

目前美国对台政策的核心还是建立在美国对中美关系性质的看法上。一种建立在中美冲突的基础上，即认为无论中国和平解决还是武力解决台湾问题，都绕不开与美国的对抗，中美对抗是战略性和结构性的，美国正实施对中国遏制的军事部署，台湾是美国遏制中国的重要一环。中国攻打台湾正是美国削弱中国之时，中美必有一战。[①] 另一种看法的基础是中美可以和平共存，中美之间的利益大于分歧，美国在大陆有更大利益，台湾不是美国的核心利益，美国不应因为台湾与中国开战。美国应尽力维持和

---

① 〔美〕理查德·伯恩斯坦、罗斯·芒罗：《即将到来的美中冲突》，隋丽君译，新华出版社，1997，第 18 页。

平的现状，并促进海峡问题的和平解决。① 还有一种看法对中美关系和台海问题持观望态度，在涉及中国统一的问题上，单纯强调和平解决而并不是支持和平统一。因为美国意识到现阶段和平统一的可能性很小，因此美国的政策有阶段性的保留。而一旦和平统一真的摆上日程，或许美国就会改变态度，而彰示美国支持维持现状或分裂的真实意图。②

无论是对华问题的鹰派还是鸽派都是主张维持现状的，只是在战略意图和使用方式上有区别。鹰派认为中国军力发展将构成对台直接军事威胁，主张强化对华军事遏制，鼓吹"中国威胁论"。③ 而鸽派则主张搭建一个危机控制的框架机制，使和平与稳定的现状保持若干时期。④ 一般而言，美国的对台政策还是一个折中的产物，即一方面采取军事施压和军事威慑的手段力求维持现状，另一方面加强与两岸的接触与合作，维持竞争性相互依存的局面。

---

① 约瑟夫·奈认为美国应当澄清对台政策，既反对武力统一又反对"台独"，鼓励海峡两岸和平解决它们之间的问题。Joseph Nye，"A Taiwan Deal，"*Washington Post*，March 8，1998。

② 20世纪90年代曾出现这种情况。石之瑜曾写道："早先美国只是玩游戏，看到辜汪会谈将临，两岸气氛热烈，就赶忙公布李总统要访美，果然成功地阻挡住两岸缓和的倾向。"石之瑜：《创意的两岸关系》，扬智文化事业股份有限公司，1997，第209页。

③ 2005年7月19日美国国防部发布的《中国军力报告（2005）》，http：//jczs. sina. cn/2005 - 07 - 20/1353307497. html。

④ David M. Lampton，"Cross-Strait Relations：The Present and Near Term. A WashingtonView，"http：//www. nixoncenter. org/publications/LamptonSpeech. pdf.

第四篇

地区安全问题

东亚安全模式：共存、
并行还是置换？*

冷战结束以来，人们对东亚安全提出了一些新设想，其中包括以倡导新安全观和建立新型安全机制的多边安全或合作安全构想，还有以东南亚国家发起和主导的东盟地区论坛（ARF）为基础的安全共同体的设想，这些设想涉及以下几个问题：（1）东亚安全的规模与范围；（2）东亚新安全模式的探索与可行性选择；（3）东亚多种安全形态共存的可能性和时效性；（4）可替代的具有普适性的安全模式产生的条件；（5）东亚安全的限度。其核心问题是东亚新旧安全模式之间的互动关系，究竟是长期共存、并行不悖还是能够在不太长的历史时段里实现安全模式的全面置换。

一　实现东亚安全的困境

从理性分析入手，我们将发现冷战的结束并没有实现东亚地区的权力分配和安全关系的根本改变，冷战遗留问题没有得到解决，冷战时期的战略对峙结构依然存在。传统安全问题依然十分突出：边界、领土、领海权益争端以及民族宗教矛盾和冲突等仍然为地区安全带来巨大的隐患。

诚然，东亚地区结构也呈现出一些新的变化。第一，地区安全问题的全球战略意义相对降低，地区化与全球化之间既有良性互动，也呈现出因发展不同阶段和不同程度所带来的相互排斥。地区化的安全利益与全球化的大国利益之间出现新的矛盾。第二，传统安全与非传统安全相交织，如领土纠纷之类的传统安全问题同新型的能源安全问题交织在一起。又比如朝鲜半岛既有大国之间的结构性对抗，也有围绕反核扩散问题的大国合

* 本文发表于《世界经济与政治》2005 年第 11 期。

作。不同国家以及不同的安全组织既可能针对共同的安全威胁，也可能针对不同的安全威胁，有些国家还互为威胁对手。第三，经济上的相互依存普遍加深，给危机的管理、安全关系的强化带来了复合影响。第四，新型的安全观念和安全意识得到广泛的推广和重视，相关实践和探索已经取得阶段性成果。如围绕着朝核问题的六方会谈以及东盟安全共同体路线图的提出使得新型安全合作模式初现端倪。

然而，东亚的安全困境却是不容忽视的。第一，差异问题使合作步履维艰。从东亚地区内部看，差异问题十分突出，既有发展程度的差异，也有观念的差异，还有区域内部的差异。亚洲地区一方面在观念上强调集体主义；另一方面国家特性突出，国家间认同比之欧洲地区差，一体化程度较低。互不信任、互不认同使国家间的隔阂难以消除。这在一些国家关系上体现为既合作又相互防范、既冲突又依存、既是伙伴又是对手。

第二，从东亚安全模式的角度看，新安全机制缺乏普遍性和机制化的安排，普适性还不强。1993 年 7 月东盟外长会议确立的东盟地区论坛为东亚和亚太区域安全体制的确立奠定了重要组织基础，但东盟地区论坛还是一个立足于东南亚的组织，难以涉及东亚地区所有的安全问题，"涉及亚太地区的传统热点，比如朝鲜半岛问题、台湾问题和南海争端等传统安全问题，ARF 的局限性是明显的"。① 从东亚整体安全而言，仅有东南亚安全机构是不够的，同时也是不对称的。

第三，从东亚地区合作的角度看，新旧安全模式之间缺少交集点，新旧安全观念的碰撞十分突出。美国主导的多组双边联盟仍然是这一地区安全结构的主要形式。联盟的存在是以威胁为基础的，具有很强的排他性。美国主导的亚太联盟体系的指向性导致了地区安全的潜在对立，使得联盟外的国家除了寻求传统的力量均势之外，难以实施新的安全构想，更难以创立和推广新的可替代或可涵盖传统安全模式的方式。

第四，倡导新安全观的国家自身也在强化传统安全力量，没有放弃对大国制衡的依赖。东亚一些国家认为美国军事存在对维护它们的安全和亚太的稳定具有重要作用；希望通过主要大国之间的合作与制约，确保该地区的安全与稳定。联盟内外的一些国家仍对传统安全模式尤其是联盟模式

---

① See Seng Tan and Amitav Acharya, eds., *Asia-Pacific Security Cooperation: National Interests and Regional Order*, New York: M. E. Sharpe, 2004, p. 17.

抱有期待，相信通过传统的力量制衡模式可以确保一些中小国家的安全。另外，东亚地区对传统军事实力的追求仍然比较突出，从深层次分析，这体现了中小国家谋求中立与自主同大国谋求主导之间的矛盾。

因此，东亚地区缺乏整体的安全机制，呈现分割的、块状分布的态势，"目前，东亚安全机制是一个松散的混合体，其中美国的军事存在、东盟地区论坛和'10＋3'都起着作用"。[①] 这主要体现为两种不同的模式：强调部分国家安全的传统的权力均衡模式和倡导共同安全的新安全模式。从本质上看，两种安全模式体现了两种安全观念的较量。

同时，倡导新型安全的国家自身也无法摆脱传统安全的困境。这使得新型安全观和安全模式的推广与实践步履维艰。尤其是一些大国对新型安全模式持观望和怀疑态度，甚至排斥新型安全探索。[②] 这就导致了一些国家采取灵活的复合政策：一方面积极呼吁和倡导新型安全观，主张共同安全、综合安全；另一方面仍然无法放弃强硬的传统对抗方式——无论是公开对抗还是暗中较量，即使是美国的东亚政策也包括合作与对抗两个侧面。总之，东亚地区的安全合作绝不是指日可待的，其安全合作是有限度的。

二　东亚安全模式建立之可能性

东亚地区两种安全体制的冲突、较量与共处是最值得关注的问题。在体制之间的差异甚至是相互对立的前提下，如何导向合作并如何使这种合作能够持久是东亚安全的首要前提。

在东亚的现实环境中，实现东亚安全合作关键取决于三个方面：第一，能否扩大安全共识，形成有效维护共同安全利益的机制，尤其是在应对共同安全威胁时，合作安全能否得到提升，比如反恐、反核扩散问题的机制建设。第二，能否促使各国决策中的权力自律意识得到加强。第三，这种安全机制能否使现实主义的安全困境得到抑制。在复合相互依存的背景下，东亚地区的安全合作具有新的可能性。

---

① Jusuf Wanandi, "The Architecture of Security Cooperation for a Durable Regional Security in East Asia," 转引自阎学通、周方银编《东亚安全合作》，北京大学出版社，2004，中文简介，第14页。

② 比如日本以主导权之争为名，对东亚新型安全合作持消极态度。

第一，东盟与中国等国倡导的东亚安全合作有了重大进展，并产生了巨大的示范效应。东盟地区论坛是东亚地区最大的安全对话机构："东亚各国最近已就建设东亚共同体达成共识，而实现这一目标较为现实可行的路线图可能是：东盟自身的一体化进程保持领先一步的态势；东盟经济、安全、社会共同体的建立领先于东亚共同体的推进；与此同时，中日韩三个地处东北亚的国家将在这一总框架内发挥日益重要的作用。"① 东盟与中国共同推动的贸易一体化与安全合作正在探索着一条适合东亚自身特点的安全模式。这种由贸易导引的区域合作将不仅具有经济意义，也会对地区的安全稳定带来重要影响，很有可能是走向东亚全面安全合作的正确途径。

第二，形成一个具有较大涵盖面的安全机制具有理论和实践上的可能性，也就是说使分割的安全机制实现初步合作或使安全机制的范围得到拓展是一种可能的尝试。在一个存在对抗关系的地区形成可兼容的安全机制在理论和实践上都应该是可行的。新安全机制不同于安全共同体，它的要求比安全共同体要低，因此形成一个可兼容的安全机制符合东亚地区的现实。"安全机制并不必然意味着参与者对整体联系、合作、一体化或相互依存感兴趣。"②

同时，谋划中的东亚共同体也应该是一个开放的体系，而且它不仅仅是一个自然的开放体系，还应该是在一定发展阶段后成为具有较强的吸纳能力的体系。从安全合作的角度而言，公开性或开放性的重要之处在于可以在合作中或构建安全共同体的过程中避免新的分化。

第三，大国之间的合作具有新的发展潜力和契机。虽然东盟论坛的作用日益增大，但这一地区安全合作的构造还取决于大国之间的合作。美国因素在东亚安全中作用十分重要，美国作为这一地区影响力最大的国家，理应在东亚安全合作的构建中发挥更加积极的推动作用。这里，美国的联盟体制与其他国家看待联盟的态度是一个关键。目前，这一地区的危机预防和管理实践为新型合作安全模式探索提供了新的契机。对于美国在东亚安全中的未来作用，弗朗西斯·福山提出的共建思想值得关注，福山认为冷战的安全制衡体制已经无法适应东亚安全的现实，"一直以来，亚洲缺

---

① 王毅：《亚洲区域合作与中日关系》，《外交学院学报》2005 年第 1 期。
② 〔加〕阿米塔·阿查亚：《建构安全共同体：东盟与地区秩序》，王正毅等译，上海人民出版社，2004，第 24 页。

少强有力的多边政治机构。亚洲的安全不是靠多边条约，而是通过一系列以华盛顿为中心的双边关系，尤其是《美日安全条约》和美韩关系来确保的……它们越来越不适合正在形成中的政治格局"。福山建议在东亚设立常设性五国机构将有助于为该地区的新秩序提供基础，"它可以成为中日韩美俄之间沟通的直接渠道……通过从外部支持和引导这些多边机构的演变，而不是充当妨碍者的角色，华盛顿可以更好地促进自己的利益"。[①]

第四，中美之间存在较大的合作空间。作为东亚地区最大的国家和太平洋最有影响的国家，中美之间的合作是东亚安全合作构建中的关键。中美之间不仅在经济上具有互补性（中国已经是美国第三大贸易伙伴国），在安全利益上也有互补性——比如在朝鲜半岛事务和地区安全方面。美国可以在一定程度上抑制日本的军国主义政策，而中国可以在朝鲜半岛事务中发挥特殊作用。目前两国之间的冲突多数为理论上的"推演冲突"，是有可能抑制的。

当然，东亚地区的安全合作必须与这一地区关系的根本改变联在一起，包括与朝鲜核危机、台海危机、中日关系的改善联系在一起，它必须按照阶段性的、符合东亚安全发展进程的程序向前推进。

三 实现安全合作的途径

新型合作必须是观念更新后形式和内容全面变革的产物，虽然为时尚早，但却是发展方向。大国努力营造的新型合作模式应该是开放的、共赢的、互利的、普适的、不以牺牲他国利益为代价的。面对分裂与统一、自主与依附、冲突与依存、合作与防范相互交织的东亚地区现实，这一地区只有在倡导克制、自律、包容的理性原则指导下，逐步形成普遍的安全共识才有可能走向安全合作的新目标。建立和发展安全与信任措施（CSBM）是亚太地区安全合作的关键。安全与信任措施立足于规避冲突，而不是针对外在对手的直接反应，也不会导致正式的或默契联盟（Tacit alliance）。[②]已有的大量实践表明，官方与非官方、第一轨和第二轨相互促进的方式能

---

① Francis Fukuyama, "Re-envisioning Asia," *Foreign Affairs*, Vol. 84, No. 1. Jan-Feb. , 2005, p. 75.

② See Seng Tan and Amitav Acharya, eds. , *Asia-Pacific Security Cooperation*: *National Interests and Regional Order*, Armonk, N. Y. : M. E. Sharpe, 2004, p. 10.

够带来良好的效果。尤其是第二轨联系方的随意性和灵活性，可以涉及更多敏感话题，从而促进官方渠道对话的展开。无论是亚洲展望小组还是东亚思想库网络在这方面均做出了开创性的贡献。同时，通过合作监督机制来增进信任也是一个有效办法①。

实现东亚安全合作，除了基础性的建立安全与信任措施之外，更为重要的是解决好各种安全模式之间的相互关系，确定安全模式之间的合作路线图。由于没有一个可替代和可兼容的机构，各种安全模式纷乱杂陈，因此首先是理顺关系，形成共存共治的局面，在初步合作信任的基础上，逐渐引向更大范围和更具有普遍性的安全合作，最后形成具有广泛代表性的安全共同体。

由此可见，东亚地区实现全方位的安全需要经历几个重要阶段，见图1。

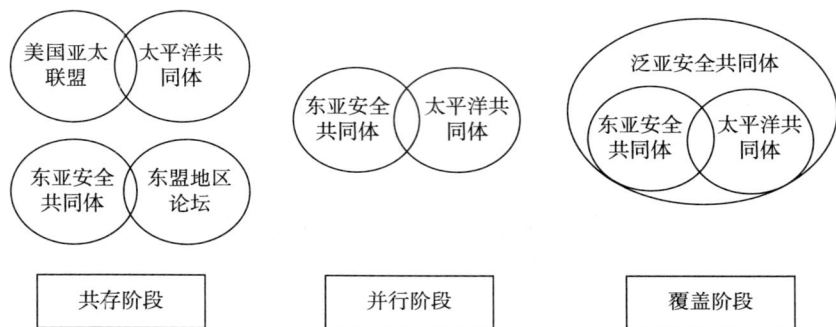

图 1　东亚安全合作的阶段

（一）多种安全模式共存阶段。在构建亚洲安全合作的进展中，必须要有宽阔的视野和长远的规划，排斥或回避这一地区现存的多种安全模式、不能处理好这些安全模式之间共存的关系是难以真正实现共同安全的。封闭的体系只能带来局部的安全而不会带来整体的安全。首先是面对现实，在既有现实的基础上，谋求新型合作方式，加强这一地区之间建立于共同安全基础之上的信任。当前，在这一地区既存在着发展程度的不同，也存在着复杂的历史纠葛，一些国家间的利益冲突并不是短期内能够

---

① Waheguru Pal'singh Sidhu and Jing-dong Yuan, "Resolving the Sino-Indian Border Dispute: Building Confidence through Cooperative Monitoring," *Asian Survey*, Vol. XLI, No. 2. March/April, 2001, pp. 354–360.

解决的。因此，在观念和政策上并不能强求一律，对彼此信任的期待也不能要求过高。

其次是尊重差异。在这方面，中国古代深邃的文明思想可以为我们提供丰厚的理论依据，有助于亚洲共同体意识的形成。如孔子的中庸思想即可以为我们提供借鉴，"所谓中庸是中和（非排他）、中立（非对立）、中性（非单一）、适当（非极端、非过激）的综合概念"。"薄来厚往"，[①] 这些思想对于亚洲共同体意识的形成将产生巨大的引导作用。亚洲国家历来有尊重文明多样性的传统，只要遵从平等、协作与发展的原则，完全有可能培育和形成促进宽容与融合的多元共存的合作环境。从历史上看，即使在强调一元性排他性的宗教领域，中国也建立起宽容的多神宗教意识，儒教、佛教、道教三种宗教的"精神互补关系"成就了亚洲的多神和谐局面，"这种多神、多样、多元的亚洲宗教避免了欧洲式的宗教战争。中国提供的宽容的多神宗教意识对亚洲，特别对东亚和平发挥了重要的历史性作用"。[②] 由此可见，共同体意识的形成并不必然伴随着自我意识的消失，两者可以和谐共存。

最后是更新观念。特别值得注意的是，差异并不一定直接或必然导致冲突，反而是一些共有的传统观念容易引发冲突，因此，和谐共存并不排斥观念的多样性，但也应该谋求转化或培育新的观念。树立新观念和改变旧观念应该是良性互动的过程，正如建构主义学者所指出的，"如果国家能够改变他们在共同体中作用的理解，合作结构将可能取代现实主义强调的那种自助"。[③]

（二）多种安全模式并行阶段。实现多种安全形态的合作、共同发展。目前的安全形态之间彼此搁置分歧，互不制约，不以取代或消除对方为前提，但可以互为补充。这种互为补充更多地可以体现为无形合作，在组织上保持各自特性和适当距离，但可以通过对话加强联系。主要以对话的形式实现合作，但不涉及机构上的重新组合。这种对话与协商不仅包括以联盟为主要形式的传统安全模式与合作安全模式之间的合作，而且包括其他

---

① 陈洁华对这些思想的总结，详见陈洁华《21 世纪中国外交战略》，时事出版社，2001，第64～69 页。

② 陈洁华：《21 世纪中国外交战略》，时事出版社，2001，第 69 页。

③ Bill McSweeney, *Security*, *Identity and Interests*: *A Sociology of International Relations*, Cambridge: Cambridge University Press, 1998, p. 416.

合作模式之间的合作。尤其是合作安全模式之间的合作更加现实也更有意义。现实的路径在于，在多种安全模式并行发展的过程中，尝试多种安全模式之间的合作。比如与美国的亚太联盟体系的联系、沟通与合作，但并不加入其中。① 美国联盟体系外的国家可与美国的联盟体系进行沟通与联系，但并不加入其中。值得注意的是，东亚的多边安全合作正在不断地发展，如东盟地区论坛、上海合作组织、亚太安全合作理事会、东北亚合作对话会议等。这些组织内的部分成员可以具有双重或多重身份，也可以保持传统联盟的成员身份。这是体现开放的一个关键因素，因为以往的共同体或联盟体成员均是单一或单项选择，非此即彼。因此，多种安全模式并存的阶段实际上是一种相互兼容的过程。这一合作的意义将是十分深远的。

从引人瞩目的共同体构建的进程看，现在实际上是东亚共同体与美国倡导的太平洋共同体长期并行发展的时期。美国老布什政府于 20 世纪 90 年代初提出了以北美为基点，包括日本、韩国、东盟在内的"太平洋共同体"的战略构想，② 克林顿政府在 1993 年 7 月提出建立一个"分享力量、分享繁荣和对民主价值共同承担义务"的新太平洋共同体。这一新共同体的主要构想就是美国积极参与并领导东亚太平洋经济与安全合作。③ 他认为这一共同体"应该取决于美国对维持其条约联盟和在日本、韩国和整个地区的前沿存在坚定和持续的承诺上"。④

这是一个不容回避的现实。人们期待这两个共同体的共存与并行能够在将来找到一个对接点，但现阶段只能并行。既无法相互取代也难以相互摒弃。并行阶段发展的关键不在于是否能够形成有形有界的联合体，或是否能够确认某个国家主导权，而在于互利多赢的实效，是否实现互利共赢是唯一重要的标准。这也是互信的关键、平等的保障。

从另一个角度看，多种安全模式并行阶段并不是另起炉灶，而是维持

① 美国战略与国际研究中心（CSIS）学者 Bonnie Glaser 2005 年 3 月 10 日在外交学院学术研讨会上建议中国应与美国亚太联盟机制加强合作，尤其是加强沟通与协调。

② James. A. Baker，Ⅲ："America in Asia：Emerging Architecture for a Pacific community ，"*Foreign Affairs*，winter 1991/1992，Vol. 70，No. 5，p. 18.

③ Remarks by president Clinton to student and faculty of Waseda University，http://www. mofa. go. jp/region/n-america/us/archive/1993/remarks. html.

④ See Seng Tan and Amitav Acharya，eds. ，*Asia-Pacific Security Cooperation：National Interests and Regional Order*，New York：M. E. Sharpe，2004，p. 13.

东亚安全的稳定现状，这一阶段有可能出现两种可能：一种是走向交叉与融合，另一种是加深对立与敌视。因此，并行阶段是东亚合作的关键时期，因为它决定着前进还是倒退的趋势。和谐并存的另一重要因素是美国主导的亚太联盟体系必须让位或消融于具有更大代表性的安全合作机制。

另外一个关键问题在于必须营造东南亚和东北亚两翼齐飞的局面，也就是说既发展东南亚的区域安全合作，也发展东北亚的区域安全合作，尤其是在这一阶段强化中日韩三国的合作示范作用，待两个次区域安全体制发展成熟后，再形成一个更大的合作安全体。

（三）覆盖阶段，或可称为涵盖阶段。① 在此阶段会有一个包容性强涵盖面广的安全复合体出现。它的最大作用在于取代或置换了原有的多种安全模式，它首先具有主导性，其次具有唯一性，最后具有普适性。这种新型模式有一个主要前提，就是具有新的覆盖功能和新的覆盖面，具有推动模式之间功能转换的作用。正如福山所言："在现有的双边机构之外，亚洲需要建立一系列新的多边机构。随着时间的推移，新机构可以接管双边协议承担的许多职责。"②

东亚安全共同体的构建是在全球化的大背景下展开的，因此，它可能具有新的目标和职能。"安全共同体有别于联盟……或者说安全共同体并不充当联合组织反对外来威胁的作用。安全共同体表明了国家集团内部的一种和平与稳定的关系……毫无疑问，安全共同体能够逐步形成一种更高级的联盟。另外，在安全共同体中，联盟能够双边或多边地存在（这样的安排，通常标志着成熟的安全共同体具有一种公正完善的集体认同），但这并非是安全共同体内在的或本质的特征"③ ——显然，巴里·布赞指出安全共同体可以成为多种安全模式之上更高一级的组织。

---

① 这里的覆盖与巴里·布赞的覆盖概念不同。他指出的覆盖通常包括在这个区域武装力量和配置被介入并干涉的大国所覆盖，覆盖后在更巨大的模式中进行更重要的权力角逐。覆盖意味着由于对固有安全动力的压制结果，一个或多个外部大国直接介入地区复合体。由于大国介入地区安全复合体事务而带来常规性干涉。见〔英〕巴瑞·布赞、〔丹〕奥利·维夫、〔丹〕迪·怀尔德《新安全论》，朱宁译，浙江人民出版社，2003，第17、19页。笔者所指的覆盖是一种全方位的、可共享的新安全模式代替或置换了原有模式从而形成一种单一的新型模式的状况。

② Francis Fukuyama, "Re-envisioning Asia," *Foreign Affairs*, Vol. 84, No. 1, Jan-Feb. 2005, p. 75.

③ 〔英〕巴瑞·布赞、〔丹〕奥利·维夫、〔丹〕迪·怀尔德：《新安全论》，朱宁译，浙江人民出版社，2003，第25页。

目前，这一地区的区域一体化无论是对全球化的暂时排斥还是顺应，它都是全球化进程的一个组成部分，随着区域一体化进程的发展，东亚地区安全合作的纵深将会是前所未有的、十分充分的。它将有可能带来新型的泛亚安全共同体的实现。

新型的泛亚安全共同体是以亚洲国家为核心组成成员的开放体系，以东北亚和东南亚两环为主轴，吸收本地区或地区外其他国家参加。在泛亚太安全共同体中形成和平区，所有国家遵循拒绝武力或武力相威胁、普遍裁军、保持低水平防御军备、在区域内放弃使用核武器等原则。所以，东亚未来的安全合作必须建立在全面合作的基础上，且具有普遍的联系性和整体性。

结　论

尽管以往历史上共同体的构建多是强调排他性的，但无论从历史还是现实出发，亚洲安全共同体的构建必须倡导新型的发展模式，走出一条新型合作之路。"亚洲的复兴不应局限于一两个国家，也不就只是体现在局部地区，而应是亚洲整体的发展、亚洲意识的形成以及亚洲与其他大洲建立更为互利共赢的关系。最能反映这一理念的，应是亚洲区域合作。"①

目前能够实施的是为促进新型合作完成基础性的工作，且关键在于使基础工作与未来的安全合作保持一致的方向。当前的任务还是推动联系与合作的发展，阻止破坏现有秩序的爆炸性因素的出现，维持稳定的现状——破坏现状会丧失新的合作可能性。在此基础上探索新途径。

综上所述，东亚地区的安全合作之路将有三大特征：第一，渐进。必须深刻地意识到安全共同体和一体化的发展进程与这一地区政治经济文化发展的程度所形成的制约，因此，分阶段论是必然的。此外，还必须充分考虑到安全进程与一体化进程的关系。一般而言，安全合作进程总是滞后于一体化的其他领域。一体化的过程可以带动安全合作，而安全合作又为一体化的发展奠定新的基础。

面对一些国家还是传统联盟成员这一现实，东亚国家间的安全合作不存在跳跃历史阶段而发展的可能性。东亚国家不必期待或谋求超越现实的

---

① 王毅：《亚洲区域合作与中日关系》，《外交学院学报》2005 年第 1 期。

合作和限度，必须与国际形势和地区形势的总体发展相适应。"合作安全倡导渐进方式、多种层次的安全合作机制，在条件成熟时再建立全区域性的安全机制。"[1] 东亚安全共同体建设的非强制性和自愿性也决定了东亚地区合作的渐进性。"亚洲方式强调耐心、非正式、实用、一致和渐进。"[2]

第二，曲折反复。历史表明，传统安全手段往往在关键时刻颠覆共同安全的安排，并且在相当长的时间内复归主导地位。第一次世界大战后的国联倡导集体安全观念（类同于共同安全），但更多流于形式，很快被传统的强权体制所取代。更需要注意的是某些国家试图主导新型安全合作而行传统强权之路，并始终使新型安全合作处于辅助地位。与此同时，单纯的经济合作手段也不会必然引向政治与安全合作，从经济合作的初期阶段走向政治与安全合作的高级合作还需要合作各方克服阻碍作出巨大努力。

第三，具有广阔前景。因为它代表东亚国家的意志和愿望，代表了东亚安全的正确发展方向，随着充分尊重差异和具有极大的发展空间及发展多样性的亚洲价值观的形成和凝聚力的增强，未来的东亚地区安全模式肯定会形成有别于欧洲的、具有独特地域特色的体系，为人类安全探索出更具有协调、适用、现实、可持续特点的路径。

---

[1] 陈峰君：《当代亚太政治与经济析论》，北京大学出版社，2001，第156～157页。

[2] Desmond Ball, "Strategic Culture in the Asia-Pacific Region," *Security Studies*, Vol. 3, No. 1, Autumn 1993, p. 18.

朝核问题：困境与前景

2009 年的朝核问题风云多变，虽然总体上趋于缓和，但根本解决危机仍面临巨大挑战。当前的朝核问题十分复杂，既有历史积累因素，也有各方互动的效应。美朝关系改变与否是解决问题的关键。当前的朝核问题美朝恶性互动仍未消除，阶段性解决方案陷入困境，谈判议题的程序悖论难以突破。必须避免权力政治思维和冷战思维，寻求新思路，运用创造性思维，发挥外交智慧，才能力图在现有的六方会谈机制下取得一定突破。而在这一过程中，中美等相关国家的战略协作也显得尤其重要。

一 2009 年朝核问题回顾

2009 年朝核问题从形势的变化态势来看，可以分为四个阶段：危机缘起、危机升级、僵持阶段、缓和与僵持阶段。

第一阶段：危机缘起

从 2009 年初到 3 月底。首先是在李明博上台宣布推行强硬政策之后，朝韩双方唇枪舌剑、剑拔弩张。1 月 30 日，朝鲜祖国和平统一委员会发表声明，宣布废止朝韩之间签订的一切关于停止政治和军事对抗的协议，并表示将废除南北基本协议书和附带协议书中"有关西海北方界线（NLL）的条例"。2 月 17 日，韩国国防部即将发表的《2008 年国防白皮书》将朝鲜称为韩国"直接且严重的威胁"。3 月 9 日至 20 日，美韩双方在韩国境内举行代号为"关键决心"的联合军事演习。朝中社在 3 月 9 日凌晨播发朝鲜人民军最高司令部发表的声明。声明要求军队保持高度戒备，随时挫败敌人入侵企图，并于 3 月 9 日切断与韩国之间最后一条军事通信线路，这条业已中断的军事"热线"是朝韩间最后一条通信渠道。

第二阶段：危机升级

从 2009 年 4 月起到 5 月底。朝鲜自 4 月开始一系列被称为"组合拳"的示威和抗议行动。4 月 5 日，朝鲜宣布成功发射"光明星 2 号"试验通信卫星。直至朝中社 5 月 25 日宣布，朝鲜当天再次"成功地进行了地下核试验"。朝核问题第三次危机爆发。第一次危机是由于朝核问题的出现，而第二次危机和第三次危机均是由于朝鲜进行直接的核试验。

朝鲜于 6 月 4 日至 8 日对美国记者劳拉·玲和尤娜·李（音）进行了审理。法院认为，两人的朝鲜民族敌对罪和非法出入境罪罪名成立，分别判处两人劳教 12 年。

与此同时，朝鲜内部也出现一系列经济改革迹象，也就是说军事对抗政策与国内的经济建设同步进行。3 月 8 日，朝鲜举行第 12 届最高人民会议代议员选举。朝鲜第 12 届最高人民会议第一次会议 4 月 9 日在平壤举行，再次推举金正日为国防委员会委员长。4 月 20 日，金正日在全国主导了一场"人人争当（促进经济发展的）150 天战斗的胜利者"运动。"150 天战斗"自救运动旨在鼓励工厂、矿山、电厂和农场增加生产。朝方 2009 年 4 月公布的数据显示，2008 年完成国家预算收入计划的 101.6%，比上一年增加 5.7%。完成地方预算收入计划的 117.1%。国家预算支出计划完成 99.9%，其中国防开支占国家预算支出总额的 15.8%，农业支出较上一年增长 6.9%，科技增加 8%，轻工业增加 5.6%，城建增加 11.5%，教育增加 8.2%，文化增加 3.2%，体育增加 5.8%，卫生增加 8%，冶金等基础工业部门增加 5.6%。[①]

第三阶段：僵持阶段

从 2009 年 6 月 12 日起到 8 月 4 日前，国际社会谴责朝鲜核试，在六方机制和联合国框架下协商处理办法，对朝鲜实施制裁。6 月 12 日安理会一致通过第 1874 号决议，对朝鲜 5 月 25 日进行核试验表示"最严厉的谴责"，并要求朝鲜今后不再进行核试验或使用弹道导弹技术进行任何发射活动。6 月 17 日，奥巴马在白宫与到访的李明博举行会晤，美表示将在朝鲜半岛出现紧急情况时向韩方提供包括核保护伞在内的所有手段。朝鲜对 1874 号决议以及美韩的施压继续保持强硬回应。6 月 15 日，大约 10 万朝鲜军民在平壤参加集会，对 1874 号决议表示谴责和反对。朝鲜人民武力部

---

① 见《朝鲜概况》，中国外交部网站，http://www.fmprc.gov.cn/chn/pds/gjhdq/gj/yz/1206_7。

副部长朴在京在集会上说，朝鲜军队有权对任何挑衅立即进行先发制人的打击，攻击美国的"要害"。在朝鲜战争爆发59周年之际（2009年6月25日），近10万名平壤市民在金日成广场举行了大规模反美群众集会。同日，朝鲜《劳动新闻》发表长篇评论，谴责美国近期表态为韩国提供核保护，称美国此举将使韩国遭"核弹阵雨"报复。

朝鲜7月2日于当天下午在咸镜南道咸兴市以南新上里基地发射了4枚地对舰短程导弹。这一举动进一步加剧了朝鲜半岛的紧张局势。继7月2日发射4枚地对舰短程导弹后，朝鲜于7月4日再次连续发射7枚导弹。美国、韩国和日本随即对朝方此举作出反应，称朝鲜的这种行为违反联合国安理会多项决议，呼吁朝方不要加剧地区紧张局势。

值得注意的是，在国际上风声鹤唳之时，朝鲜内部却表现出惊人的平静。世界杯足球赛亚洲区预选赛朝鲜主场迎战伊朗队的比赛2009年6月6日照常举行，3万人的体育场座无虚席。7月2日朝鲜电视中出现一则啤酒广告。按韩国统一部一名官员的说法，这是朝鲜首次播出类似电视广告。这一切表明朝鲜对形势的把握很有信心，似乎危机尽在朝鲜的主动控制之中。

第四阶段：缓和与僵持阶段

从2009年8月4日至年底，总体形势开始趋向缓和。8月份，朝鲜展开了一系列与强硬政策形成鲜明对比的缓和政策。以人质问题为契机，邀请美国前总统克林顿于8月4日对朝鲜进行了访问。8月5日，两名美国女记者被特赦，随克林顿专机返美。8月16日，朝鲜领导人金正日会见了来访的韩国现代集团会长玄贞恩。8月18日金大中病逝。受金正日的委派，以朝鲜劳动党中央书记金己男为团长的朝鲜特使吊唁团于8月21日至22日访问首尔，吊唁去世的韩国前总统金大中。李明博总统8月23日上午在青瓦台接见了前来吊唁前总统金大中的朝鲜吊唁团。8月28日，在金刚山举行的韩国与朝鲜红十字会工作会谈商定从26日起举行为期6天的离散家属团聚活动。这是李明博政府上台后双方首次进行的团聚活动。

另外两件引人注目的事件是，金正日委员长9月接见中国特使国务委员戴秉国。戴秉国转交了胡锦涛致金正日的信函。金正日阐述了朝方对朝鲜半岛局势及朝核问题的立场，表示朝方将继续坚持无核化目标，致力于维护半岛和平稳定，愿通过双边及多边对话解决有关问题。中国总理温家宝10月访问朝鲜，于10月5日在平壤同金正日举行会谈。金正日表示，朝方愿视朝美会谈情况，进行包括六方会谈在内的多边会谈。双方签署多项合作协定。

11 月 14 日，奥巴马在东京发表亚洲政策演讲时表示，美国呼吁朝鲜加入核不扩散机制。他称，美国愿为朝鲜提供一个"不同的未来"，使朝鲜摆脱孤立状态，但朝鲜必须履行其国际责任，重返六方会谈，重返核不扩散条约。11 月 19 日李明博与到访的奥巴马举行会谈，双方表示将加强美韩同盟以应对朝核问题，两国元首在会谈中再次确认，美国将向韩国提供核保护伞和"延伸威慑"。

美国朝鲜问题特使斯蒂芬·博斯沃思 12 月 8 日下午从首尔乘飞机抵达朝鲜首都平壤，就核问题与对方展开对话，这是自 2002 年布什执政时特使凯利访朝后，时隔七年美国总统特使首次访问朝鲜。美国国务院发言人伊恩·克里 7 日在新闻发布会上说，博斯沃思此行目的只是为了寻找让朝鲜重返六方会谈的方式，不会触及实质性问题，也不会谈和平条约问题。博斯沃思一行 10 日结束对朝鲜的访问，乘专机离开平壤时在机场表示他与朝鲜方面的谈判"非常有益"。2010 年元旦，朝鲜的元旦声明提出了建立和平体制问题。① 而美国拒绝了朝鲜两项提议，仍然坚持朝鲜必须先谈弃核问题。②

在这一阶段，虽然出现了缓和的局面，但对于问题解决而言，仍存在难以突破的瓶颈，仍有可能出现新一轮僵局。朝鲜表示愿意在六方会谈框架下讨论问题是一个积极的迹象，但各方必须寻求新的思路才能朝着有利于问题解决的方向发展。

总体而言，2009 年的朝核问题继续保持危机与缓和交织的状态，虽然危机升级，但除朝鲜上半年引发危机的政策外，各方基本保持理性，反应比较克制，没采取以牙还牙、锱铢必较的做法，局势尚在可控范围之内。美国的反应基本仍是以拖待变、立足于两种关系加以应对，一是与韩国、日本的联盟关系，一是与中国、俄罗斯的战略合作。其中与中国在朝

---

① 朝鲜《劳动新闻》《朝鲜人民军》和《青年前卫》3 家报纸 2010 年 1 月 1 日联合发表元旦社论，"为确保朝鲜半岛及地区和平稳定，根本任务是终止朝鲜与美国敌对关系"。社论强调："朝鲜一贯坚持以下立场：在朝鲜半岛建立一个持久和平体制，经由对话和谈判实现朝鲜半岛无核化。" http://news.sina.com.cn/c/2010 – 01 – 02/101316868937s.shtml。

② 美国政府 2010 年 11 月拒绝朝鲜方面关于在六方会谈框架内与《朝鲜停战协定》当事国举行会谈，讨论签署和平协定的提议，称朝鲜必须先履行弃核承诺，然后才能开始谈判和平协定问题。谢来：《美国拒与朝鲜"谈和平"》，《新京报》2010 年 1 月 13 日。

核问题上的合作得到美国高度重视,双方高层的沟通与协调频繁而有效。而中国则继续发挥着劝和促谈的协调者角色,并通过努力加强了与朝鲜的多方面合作,促使朝鲜表态重返六方会谈机制。

二 2009 年朝核问题的分析

2009 年的朝核问题是 2008 年问题的延续。问题的实质仍是美朝之间的恶性互动。纵观 2009 年朝核局势,有以下特点。

朝鲜继续其"四两拨千斤"的"以小慑大"政策,以主动出击的方式赢得有利地位,同时留有回旋余地,保持灵活性。2009 年朝核危机缘起是朝鲜与美韩互动的结果。朝鲜对国际社会的制裁表现出一贯的抵制和强硬态度,以不退步、不妥协为原则,采取了一系列反制措施。而后半年缓和政策仍由朝鲜设计,人质外交、吊唁外交、亲缘外交以及友谊外交等表现出朝鲜外交的强硬性和灵活性相结合的特点,先急后缓,先强后软,步步进逼,掌控事态发展,在危机中占据主动,实现了"以小博大"的战略目标。

经济建设始终作为一条主线贯穿在朝核问题之中,两条主线均十分突出,看似矛盾,实则相互联系。反映了朝鲜国内经济问题严重,希望以核问题为突破口,缓解甚至解决其孤立无援的状态,形成有利于经济发展的安全环境,解决其能源、资金短缺的发展困境。当然,在安全上,朝鲜"拥核自重"和"拥核自保"的战略仍是其对外政策的重要支柱。另外,也说明,朝鲜虽然一次次引发核问题,但朝鲜实质上无意将危机推向失控,它的行为还是有限度的,充分考虑到其他相关各方可能作出的反应而实施其政策。无论其强硬政策还是缓和政策,从实质上来看更多的可能仍是求和之举。[1]

美国则继续坚持有条件地接触政策,坚持在六方会谈框架下解决问题,坚持朝鲜无条件弃核的原则。自 2009 年初奥巴马上台以来,美国对朝政策希望重新延续克林顿的对朝接触政策,在金融危机的背景下,更是希

---

[1] 对于朝鲜的缓和政策,有消息称是朝鲜的 C 计划的一部分,该计划由朝鲜社科院博士、据称为金正日"非官方"发言人金明哲提出,计划的要旨是促使美国与拥核的朝鲜和平共处。见金明哲《朝鲜启动"C 计划"》,香港亚洲时报在线,2009 年 10 月 14 日,http://sjb.wap856.com/Html/A0003/18507/classic/U00000027210.html。

望缓和东北亚局势，不使危机升温。即使是朝鲜连续试射导弹、卫星和核试验之后，美国也保持了克制与低调。美韩政策更趋一致，与韩国的协同保护得到加强，多次强调要为韩国提供"核保护"，但总体政策上仍是不作为、以拖待变。

朝核危机因核而起，却难以因弃核而终，原因是多方面的，也是复杂的。既有历史原因，更有现实因素，还有各方政策难以超越各自的局限性所致。美朝之间仍未改变恶性互动。自奥巴马政府以来，美国虽然缓和了对朝鲜的指责，但对朝鲜政权的定位仍未改变。朝鲜被认为是一个"暴政"和"邪恶国家"，同时也是一个"失败国家"，因而所有对朝鲜的指责都有了基础和理由，所有的冲突和矛盾都将朝鲜置于非正义的一边。安全忧患是朝鲜挑起和造成的，危机升级是朝鲜一方的责任，于是朝鲜破坏和平，制造麻烦、制造混乱的言论就不断出台了。而邪恶暴政等于和平破坏者就有了逻辑依据。但是同时，美国对这个暴政国家又采取接触政策，其目的显然难以被理解为友好相处，而是推翻或颠覆这个政权，在此前提下，接触在美朝双方看来均被负面理解，接触变成了演变。

朝鲜是弱势的一方，其政策显然是被动反应式的，它不可能主动挑战一个世界性强国。朝鲜有一些影响地区安全的政策，但这一政策只是反应过激的体现，并非主动施压。在朝鲜看来，明明是美国威胁朝鲜的安全，朝鲜不得不作出反应，却变成了朝鲜破坏地区和平，朝鲜是麻烦制造者。从表面上看，也确实如此，美国讲缓和讲和平，而朝鲜却总在制造麻烦。这是大国给小国设定的一个困境，要么束手就擒，要么就是麻烦制造者。朝鲜不可能有第三个选择。

于是，朝鲜选择了后者，反其道而行，一步一步逼近美国的安全底线，通过拥核甚至远程打击能力，反制美国国土安全，以求平等地位。而从美国而言，其政策是迫使朝鲜放弃核武器，却变成了朝鲜不仅拥核而且正在进行中远期打击能力的实验。美国的政策与目的造成了完全相反的结果。

这里面的逻辑错误有二：一是美国认为朝鲜是一个暴政国家却与之接触，甚至与之讲和，其动机显然不被朝鲜接受；二是美国提出弃核与和平相挂钩，却单纯希望朝鲜弃核，而不提供安全保障，或不能提供让朝鲜能够确信的安全保障——至少在朝鲜一方是这样认为的。没有和平保障的弃核朝鲜是难以接受的。换句话说，如果美国认为朝鲜是一个邪恶国家，美国如何与之达成和平协议，即使是朝鲜放弃核武器，达成和平协议的可能也很小。美国认定朝鲜是"邪恶国家"远在朝鲜拥核之前，拥核只是朝鲜作为邪恶国家的继续，而不是开始。另外，一些被美国所认可的国家拥核后美国并没有将之视为"邪恶国家"，拥核不等于邪恶，美国在公开执行双重标准。至少美国的对外政策是如此体现的。所以，如果美国不改变对朝鲜国家性质的判定，美朝之间是难以建立信任的。朝鲜不会相信美国会有与之谈判最终解决朝鲜安全问题的诚意。当然，美国也不会相信与朝鲜现有政权能够实现问题的解决。

所有的问题归到一点，在敌手与敌手之间的政策成了周旋、权宜之计而不是解决问题。也许有一时的缓解，却很难有根本的解决。所有的政策都被对方从非友好的角度来加以理解，即使是有利于问题解决的政策都成为权宜或欺诈，怀疑在上升，战略欺诈的防范不断升级，不信任呈几何增长。朝鲜外务省在2010年的声明中也谈道：迄今六方会谈的过程显示，如果当事者之间缺乏信任，问题就不可能得到解决。为了把实现朝鲜半岛无核化的进程再次纳入轨道，必须首先在核问题的核心当事者——朝美之间建立信任。①

在国家与国家之间的认同建构几近为零的时候，它们之间的敌意将最大化，它们之间的妥协缺乏实质意义，而它们之间的对立和不信任也难以化解。化敌为友的前提并不存在。回到起点，美国仍确信，朝鲜政权的变更才是朝核问题解决的真正起点。于是现在的美国只不过是下缓棋而已。

这里有两个问题亟待解决：首先，是如何改变恶性互动的问题。恶性互动的氛围会加强持续的恶性互动。而一个良性互动的氛围则完全不同，彼此谦让，效率并没有受到影响，可能还会更高，彼此谦让形成了一种高层次的信誉承诺，甚至也不会因为某个人的某次无礼而破坏这种信誉。于是和谐产生了，每个人都因为谦让而受益，而不是因为争夺而受益。争夺的结果从长期看不仅是个人受损或增加危险性，也使一个整体受损，从而也减少个人的安全感。朝鲜问题正是如此。彼此指责对方不让步，彼此怀疑对方是否会真让步，都认定自身的让步不会换来对方的让步，反而让对方得寸进尺。于是谁也不让步，甚至顶多是假让步，日积月累，怀疑对方

---

① 《朝鲜表示愿在六方会谈框架内讨论签订和平协定问题》，http://news. xinhuanet. com/world/2010 – 01/11/content_12791460. htm。

战略欺诈的担心成为决策时的主导因素。

其次是身份重新界定的问题。有人认为美国与朝鲜的关系是农夫与蛇的关系，其实在朝鲜的眼中，它或许也将自身定位于农夫而不是蛇。蛇与农夫的关系是彼此误定的。每个国家的身份都可能是农夫与蛇，都可能在农夫与蛇之间转换。事实上在国家的属性上，应该是类似的。蛇非人，不是同一类属。如果国家被假定为农夫，那就都是农夫，如果国家被假定为蛇，那就一律为蛇。所不同的只是农夫与农夫的不同或蛇与蛇的不同，而不是农夫与蛇的不同。如果明确这个界定，我们就会发现，在美朝之间存在的长期误解是彼此的界定关系出现了问题。彼此互视对方为不可信任、出尔反尔的国家，对另一个农夫的让步被视为与蛇的让步，让步等同于绥靖，好心不得好报。因此开始了虚与委蛇的进程。

未来的互信过程如何界定，首先就是都确定对方是国际体系中的国家，都具有信誉承诺、理性和知恩图报的道德水准。其次，对于国家之间的关系，有的时候需要耐心。有人讲对朝鲜已经耐心了多年，效果不佳。但是看一下其他各方的行为，就会发现，这是无所作为的耐心，这是没有让步的耐心，也是等待对方自我转变的耐心，而不是主动促变、有所作为的耐心。最后，相信弱势一方在确认大国的让步属实后，也会做出让步。在这里，美国应该率先让步，而且应该多让一步，因为这个互信的过程首先应由大国作出示范。其实这些让步也是可逆的。如果美国做出让步，而弱势一方不让步，它受到的惩罚将会十分惨重，它十分清楚它是无力承受得陇望蜀、得寸进尺而决不让步的后果的。大国让步的条件当然是不做不可逆的让步。而一味用强，只会导致两败俱伤的后果。

换一个角度思考，朝鲜希望与美国发展正常的国家关系并不为过，如果美国连正常国家关系或国家身份都不承认，就不可能在基本的互信前提下与朝鲜讨论事关朝鲜安全的重大问题。从这个角度说，美国率先让步应该是从长计议之举。从过去的历史看，美国虽然没有从让步中获益，但美国的真正让步并不多。多是抬高门槛，再放回到原处。基本上是零让步。朝鲜多次不过是被置于和平的边缘而已。

朝鲜实行的所有政策都是美朝互动的结果，不能单纯指责朝鲜一方，这里涉及大国与小国的关系问题。在朝核问题上，美国更应该反省，因为美国很少从互利共赢的思路来解决问题，而更多从自身利益出发，完全以自身安全利益的需要来制定对朝政策。美朝关系是一种复杂的关系，一度由敌对的不合作关系发展为对立的合作关系。应该说近些年双方的合作有了进展，信任也有了一些，但还远远不够。美朝关系是大国与小国的关系，这里有一个大国对小国的基本尊重、了解和信任的问题。

阶段性解决方案陷入困境。朝核问题的困境在于彼此互为因果，彼此均以对方的行为作为自己下一步行动的前提条件。这种互为因果的状况不解决，朝核问题很难解决。朝核问题互为因果，互相以对方让步为前提，这就造成了条件悖论。朝鲜要安全，美国要弃核，朝鲜认为安全只有靠自己获得。安全可以靠核武器获得，美国将两者分割开来，认为朝鲜要安全，必须弃核。因此，双方在谈判的条件上是对立的，是以相互取代为前提的。

条件悖论导致了程序困境。一个要先弃核，一个要先安全。朝鲜认为先弃核就失去了安全的基本条件和谈判的基本筹码，朝鲜外务省 2010 年的声明说，只有签订了和平协定，才能缓解朝美敌对关系，并推动朝鲜半岛无核化进程加快。声明要求有关当事国"不要只考虑本国利益，不要拖延时间"，尽快响应朝鲜这一提议。声明同时表示，制裁和不信任的壁垒一旦消除，六方会谈将会随之重新召开。[①]

而美国认为弃核是美国的最基本目标，弃核之后再来谈安全问题。如何能够保证让朝鲜确认当它弃核之后就会获得安全呢？美国没有给出有吸引力的具体方案。因此，美国在核心和关键问题上是含糊的，也可以理解为美国在拖而不是真正想解决问题。从奥巴马的对外政策来看，美国仍不想解决朝鲜问题，因为朝鲜问题对地区中的其他国家可能会起到牵制作用。从对朝拥核程度和危险性的判断来看，朝鲜的核能力并没有对美国形成现实的迫在眉睫的威胁。另外完全彻底地解决朝核问题成本很大，包括对朝援助可能均需要付出巨大成本。对处于金融危机和国内问题千头万绪的美国而言，朝鲜显然还不是战略排序的重点。

另一个是具体化与概念化的矛盾。非核化是一个概念性的目标，是短时间难以实现的，非核化是人们认为问题一时难以解决或无意于解决而提出的整体目标，但又希望问题解决取得进展，于是才有具体化的指标。非核化是一个整体的不可逆的战略目标，现在被分割为几个阶段，每一个阶

---

① 《朝鲜表示愿在六方会谈框架内讨论签订和平协定问题》，http://news.xinhuanet.com/world/2010 – 01/11/content_12791460.htm。

段彼此均互设条件，这就造成了非核化进展的可逆性。结果可能就会因为阶段性目标而牺牲整体目标，阶段性解决方案变成了妥协，变成了谈判中的各退一步而不是各让一步，变成了谈判中的讨价还价，并时常演化为退一步进两步的博弈游戏。

从 1994 年的朝核问题框架协议开始，美国就对让步持怀疑和担心态度，认为让步换来了被欺诈。于是美国从骨子里认定朝鲜是不可信任的。虽然接触但防备心理日深。于是才有了走一步看一步和阶段性解决朝核问题，但阶段性解决与最终目标出现了断裂，阶段性解决反而成了阻挠问题最终解决的障碍。美国发现援助换来的不是朝鲜弃核而是拥核的现实，而且是一次次对朝鲜的强硬政策妥协。最终，美国决心"恶意忽略"朝鲜，不被朝鲜牵着鼻子走。

现在美国似乎有了一个"大而化之"的做法，即将朝鲜这个问题置于一个更大的更高的视野下加以考虑，与无核化进程连在一起。美国意识到朝核问题不是孤立事件，是全球核扩散的具体体现。但是在这个大框架下，也许会使事情更加复杂，而不利于问题的解决。在核扩散的背景下，会有连锁反应，越来越多的国家都可能加入进来。

美国对朝采取的是和平边缘政策，朝鲜对美采取的是战争边缘政策，结果才造成了非战非和的危机状态。一个立足于有效接触进而不是接触而颠覆的政策才可能是被各方接受的。美国与朝鲜都必须加以改变，重塑形象，以有效的真实的方式改变原有立场，对等与平等也是必需的，这一点美国必须作出更大改变，一个大国屈尊与一个地区小国平等谈判，这或许对美国的国家形象或软实力提出了新的考验。

未来美国的政策如果立足于解决问题而不是仅仅缓和局势，可以做出一些让步，这种让步绝不等于纵容错误、无条件妥协，或认同朝鲜拥核，而是改变行事程序，要求朝鲜弃核的目标没有改变。美国实际上已经在口头上表明了不会侵略朝鲜，却没有书面上和文件上的保障，也不肯在安全机制建设上提出积极的建设性主张。其实质在于担心对朝鲜提供安全保障等于承认朝鲜拥核的事实，任何在朝鲜没有弃核前提下的谈判都可能被视为与一个有核的朝鲜进行谈判，朝鲜有可能会以核国家的身份提高要价。其实这种担心没有必要，朝鲜不可能在和平协定之后仍然拥核而不受到更为严厉的制裁。制裁是可逆的。因此，美国和其他国家的让步可以首先是互不侵犯的条约，这个承诺美国曾经在口头上提出过，但没有文字落实。

互不侵犯条约可以被视为和平协定的基础。当然这个关系正常化协定必须有一个前提，即在协议中表明美国决不承认朝鲜是一个核国家，如果朝鲜不在限定期限内弃核，关系正常化与和平协定自动中止。

美国的政策须更有针对性。不必再用挤牙膏似的援助一点点换弃核，也不要用减少制裁来换取朝鲜让步。对朝鲜进行援助不等于给朝鲜提供安全，援助换不来安全，安全才能换来安全，安全才能换来弃核。政策要有对应关系。目前的美国对于朝鲜缺乏务实的考虑，朝鲜既没有市场又缺乏购买力。因此，美国对于朝鲜更多是安全利益和地区战略的考虑。但美国对于朝鲜谈判的筹码却更多地集中于经济方式。比如制裁、限制出口、金融冻结或解除这些禁令，再有就是提供能源等援助，但粮食、能源、投资并不带来直接的安全与和平，美国需要考虑如何更好地将经济手段与政治目标相联系。目前的美国似乎并不打算这么做，因为它认定任何援助都是对朝鲜的让步，是对其错误的奖励。美国国务卿希拉里已经明确表示，美国不希望看到为了将朝鲜拉回谈判桌而无条件地奖励朝鲜的错误行为。美国不希望重复以前的游戏，"我们不会针对他们已经同意采取的行动再提供新东西。我们没有兴趣从事那些只会把我们重新带回原起点的旷日持久的谈判"。① 但是美国并没有将与弃核直接相关或必不可少的因素（比如关系正常化与和平协定等）纳入与朝鲜的谈判之中来。

---

① 希拉里在泰国普吉岛就朝鲜问题发表的讲话，2009 年 7 月 24 日，http：//www. state. gov/secretary/rm/2009a/july/126373. htm。

奥巴马对朝政策调整探析

奥巴马上台以来，美国对朝政策可以说一直希望重新延续克林顿的对朝接触政策，在金融危机的背景下，更是希望缓和东北亚局势，不使危机升温。即使是朝鲜连续试射导弹、卫星和核试验之后，美国也保持了克制与低调。2010 年 5 月出现的韩国"天安号事件"，虽然美国高调支持韩国，美韩政策更趋一致，合作得到加强，但总体上美国对朝政策不作为，以拖待变的原则不会改变。

一　小布什时期美国对朝政策回顾

冷战后，美国对外战略的总原则是防止欧亚大陆出现一个全球性的竞争对手，涉及亚太地区事务，1995 年的《东亚安全战略报告》指出：防止竞争性的敌对大国或者联盟在政治上和经济上控制亚太地区是美国的核心原则。① 美国对朝政策始终贯穿着这一根本原则没有改变，但具体的方式一直处于变动调整之中。

小布什执政以来，美国对朝政策经历了三个阶段：（1）从执政初期至 2002 年底，美国对朝政策渐趋强硬，这也是美国对朝鹰派接触政策形成期。2002 年"9·11"事件后，美国将朝鲜等国与恐怖主义相联系，视朝鲜为邪恶国家；2002 年 10 月，美国总统特使、助理国务卿吉姆·凯利访问平壤后宣布，朝方"已承认"铀浓缩计划，指控朝方正开发核武器。2002 年 12 月，美国中止向朝鲜提供重油，朝鲜半岛能源开发组织暂停轻水反应堆建设。2003 年 1 月，朝鲜宣布退出《不扩散核武器条约》，美国

---

① U. S. Department of Defenses, "United States Security Strategy for the East Asia-Pacific Region," Feb. 1995.

准备采取军事打击在内的一切手段。① （2）2003 年至 2005 年底，多边对话时期。2003 年 8 月 27 日至 29 日，中国、朝鲜、美国、韩国、俄罗斯和日本在北京举行六方会谈，2005 年 9 月，第四轮六方会谈达成共同声明，取得了包括 2005 年第四轮六方会谈达成的 "9·19 共同声明" 在内的一系列重要成果。朝方承诺，放弃一切核武器及现有核计划，早日重返《不扩散核武器条约》；美方确认，美国在朝鲜半岛没有核武器，无意以核武器或常规武器攻击或入侵朝鲜。2005 年 11 月，第五轮六方会谈第一阶段会议在北京举行，最终达成《主席声明》，各方重申将根据 "承诺对承诺、行动对行动" 原则早日实现朝鲜半岛无核化目标。（3）2006 年第二次朝核危机爆发至小布什卸任。美国对朝政策采取了双边接触与多边合作并举，同时以阶段性弃核为目标的渐进政策。2005 年底，美国开始对朝鲜实行金融限制，并批评朝鲜的人权问题，美朝关系又一次处于紧张之中，2006 年 7 月朝鲜进行了导弹试射试验，10 月 9 日又进行了地下核试验。不过，正当人们预见朝鲜的核试验必将招致美国对朝的强硬政策时，美国却开始对朝鲜实施了包括对话在内的绝对性 "包容政策"，突出表现在美朝柏林会谈。并于 2007 年 2 月 13 日，复谈的第五次六方会谈（朝鲜、韩国、美国、中国、俄罗斯、日本）达成了 "2·13 协议"（"落实 '9·19 共同声明' 起步阶段行动的共同文件"）。2008 年 10 月 11 日，美国宣布将朝鲜从所谓 "支恐" 国家名单中除名。12 日，朝鲜宣布，重新开始去功能化进程。国际原子能机构调查人员随后获许进入宁边核设施。

自小布什总统 2002 年在国情咨文中称朝鲜为 "邪恶轴心" 起，美国对朝政策就全面转向遏制。小布什的对朝政策扭转了克林顿时期的接触战略，转向 "遏制" 占主导地位的 "鹰派接触战略"。但在小布什总统的第二任期内，美国政府的对朝政策变得较为柔化，在六方会谈中的立场显得不再僵硬，从一开始的强制性外交逐渐走向多边协调，美国对朝战略又重新从遏制战略向接触战略回归。

三个阶段呈现明显的接触与强硬政策波状交替的态势，贯穿对朝政策的核心主线是维持现状，防止其他大国主导半岛事务以及防止朝鲜半岛局势恶化。目前，美国对朝政策虽然出现趋缓的可能性，但美国对朝政策摇

---

① 中国现代国际关系研究院美欧研究中心编 *U. S. Global Strategy at the Age of Counter-terrorism*，时事出版社，第 255~258 页。

摆反复的不确定性仍然很强，这种反复会引发危机，并且使得合作者无所适从。美国对朝政策具体表现为三大目标：反对朝鲜拥有核武器、反对核扩散、消除朝鲜威胁。

消除朝鲜威胁是一个长远的目标，目前的最大目标是反对朝鲜核扩散，尤其是与中东地区的一些国家以及与恐怖主义相结合。相比而言，朝鲜拥核对于美国而言并不是最大威胁，美国前副国务卿阿米蒂奇称，朝鲜问题只是地区问题，而伊朗问题才是全球性问题。美国目前阶段性的目标首先是控制朝鲜核扩散，其次是促使朝鲜消除核武器，最后一个目标才是立足于消除朝鲜威胁。出于美国全球战略以及降低朝鲜危机升级的风险的考虑，美国对朝政策正在经历由首要责任者向责任分担者转变，具体表现为变全力介入为适度介入，在美国对外政策天平中分量暂时降低，避免局势失控，强调对话与接触，重视六方会谈机制。

通过以上分析可以看出，朝核危机以来，出现了"两转一停"政策调整倾向：中朝关系由战略联盟关系向非联盟关系转变，中美关系由战略对手向战略合作关系转变。而美朝之间对立僵持局面虽有缓和但对抗仍未改变。

二 奥巴马上台以来美国对朝政策的调整

奥巴马自 2009 年 1 月成为美国总统之后，朝核问题再一次戏剧性地陷入新的曲折期。首先是朝鲜的一系列举动打乱了美国政策对朝政策的原定计划，即通过接触与缓和政策与朝鲜谈判继续促进弃核化步伐的目标。朝鲜判定在美国陷入金融危机的背景下，加上朝鲜已经拥核的事实，朝鲜已经拥有了更大的谈判筹码，可以以一个核国家的身份与美国进行谈判。于是先是拒绝了美国特使博茨沃斯的面见要求，显然，朝鲜认为这一特使的身份过低，没有体现对朝鲜更大的和足够的尊重。接着针对美韩演习和李明博的强硬政策开始制造了一系列提升地区紧张局势的做法，朝鲜于 2009 年 4 月 5 日发射"光明星 2 号"以后，于 14 日宣布退出朝核问题六方会谈，并称将按原状恢复已经去功能化的核设施。5 月 25 日，朝鲜进行第二次核试验。接着又试射了几枚短程弹道导弹，重新将朝核问题拉入紧张状态。奥巴马政府在上台之初一系列缓和的表态（比如坚持六方会谈机制和通过谈判解决朝核问题等）都变得不合时宜。

奥巴马对朝鲜的政策虽未出台，但大体路线还是清晰的：鉴于国内危机和美国所面临的国际安全形势，美国仍打算以多边方式解决这一问题，不在朝鲜的压力下让步，拒绝无条件的双边会谈，促成在联合国层面对朝鲜的行为进行严厉制裁。但是仍不放弃对朝接触的可能性。2009 年 7 月 18 日正在访韩的美国国务院东亚太事务助理国务卿库尔特·坎贝尔称，将以对朝制裁和对话并行，即所谓的"双轨战略"当作对朝政策的框架。坎贝尔 18 日向记者强调道："美韩日等国可以提供朝鲜感兴趣的综合回报"，并清楚地提出了前提条件，"朝鲜必须做好（弃核相关的）真诚和不可逆转的措施的准备"。报道称，坎贝尔的首尔发言露出了奥巴马政府上台以后，美国 6 个月里审议的对朝政策的轮廓。在此前的 17 日，在外国记者例会上对"美国是不是应该改变对朝的接触方法"的疑问，美国国务院负责公共事务的助理国务卿菲利普·克罗利答道："我们拥有可称为新接触（new approach）的东西。"①

奥巴马政府对朝政策的总体战略原则是重多边轻双边，实施"战略忍耐"政策。这既反映了美国要分担责任与风险的考虑，也折射了美国对于朝鲜的轻视。奥巴马政府倾向于通过多边途径解决朝核问题，其理由主要有三点：一是认为大国博弈是朝核问题解决的关键所在；二是基于意识形态等考虑，美国不愿与朝鲜单独对话；三是希望中国在多边解决中承担更多的责任。

三　美国对朝政策的未来选择

朝鲜问题究竟是根本解决还是暂时解决取决于美国在这一地区战略是否出现重大变化，美国对朝鲜的政策是与美国在这一地区的战略相适应的，还与美国与韩国联盟密切相关，而美韩同盟正是美国东北亚战略中的重要组成部分。美韩同盟的目标不仅仅是半岛同盟，还有可能成为地区同盟或演变为政治同盟。另外美韩自贸区的意义也不容忽视。

美国朝鲜半岛政策的核心首先还是美国对半岛形势的发展应该具有主导或支配作用，其次是地区稳定，最后才是半岛无核化。而朝鲜拥核影响到美国的主导和地区稳定，美国才不得不采取行动。换句话说，如果朝鲜

---

① 　http://news. sina. com. cn/w/2009 - 07 - 20/084418256507. shtml.

拥核不影响美国在地区的主导地位，那美国的政策将不会出现变化。当然，目前来看，朝鲜拥核显然影响到美国在东北亚的利益，所以美国需要做出反应，但美国也认为这一举动也影响到其他国家安全利益。

美国未来的对朝政策取决于对三个趋势的判断。其一是美国对朝政策是否仍然立足于朝鲜政权的变更。美国与朝鲜都十分清楚朝核问题是与朝鲜现政权连在一起的，即朝鲜现政权不改变，朝核问题是难以得到解决的。美国政策是否还建立于朝鲜崩溃论基础之上。"有核的倒向美国的朝鲜是最危险的"这种判断在美国的战略界显然存在分歧。美国对利比亚模式也有期待，或者说并没有放弃这一期待。目前朝鲜寻求和解，但亦知难以真正和解。两方均在等待有利于自己的时机。美国学者曾讲过，不必要求政权更迭，只需要求政权转型。所以美国会在促使朝鲜政权演变方面作出更大努力，使朝鲜的政权转变向着有利于美国的方向发展。渐进式演变朝鲜是美国的新政策，首先是"钙化"朝鲜，使朝鲜不再可能出现政策反复。

其次，美国意识到朝鲜对中俄的担心是美国可资利用的因素，可以促使朝鲜的大国平衡政策向着有利于美国的方向转变。而在此之前，这一倾向被忽略了。因此，美国对朝政策一方面可以促进朝鲜经济改革，另一方面可以帮助朝鲜"防范中俄对朝鲜的领土主权的威胁"。[1] 这一认识将会加快美国对朝鲜双边对话的步伐。在美国的战略排序中，朝鲜并不是美国最大的和最迫切的战略威胁，但如何对朝鲜实行制度改造仍是美国头痛的问题。

其二是美国是否会接受一个拥核的朝鲜或在什么情况下接受一个拥核的朝鲜。美国会不会支持一个拥核的朝鲜是未来美国对朝政策的关键所在。

美国现在的顾虑之一是，美国不希望对朝鲜采取一种特殊的政策，即对朝鲜实施核政策的例外论，从全球核不扩散和无核化世界的构想看，美国必须保持这一政策的原则性、坚定性和一致性，以前的双重标准不会再现，比如对伊朗对朝鲜均是如此。美国不能因为朝鲜战术上的成功而改变这一战略立场。核不扩散机制不能在朝鲜打开一个缺口。美国对朝鲜的核

---

[1]　Victor Cha，"Enhancing U. S. Engagement with North Korea," *The Washington Quarterly*, Spring 2007，p. 55.

政策是双重标准，美国政府希望检查朝鲜的核场地，以便弄清它是否违反了这些准则。但是美国并没有向联合国或者其他任何人提供检查自己的场地的权利。美国政府相信自己能够明智地使用此类武器来保卫自由（这一概念看来等同于美国的国家利益）。美国认为其他人可能想使用这类武器破坏自由。①

历史上，美国从来都不是无条件反核，而是在看究竟是谁拥核。美国对朝鲜半岛的重要目标首先就是朝鲜半岛与美国战略结盟，在此前提下，无核与有核都不是最重要的问题。其次是朝鲜半岛分裂，一个有核的朝鲜与美国结盟。从目前来看，美国并不想支持一个拥核而亲美的朝鲜，鉴于美朝之间存在的历史和现实的重大分歧，美朝之间的合作仍然是有限度的。但是美朝和解至少可以减少美国安全上的担心。美国很有可能正从战略战术上对朝鲜拥核进行重新判断，若朝鲜拥核不会威胁美国生存，美国对朝鲜拥核的反对政策就会改变。拥核而亲美是美国的有利选择，关键是如何实现美国对朝鲜政策的调整。有核而打不到朝鲜，这对美国是有利的，但这是短视的。

美朝关系的变化与调整所以迟迟达不到各自的目标，根源在于美国没有下决心究竟是与朝鲜这类政权共存（毕竟朝鲜是一个小国，与美国极不对称）还是不同戴天的问题。如果是共存，美国不认同，如果不共存，又没有消灭朝鲜政权的最终办法和决心。消灭朝鲜政权在东北亚也不仅仅取决于美国，还需要其他国家制约。在现阶段，美国于是想出了托管的办法。

其三是美国将立足于稳定还是立足于问题的解决。它的选择是注重稳定还是进一步促进问题的解决，稳定相对容易，大事化小小事化了，但真正解决问题则是另一个问题。由于朝核问题的复杂性、长期性和艰难程度，美国同意了朝核问题阶段性解决的方案，现在的关键问题是阶段性解决与朝核问题最终解决的目标是否完全一致。否则，阶段性解决方案就成了妥协和拖延的政策，不利于问题的根本性解决。还是应该回到根本性问题上来，即朝鲜的和平保障与弃核，如果既不弃核，也没有和平保障，这样的阶段性解决意义何在呢？美朝双方都清楚，朝核问题是与朝鲜现政权连在一起的，但美朝双方均希望取得有利于自身利益的进展，于是才有具

---

① 〔美〕伊曼纽尔·沃勒斯坦：《美国实力的衰落》，谭荣根译，社会科学文献出版社，2003，第198页。

体化，非核化是一个整体的不可逆的战略目标，现在被分割为几个阶段，每一个阶段彼此均互设条件，这就造成了非核化进展的可逆性。结果可能就会因为阶段性目标而牺牲整体目标，因此阶段性解决方案无助于问题解决，如果要解决问题就必须重新回到一揽子解决方案来。

目前存在的问题是形式化向前推进还是实质性解决问题。如果想实质性解决，就必须把阶段性目标与根本目标连在一起，即弃核与半岛和平机制连在一起，而不是半岛和平机制与弃核相脱离，或只强调一个方面。由于互不信任，导致了互设前提，以对方行为作为己方让步的条件，结果又出现了阶段性解决的妥协办法，而阶段性解决是不能根本解决朝核问题的。

朝鲜要安全，美国要弃核，朝鲜认为安全只有靠自己获得，安全可以靠核武器获得，美国却将两者分割开来，认为朝鲜要安全，必须弃核。因此，双方在谈判的条件上是互为对立的，是以相互取代为前提的。再一个是程序困境，一个要先弃核，一个要先安全。朝鲜认为先弃核就失去了安全的基本条件和谈判的基本筹码，而美国却认为弃核是美国的最基本目标，弃核之后再来谈安全问题。如何能够保证让朝鲜确认当它弃核之后就会获得安全，美国没有给出有吸引力的具体方案。因此，美国在核心和关键问题上是含糊的，也可以理解为美国是在拖而不是真正想解决问题。从奥巴马的对外政策来看，美国仍不想解决朝鲜问题，因为它对中国和其他国家都是一个牵制。从对朝拥核程度和危险性的判断来看，朝鲜的核能力并没有对美国形成现实的迫在眉睫的威胁；另外完全彻底地解决朝核问题成本很大，包括对朝援助的巨大成本。对于处于金融危机、国内外事务千头万绪的美国而言，朝鲜显然不是战略排序的重点。

美国对朝政策最终仍然是双轨战略，即既接触又遏制，实际上是美国国内强硬派与缓和派之间妥协的产物。对于美国而言，有三项选择：其一，谈判方案。可做的事情包括提供外交承认、结束经济制裁、正式的安全保证，以及撤出驻韩美军换取朝鲜结束其核计划等。其二，要求中国利用其资源迫使朝鲜向着谈判的方案转变。其三，美国也必须准备朝鲜可能拒绝任何一方交易而选择正式加入核俱乐部。① 这一方案体现了美国对解

---

① Ted Galen carpenter and Doug Bandow, eds. *The Korean Conundrum*: *America's Troubled Relations with North and South Korea*, New York: Palgrave Macillam, 2004, p. 6.

决朝核问题的总体思路，目前看来，现在美国采取的是第二选项，同时正在考虑第三选项的可能性，每一选项目前来看尚不可行。

另一个由 CURT WELDON 牵头的代表团 2003 年 6 月访问朝鲜后，提出了一个两步方案：第一步是美国与朝鲜签订一个一年的互不侵犯条约，承认朝鲜政权，与日本、韩国一起提供经济援助。作为交换朝鲜同意放弃核武器开发计划，提供完整的核设施清单，同意对这些设施进行外来人员核查，朝鲜重新加入 NPT。第二步是将临时的互不侵犯条约变成永久性的，朝鲜签署导弹控制技术协定（放弃弹道导弹和导弹技术交易）。同意赫尔辛基人权委员会的观察员地位，制定改善人权的时间表。作为回应，美国对朝鲜的农业、能源和其他部门进行新的投资。① 这一方案体现了美国的渐进性和阶段性思路。美国对朝政策将会继续采取缓和、渐进的方式，以拖待变地推动问题的解决朝着有利于美国安全利益的方向发展。

美国对朝政策体现出明显的卸责与责任共担的倾向，其一是在联合国的框架下加以制裁和解决，而不单独采取制裁措施；其二是在六边框架下来缓和局势，而不是接受双边对话的方式。总的看来，出现阶段性变化容易，达到最终解决仍有难度。从美国两次对朝决策可以看出，美朝关系总是体现出功败垂成的周期性，美国对朝政策体现为间歇性反复。这种反复还有可能继续存在。当不信任、敌视、偏见、歧视、误解这些因素无法消除时，再一次反复就变得难以避免。

再一个看点是美国尚未形成对朝政策的周密部署，仍在走一步看一步。在某种程度上，美国对朝政策仍比较被动，取决于朝鲜政策的变化以及变化程度。它必须以朝鲜政策的变化来决定美国政策的变化。美国的政策一方面取决于美国，另一方面也取决于朝鲜。最根本的一点是如果美国与其他国家一道合作，各方有能力不使东北亚的局势进一步恶化。

美国对朝政策新的变化可能包括以下几个方面：第一，善用巧实力。目前看来朝核问题又一次陷入僵局。要避免再一次恶性循环的开始，必须有思路的转变。（1）观念转变。突出新安全机制建设，六方会谈机制建设要有新的思路，虽然朝鲜表示退出六方机制，但类似的机制还会建立起来。在机制建设上包括在成员的权利和义务上有更加明确的限定，在相互

---

① Curt Weldon, "A Korea Peace Initiative," *Foreign Policy Research Institute E. Note*, June 26, 2003, www.fpri.org.

协调问题上有更多制度上的安排。比如设计成员资格时，考虑到成员间的共同责任即维持地区稳定与安全，任何一方不采取单方面破坏稳定的挑衅政策；还有就是成员的安全保障，比如六方成员间先签署互不侵犯的约定。这样使得六方成员在安全上有更大的收益，这就等于增加了背弃的成本。奥巴马已经表示对东北亚新的无核区和六方机制有兴趣，应该可以在这方面出现一些进展。（2）信任措施。在信任措施问题上，技术性和物质性因素考虑较多，而心理和精神层面的因素考虑过少。比如长期以来，美朝之间一直存在的问题是，美国对朝偏见很深，甚至存在巨大的片面性，尤其是对朝鲜的现实处境、民族心理和安全诉求缺乏基本的尊重和理解。正是在这样的前提下，双方在信任问题上才一再出现反复。朝核问题的一个新的解决思路是需要更多关注民族性、民族文化、民族心理等软性或心理层面的问题，而不仅仅是停留在物质和技术层面，因为由于不够重视或尊重，各国对朝鲜在特定环境和历史背景下的民族性格缺乏了解和认识。也就是说要进行一些社会学的研究，并充实到朝核问题的解决方案中来。

第二，美国将更加注重综合手段，从经济入手。美国对于朝鲜缺乏务实的考虑，朝鲜既没有市场又缺乏购买力。因此，美国对于朝鲜更多的是安全利益和地区战略的考虑。目前两国没有建交，还是敌对状态，信任是难以建立的，只有先从对双方都有利的经济交流开始。但粮食、能源、投资并不带来直接的安全与和平，美国需要考虑如何更好地将经济手段与政治目标相联系。

第三，美国可能表现为克制与灵活相结合，将缓进与防控相结合。设立新的红线，即将防扩散问题作为当务之急，而将解决朝鲜弃核问题放在第二步来解决。与朝鲜就核不扩散达成新的共识，在此基础上推动弃核的进程。在朝鲜的弃核进程中仍然采取诱导与和平边缘政策。

第四，更加关注相关国家的战略协调，同时对他国进行战略防范与战略制约。从地区战略利益出发，美国将会利用各种渠道保持与朝鲜的沟通与磋商，美国的战略意图是以促进朝鲜政权更替或观念转变来进一步挤压中国影响力的扩大。同时，又与中国合作来限制朝鲜脱离正常的安全轨道。这里的关键是，美国与朝鲜这类政权的合作限度是否会得到进一步拓展。

中美在朝核问题上的战略合作及影响

自六方会谈确立以来，中美之间的战略合作不断得到加强，尤其是2006年朝鲜核试之后，中美的共同安全关切和利益不断扩大，中美在此问题上的战略合作也得到进一步提升。

一 中国对朝核政策的回顾

2006年10月8日，朝鲜核试爆给东北亚安全局势带来巨大的冲击，同时也给中美安全合作带来新的挑战和新的课题。朝鲜核试究竟是进一步加大中美之间的合作还是削弱了中美已有的安全合作，在朝核问题上中美是否已由结构性的全球战略对手转为战略伙伴？是否存在结构性战略对手关系的前提下成为局部地区的战略协作伙伴的可能性？而伴随着中美在几个局部区域的战略合作，中美之间是否增强了成为全局性战略伙伴的可能性？换言之，朝鲜核试会成为中美关系走向进一步合作的转折点吗？

"冷战的结束给中美关系带来的最大冲击，就是摧毁了支撑中美关系的战略基础。"[①] 1997年中美两国领导人提出建立"建设性战略伙伴关系"构想，经济相互依存的加大成为其中一个推动因素，但政治安全因素的驱动作用十分有限。自从中国积极参与朝鲜核危机的解决开始，中国的行为在一定程度上改变着美国对中国的假想，中国正在成为一个真正的负责任的地区大国，正在努力为地区稳定作出贡献。

很长一段时间，中国陷入战略困境之中。一方面，中国始终试图化解美国的战略猜疑。另一方面，中国化解美国疑虑的努力，比如扩大地区影响力和责任意识，同时也在加大美国的战略忧虑。两国间的信任程度仍然

---

① 张蕴岭主编《21世纪：世界格局与大国关系》，社会科学文献出版社，2001，第195页。

很低。尽管建立了一系列的战略对话，但只是更多地立足于消除战略误判，而没有能够十分有效地增加彼此信任。某种程度上，战略对话存在的意义本身即证明中美之间的战略信任不足。

朝核危机成为中美之间不断强化合作的一个契机。这种合作也许最初是在被动的情况下展开的。中美两国作为东亚地区安全秩序的重要维护者，对东亚地区稳定负有不可推诿的责任。东亚地区稳定，若没有中美两国的协作合作，是难以实现的。但是，我们看到，中国对朝核问题的政策经历了一个转变过程。由不主动介入到适当介入到后来成为公正的协调者，经历了一段时间的政策调整，其主要表现形式就是六方会谈和在联合国框架下支持非核化提案。

中国是 2002 年 10 月作为东道国承担六方会谈的。而在 1994 年朝核危机第一次爆发时，中国仍然置身于外。"直到 20 世纪末，中国对朝鲜半岛问题仍奉行不主动介入的政策（如在第一次朝核危机时就是如此）。2002年 10 月朝核危机再起，美朝对抗升级，半岛形势日趋危急。为维护东北亚地区的和平与稳定，保证中国自身的发展进程不受到破坏，中国在几方当事国的提议下开始介入调解。"① "积极参与第二次朝鲜核危机的'国际管理'是中国外交史上一次有转折意义的事件。在此之前的半个多世纪中国外交总体上遵循'不干涉'原则较少主动参与外部事务。改革开放以来中国更是遵循邓小平提出的'和平共处'外交原则不随便批评别人、指责别人尤其要'少管别人的事'，据此中国对国际危机一般避免直接介入。即使对 1994 年爆发的第一次朝鲜核危机也是如此。但是 2002 年 10 月以来爆发的第二次朝鲜核危机却打破常规采取了'积极介入'姿态。"②

中国直接介入朝核问题，既有历史因素的作用，也有中国现实利益的考虑——朝鲜毕竟是与中国有密切关系的地缘政治邻国，更是责任意识上升的体现。"冷战后，中国的国际观出现了一系列变化，其中一个最重要的变化就是在重视中国的安全与发展利益时，也确认中国作为世界大国，必须承担维护世界和平、安全与繁荣的'国际责任'。"③

我们还可以从研究者的角度来分析中国对朝鲜政策的转变。中国开始

---

① 崔立如：《朝鲜半岛安全问题：中国的作用》，《现代国际关系》2006 年第 9 期。
② 林利民：《朝核危机管理与中国的外交选择》，《现代国际关系》2006 年第 8 期。
③ 门洪华：《21 世纪的中国外交战略》，楚树龙、耿秦主编《世界、美国和中国——新世纪国际关系和国际战略理论探索》，清华大学出版社，2003，第 352 页。

朝鲜半岛研究主要是 20 世纪 80 年代以后的事情。1995 年起朝鲜连年遭受严重自然灾害，西方出现"朝鲜崩溃论"，朝鲜的内政、外交问题成为中国朝鲜半岛研究的一个主要对象。90 年代末期，中国对朝鲜同美国、日本等西方国家为主要内容的朝鲜半岛问题给予了更多关注。① 也就是说 90 年代以后，中国开始对朝鲜半岛问题与大国关系以及由此对东北亚地区稳定的影响有了更多思考。

"中国对朝鲜半岛的基本政策目标是维护和平与稳定。中国追求这一目标，在外交层面上主要表现为两种形式：其一是为防止最坏的情形发生而开展的活动；其二是为推动朝鲜半岛安全形势的改善而作的努力。"② 中国的被动参与——适度介入——公正的调停者，呈正态分布，地区稳定是核心目标。

六方会谈以来，中国对朝政策突出表现在三个方面：第一是力促朝美对话，五轮六方会谈中方均支持并促进朝美直接对话，中方相信这是解决问题的基本和有效的前提；第二是坚决主张和平解决，反对任何形式的武力介入、武力干涉及武力打击或以武力方式改变现状，这一主张适用于相关各方；第三不主张制裁扩大化。朝鲜导弹试射之后，中国原则上同意对朝鲜进行制裁，但坚持所有制裁应针对核扩散政策，而不应触及朝鲜内政及民众基本生活等其他事宜。总之，中国对朝政策由倾斜向合理平衡方向发展，更加注重地区责任。

二 奥巴马上台以来中美在朝核问题上的战略合作

中美之间在 2009 年新一轮朝核危机中合作十分密切，立场保持一致，在联合国框架下以 1874 号决议为基础对朝鲜的违规行为进行制裁，促进六方会谈的恢复（武大伟出访，美中首脑沟通等）。所不同的是，中国的立场更为谨慎，协调立场的努力更为艰苦，中国主张不希望任何采取刺激局势升级的政策，保持克制与理智。③ 奥巴马时期中美战略协作的可能性，我们可从以下两个方面加以分析。

---

① 金熙德主编《中国的东北亚研究》，世界知识出版社，2001，第 82～87 页。
② 崔立如：《朝鲜半岛安全问题：中国的作用》，《现代国际关系》，2006 年第 9 期。
③ 《中国外交部发言人秦刚就联合国安理会通过朝鲜核试验问题第 1874 号决议发表谈话》，http://www.fmprc.gov.cn/chn/gxh/mtb/fyrbt/t567532.htm。

首先，我们来看一下中国对朝鲜政策的战略选择。朝鲜第一次核试之后，中国对朝政策出现一些变化，中朝关系也面临调整。在中美等国努力下，朝核危机控制在六方机制之下。虽然六方会谈面临严峻挑战，各国在对朝制裁问题上可能有不同理解和不同政策，但危机进一步升级的势头暂时得到抑制。虽然中国被要求做出更大的努力，但中国对朝政策的根本立场没有改变。在朝鲜宣布退出六方会谈并进行第二次核试之后，中国仍然保持客观中立坚持多边斡旋，一方面谴责朝鲜的核试，另一方面呼吁各方保持冷静克制，不要采取任何使局势进一步恶化的行动。应该说，朝鲜核试对中国的直接威胁是明显的，甚至比对美国的威胁更大。① 但中国从大局出发，率先垂范，努力照顾到各方关切，化解矛盾，协调利益，稳定局势。

朝核问题未来如何演变，既取决于朝鲜自身政策，也取决于美国的政策，同时也与中国对朝政策调整密切相关。总体而言，中国对朝政策可能出现变化，但绝不会是根本性变化，未来的对朝政策应是比较稳妥的综合方案。中国对朝政策的变化将遵循以下原则而展开：一是中国在处理朝核问题时，将会从东亚地区的整体安全角度来看问题。中国还会以地区稳定为优先要务，在这一原则下协调各方利益关系。二是朝美冲突仍是朝核问题的关键。中朝矛盾不可能取代朝美矛盾成为朝鲜半岛的主要矛盾，朝鲜问题在一定范围可以实现中美共管，而问题的根本解决仍需六方机制或是找到一种六方机制的替代方案。三是中国对朝政策将更加客观务实。中国将坚持客观公正的立场，是负责的国际安全维护者，决不会偏袒任何错误的做法。中国将尽力发挥对朝鲜的独特影响力，促进中美战略协作的加强。

其次，必须对美国的战略考虑进行分析。美国对朝政策的总的战略原则是重多边轻双边。美国对朝政策有四点立场。一是美国需要合作，需要在朝核问题上强化多边合作的做法。二是美国相信朝鲜半岛仍然存在传统

---

① 朝鲜拥核也对中国构成直接和间接威胁。因为朝鲜核试验基地距离中国边境地区不过百公里，无论是大气污染，还是出现其他意外，中国都将是直接的受害者。如果朝鲜核武器管理不善，并扩散至相关敌对主体手上，也将对中国构成威胁。詹德斌、赵全敏：《朝鲜拥有核武器可能对中国构成直接威胁》，《世界新闻报》，http://mil.news.sina.com.cn/p/2009-06-02/0910553774.html。

的大国争夺，只有大国之间进行有效协调才可能从根本上化解危机。三是中美之间存在合作的可能性。美国意识到，如果美国仍须通过和平方式控制危机或解决危机，无论从历史还是现实来看，美国均不能抛开中国单独解决朝鲜问题，在朝鲜问题上的美中合作是必不可少的。中美战略合作在这一点上拥有默契和空间。四是美国不得不在朝核问题上采取多种方式并举的政策。而在多边猎鹿博弈已经形成的情况下，若美国采取自行其是的做法，对朝实施武力打击，则美国不会得到其他四方的支持，可能只有日本会全力支持；若美国实施遏制加高压的政策，其制裁措施也必须得到有关各方的协调才可能实现。因此，从美国对朝政策可以看出，无论是遏制还是接触，美国都必须借助其他各方的共同努力，中美在此问题上存在合作的基础。

值得注意的是，美国自小布什第二任任期表现出一定的卸责倾向，这一倾向显然在客观上也有利于中美战略合作。"美国没有在朝鲜半岛积极制衡中国，其原因有三：（1）日本的'责任承担'已经接近美国满意的水平。（2）顺势将难以捉摸的朝鲜'卸责'给中国。（3）韩国内部战略气氛的不确定性；美国认为核化的朝鲜，将同时正当化日本和中国台湾地区的拥核权利，崩溃的朝鲜首先也不利于中国的大局，而强硬迫使韩国配合美日也恐事倍功半，不如后撤驻韩美军，强化美日同盟，卸责中国。"① 美国虽然卸责中国，但绝不会将问题的主导权让由他国。

三　中美在朝鲜核试后的战略合作可能

朝鲜核试之后，中美两国共同维持半岛稳定的共同利益得到提升，而在安全上相互抑制和相互牵制的成分在减少。

一是中美在朝核问题上的战略互信自 2002 年以来的六方会谈以来得到了增加。可以说，中美在朝核试后的战略合作将成为中美朝核危机以来中美朝鲜半岛问题合作的正常延伸和发展。近年来中美战略合作正向着积极方面发展：中美军事合作关系在增强。2006 年 9 月，中国海军舰艇编队在访美期间，与美国海军在圣迭戈附近海域成功举行了第一阶段海上联合搜

---

① 张登及：《理论改良还是理论缺口？》，《世界经济与政治》2009 年第 3 期。

救演习。2006 年 11 月 19 日，中美海军联合搜救演习在南海海域成功举行。军事交往的透明度在不断增加。中美经过 8 年海上军事安全磋商才达成共识，这是中美两军开展交流合作多年来的一次重大务实合作。联想到 2006 年 10 月初朝鲜进行核试爆，这次演习更具有特殊的意义。① 2009 年继希拉里访华之后，具有"破冰"意义的中美国防部工作会晤于 2009 年 2 月 27 日在北京举行。这是中美两军自 2008 年 10 月以来的首次正式接触，标志着奥巴马时代的中美军事关系就此拉开帷幕。虽然这种军事交往仍有待于进一步提升，但中美在军事领域互信的增强，有助于中美在朝核问题上的合作。

二是中美在朝核问题上具有重大战略共识，即维护地区稳定和半岛无核化。朝鲜核武器化对地区和全球战略平衡将造成深远影响，因此中美在此问题的战略合作关乎地区安全和人类安全稳定。中美下一步合作目标不仅是反对朝鲜拥核问题，而是阻止核扩散或核武装化及小型化问题。将六方会谈机制过渡为东北亚地区安全机制；联手防止核扩散，并建立东亚核不扩散监督和检查机制及常规性的危机应对机制。

中美在朝核问题上不存在重大战略分歧，中美之间不再会因为朝核问题引发战略冲突。这是判断朝核问题的一个重要前提。中美在朝核问题上正呈现非零和博弈特征，拥有战略共同点和合作空间，甚至已经取得了某些战略默契。无论从全球层面还是区域层面，中美都必须进行有效合作。有些人总喜欢强调零和博弈，其实有些在以往可能是零和博弈的领域也完全可能转向非零和合作。如果中美能够在局部区域或在解决重大局部事件中实现有效的可持续的合作，将会增加信任，强化彼此的认同，将有助于全球战略协作关系的实现。

三是中国在朝核问题上坚持理智及有限的原则。中国不会挑战美国在这一地区的战略主导地位。朝核问题的解决成为中美战略合作的关键。美

---

① 中国军事科学院彭光谦少将指出，自 1979 年中美建交以来的两国军事交流分为三个阶段：一是 20 世纪 80 年代蜜月期，两军高层领导人互访 10 余次，两军各军种、各级别的军事代表团交流非常频繁，在最具实质性的武器和军事技术合作方面，美国几度放宽对华军售和技术出口尺度。二是 20 世纪 90 年代一波三折的"跌宕期"，经历了几次重大事件的冲击，两军关系呈现脆弱且不稳定的特点。第三阶段是近几年来承前启后的"关键期"，两国不仅建立了副部长级的定期磋商机制，而且还建立了一些紧急状态下规避直接冲突的制度，两国军事交流处在一个新起点上。《美中联合演习有四个之最　美方希望"再来一次"》，http://news3.xinhuanet.com/mil/2006-11/23/content_5364334.htm.

国已经充分肯定中国在朝鲜危机管理过程中的特殊作用，也了解了中国捍卫地区稳定的坚定立场，中国不想借朝核问题的解决谋取半岛问题的主导地位，也不想借此机会谋取地区霸权地位。美国的地区优势不会受到影响。这一切均为两国战略合作的深入打下了良好的基础。

四是中国具备作为协调者的有利条件。中国首先是从地区安全与稳定的角度出发解决问题，而不是为了谋取地区霸权或主导。其次，美国和朝鲜都认可中国作为协调者的身份。在六方中，只有中国具有这样的地位。中国在以往的朝核危机中表现出化解危机的坚定立场和能力，赢得了多方信任。无论是制裁还是接触，美国均需要中国的支持，尤其是对朝接触政策，更需要借助中国的影响力。目前，中国在对朝制裁与对朝接触政策方面均与美国保持有效的协调与沟通，自六方会谈以来，中国一直在力促美国加强与朝鲜的双边接触，以便更好地解决问题。

五是在朝核问题上意识形态的分歧正在让位于安全互利合作。中朝之间已经恢复正常国家关系，中朝不再是战略盟友，中国由对朝负责转向对地区负责。朝鲜作为中国的战略屏障作用已经大大下降，中国将站在更加中立公正的立场上解决问题，这也是中美战略协作的有利方面。

中国支持朝美直接对话，也一直在促进朝美对话，但中国不会主导谈判进程。"六方会谈实际上是中国为美朝搭建的一个对话平台，通过多边的形式来解决双边的问题。"①

总之，未来一段时间，中美在朝鲜半岛维持稳定方面将达成共识，同时致力于消除朝鲜核武化的目标，但这是一个漫长而曲折的过程，耐心与意志固然十分重要，中美能否实现有效的战略合作更具有关键作用。美国众议院前国际关系委员会主席海德表示："我认为，目前亚太地区所有事务都受到朝鲜核野心的影响。这为美中关系带来不同的态度，因为我认为中美关系在面对来自朝鲜的核威胁时应该更加紧密。虽然美国和中国希望解决朝鲜核问题的出发点不同，但是我看不出有什么理由我们不能共同合作面对朝鲜的威胁。"②

---

① 崔立如：《朝鲜半岛安全问题：中国的作用》，《现代国际关系》2006 年第 9 期。
② 张佩芝：《海德议员谈退休评美中关系》，http://www.voanews.com/chinese/w2006 – 11 – 29 – voa69. cfm。

四 中美在朝核问题上的战略合作前景

中美战略合作受制于美国的亚太联盟战略，但随着中美共同面临的传统安全与非传统安全威胁的加大，中美之间存在非联盟新型安全合作的前景。中国已承认美国在亚太地区联盟的存在，但希望有体制保持中国安全，强化新型非联盟合作可以化解中国的安全关切。在东北亚的中美安全合作是这一地区稳定的关键因素，也符合美国的全球战略需要。目前中美战略合作存在两种模式。

一是共管战略。共管战略的一个具体做法是美国实际推行的战略外包方式，即美国承认和支持中国地区大国的地位，中国承担更大责任。但这种方式存在两大问题，一个问题是美国对中国的信任程度仍然有限，另一个问题是存在潜在的战略交易的可能性，即以朝鲜半岛的稳定来换取两岸问题的稳定，而这种战略交易具有极大的不确定性和战略风险。因此，仍应强化中美共管、责任共担的模式。以共管模式超越传统的联盟关系，形成非联盟新型合作，形成针对朝核问题的专项安全合作。即从维持地区稳定和避免大国间危机爆发的目标出发，形成中美两国间拥有共同的底线、行为规范、危机管理目标，以及相应的信任与磋商机制的合作关系。目前美国在东亚地区既有联盟合作也有非联盟合作，两种合作能否并行或同时得到增强是一个值得关注的问题。

二是六方合作机制。虽然朝鲜暂时退出六方会谈机制，但其他五方仍保持密切的合作与协商，对朝政策的大国猎鹿博弈模式正在形成。中美合作在这种大国合作博弈中具有特殊意义。六方中有三方是核国家，一方是准核国家，围绕朝核问题的多边博弈和双边零和与非零和博弈正在错综复杂地展开。虽然六方会谈机制仍是处理朝核问题的有效机制，从问题的复杂性和利益不同取向来看，六方会谈必须拥有多种层次和灵活的多种组合，通过专项工作组展开工作是有效的办法，小多边的合作交往也是可行的，总之凡是有利于稳定与合作的外交形式都是值得倡导的。而在这个框架下，中美作为朝核问题分别具有特别影响的国家，应该具有良好的合作。未来朝核问题的多边会谈机制若没有中美之间的有效合作，将会失去其意义。中美合作对于多边安全合作机制的建立具有无可取代的作用。虽然如此，中美战略合作仍存在诸多不利因素，中美在朝核问题上的战略排序可能出现分歧。

表 1　中国和美国在朝核问题的战略选择

	美　国	中　国
长期目标	·维持地区主导地位 ·核不扩散 ·半岛无核化	·地区稳定 ·半岛无核化 ·核不扩散
方式	在地区主导地位不受挑战的情况下，加强与中国等国家的共同努力	协助相关当事国实现目标的和平方式
短期目标	防止危机失控	防止危机失控

无论是长期目标还是短期目标，中国均能达成一些共识，但分歧仍然是明显的。第一，"中美的政策目标还是有所不同的。对美国来说，最重要的关切是消除朝鲜的核计划，这是压倒一切的目标，美国政府的注意力主要集中于此。而对中国来讲，在谋求半岛无核化目标的过程中，确保朝鲜半岛的和平与稳定不出大的问题同样重要。所以，中国从一开始就明确宣布其政策：一是坚定地为达成朝鲜半岛无核化而不懈努力；二是坚决反对动用武力；三是坚持通过外交途径解决问题。"[1] 如果中美之间能够在抑制朝核危机失控问题上达成共识，将有助于问题的解决。目前来看，这种可能性是存在的。同时，如果美国将其注意力从非核化转向反核扩散，中美合作的基础也仍然是存在的。

第二，中美两国对朝鲜半岛的安全关切不同。中朝贸易依存度很大。"就经贸利益而言，自1991年苏联解体以来，中国就取代苏联成为朝鲜的第一大贸易伙伴。从1991年到2002年，尽管朝鲜外贸总额从每年40多亿美元降至20亿美元左右，降幅达一半，但中朝贸易额却稳中有升……2005年，中朝双边贸易额进一步扩大到15.8亿美元。在中朝贸易中，中国有大量的贸易顺差。中朝贸易额虽然只占中国外贸总额的约1%，但维持中朝贸易不断扩大对中国东北地区保持繁荣与稳定具有重要意义。"[2] 朝鲜虽然不再是中国的战略屏障，但两国间地缘的联系使得经济安全重要性仍然很大。朝鲜社会稳定对于中朝边境安全以及中朝贸易都将产生直接影响。

---

① 崔立如：《朝鲜半岛安全问题：中国的作用》，《现代国际关系》2006 年第 9 期。
② 林利民：《朝核危机管理与中国的外交选择》，《现代国际关系》2006 年第 8 期。

第三，美朝互信难以在短期内实现。美国对朝接触政策难以推行，首先在于美国不会承认朝鲜的核国家地位，双方缺乏共同认可的谈判起点，以往的历史使双方丧失的基本互信难以在短期内恢复。

第四，在制裁问题上进一步协调行动存在重大困难。中国主张将制裁限制在非核化的范围内，而美国决策圈仍坚持全方位制裁，从而颠覆朝鲜政权。另外，一些国家也可能出现规避风险和责任的做法。中国一直认为制裁不是目的，制裁不应该使局势进一步恶化，制裁应该有利于问题解决，制裁不会使局势朝着失控的方向发展，制裁应该使受到制裁的一方意识到错误，且不会使这个错误进一步扩大。中国同意联合国制裁，但不同意单边制裁也未同意五边制裁。在未来，显然，中方的援助与 UN 框架下的制裁需要一个协调。

第五，朝鲜存在采取进一步恶化局势的做法的可能性。如果朝鲜无法获得它希望的平等谈判地位，外部安全环境进一步恶化，内部政权交接出现问题并且引发国内政治经济危机，朝鲜将有可能脱离六方安全磋商或其他有效的磋商轨道而采取一意孤行的做法。美国对朝接触政策应得以有效落实，而不能总是出现阶段性反复，从而使得信任难以确认，合作者无所适从。

第六，台湾问题或南海问题的影响依然存在。如果台海局势或南海出现重大变动，美国引发中美之间的战略冲突将可能引发中美对朝合作基础的丧失。

结　语

朝核问题为中美合作带来一个有利的契机，但中美之间如何消除战略结构对立，增强安全交流合作，加强战略互信，通过地区合作化解中美战略疑虑仍是中美安全合作的重大课题。

目前的中美合作是在美国亚太联盟强化的背景下展开的，反映了美国对中国合作与防范并重的政策仍未改变。究竟以合作为主导还是以防范为中心将决定中美战略合作的前景。一个以东北亚战略合作为先导、形成涵盖美国亚太传统联盟模式的更大范围的合作机制的目标将成为中美战略合作的有效动力。

目前来看，朝鲜核试后中美战略将会得到加强，实现一次阶梯式递进，但将会随朝鲜内外政策和半岛形势而变化，短期内还不会出现冲突性进展。朝核问题既是中美战略合作的试金石，也是中美战略合作新的起点，如果双方能够在朝核问题上实现有效务实的合作，将会使中美关系更上一个台阶，同时也能够促进未来的东北亚安全机制的建设。双方在朝核问题上确定的共同规范和议事原则，也有助于中美在其他地区进行卓有成效的合作。

中美战略合作对中朝关系与中韩关系会造成一定的影响，但中美战略合作在朝核问题上并不具有排他性和特殊针对性，中美均希望首先促成地区稳定，不是针对某一个国家，而是针对地区内所有的威胁源。其次不影响各自对地区内其他国家的合作。比如对于中国而言，中国并没有由于美国与韩国或日本的军事联盟关系而放弃与美国的合作。这是一种面对历史和现实的做法，中美两国均不会在两国的战略合作中以牺牲与其他国家合作为代价，即中美战略合作不会牺牲中朝正常国家关系，也不会影响中韩战略合作，中国希望在中美战略合作的同时，中韩战略合作也能够得到发展。美国同样也是如此。当然，中国希望在未来中美战略合作能够强化这一地区多边的安全机制建设，使有助于地区内稳定的多边安全机制能够超越当前的双边安全同盟关系。但在目前，中国仍相信多边安全机制能够与传统安全联盟机制并行存在和发展。中国希望中美战略合作能够在六方会谈机制的框架下向前发展，在发展两国合作的同时促进多边合作的发展。任何一种战略合作都要有全局性和整体性，同时也要对彼此形成一定的制约才会长久。中美战略合作要求中美双方能够从战略高度看待在这一地区内的合作，而不能仅仅从自身利益出发制定政策。在新时期，最关键的是不能按照是否符合本国利益的标准来评价别国政策的好坏，而应以是否符合两国共同利益或能否实现互利为标准，同时发掘和促进共同安全利益的增长。作为太平洋区域最大的两个国家，中美战略合作应该具有包容性，能够有利于地区安全与稳定。中美之间如何消除误解与分歧，不打牌，不制造新的战略隔阂，进一步增强互信仍是两国战略合作面临的重要课题。

图书在版编目（CIP）数据

美国的东亚政策 / 王帆著. -- 北京：社会科学文
献出版社，2016.6
ISBN 978 - 7 - 5097 - 9049 - 6

Ⅰ. ①美…　Ⅱ. ①王…　Ⅲ. ①美国对外政策 – 研究 –
东亚　Ⅳ. ①D871.20

中国版本图书馆 CIP 数据核字（2016）第 086592 号

美国的东亚政策

著　　者 / 王　帆

出 版 人 / 谢寿光
项目统筹 / 祝得彬
责任编辑 / 赵怀英

出　　版 / 社会科学文献出版社·当代世界出版分社（010）59367004
　　　　　　地址：北京市北三环中路甲 29 号院华龙大厦　邮编：100029
　　　　　　网址：www. ssap. com. cn
发　　行 / 市场营销中心（010）59367081　59367018
印　　装 / 北京季蜂印刷有限公司

规　　格 / 开　本：787mm × 1092mm　1/16
　　　　　　印　张：13.5　字　数：223 千字
版　　次 / 2016 年 6 月第 1 版　2016 年 6 月第 1 次印刷
书　　号 / ISBN 978 - 7 - 5097 - 9049 - 6
定　　价 / 59.00 元